新版
ソーシャルワーク実践事例集

社会福祉士をめざす人・
相談援助に携わる人のために

SOCIAL WORK

渋谷　哲
山下浩紀

編

明石書店

はじめに

　2009年3月に『ソーシャルワーク実践事例集』を刊行して、早くも7年が経過しようとしています。多くの方からご意見、ご感想をいただき、「たくさんの事例が掲載されていて、自分の知らなかった分野にも理解が深まりました」や「掲載事例と同じような体験をし、事例の展開を読んで自分自身の実践の振り返りになりました」といった声のほか、大学で相談援助演習を担当されている先生からは「演習の授業で使用していますが、学生の反応がとてもよいので続編をお願いします」といった励ましのお言葉をいただいてまいりました。これまで多くの方々に支えられ、5刷発行をすることができましたことは、執筆、編集に携わった者として大変光栄に感じております。

　しかしながら、年月を重ねるにつれ、事例の内容が制度改正などにより現状に合わないことも出たため、出版元の明石書店の担当者、編者で話し合いの場を持ち検討した結果、このたび『新版ソーシャルワーク実践事例集』を刊行する運びとなりました。

　構成としましては、前回の『ソーシャルワーク実践事例集』の中から、第Ⅰ部の障害者、子ども・家庭、低所得者の3分野4事例については、制度を精査し修正したうえで継続し、さらに高齢者の事例を追加した4分野5事例になっております。

　第Ⅱ部には、相談援助演習担当の先生からの声を反映し、新規にこれから社会福祉を学んでいく方々が実践現場を理解できるような内容の導入事例として、全6分野の事例掲載となっております。

　また第Ⅲ部では、前回掲載した事例の約半数を修正のうえで継続し、新規に10事例を含め6分野24の事例を掲載しております。

　『新版ソーシャルワーク実践事例集』が目指すところは、社会福祉を学ぶ学生の方々には、あらゆる分野の実践現場の実態とそこで働くソーシャルワーカーの業務内容を理解し、自身の将来像を描いていただくことです。自分がその場のソーシャルワーカーだったらどのような対応をするのかを考え、仲間と意見交換をすることでさらに考察していただければと思います。

　また、現に福祉現場で勤務されている方々には、自身の実践の振り返りと勤務分野以外のソーシャルワーク実践の理解、さらにはソーシャルワーカーの対応について一つの例として参考にしていただき、職場内研修などでも活用していただければと思います。多くの事例を通じ、あらゆる可能性を考えることで実践力を高め、ひいては利用者支援に活かされることを願うところです。

　近年、福祉現場離れのような現象も見られていますが、ソーシャルワーカーの業務がやりがいのある、魅力ある仕事であることをお伝えできればという思いを込めて編集をいたしました。

　最後に、本書の発刊にあたり、事例執筆を担当していただいた30名の方々に、厚く御礼申し上げますとともに、あたたかく見守っていただきました明石書店の深澤孝之様に感謝申し上げます。

2016年2月

編者　渋谷　哲
　　　山下　浩紀

新版 ソーシャルワーク実践事例集
社会福祉士をめざす人・相談援助に携わる人のために

●目次●

はじめに 3

本書を活用していただくまえに 9

事例の読み方・活用の方法 11

凡例 16

第Ⅰ部　演習における事例分析と応用

1　特養ホームの機能を活用した身体的虐待を受けている高齢者への支援　20

2　障害者支援施設における強度行動障害のある利用者支援と家族との関わり　30

3　生活の困難が背景にあって子どもがネグレクトされている家庭への介入と支援　40

4　生活が危機的状況にある家庭への介入とワーカーのジレンマ　51

5　家族支援のない保護受給者への支援とワーカーの役割　61

第Ⅱ部　導入事例

1　来日まもない外国人家庭への地域住民による支援　72

2　特別養護老人ホームにおける個人の尊重と利用者との関わり　75

3　卒業後の進路について家族の思いが異なる当事者への支援　78

4　虐待環境にある家庭への介入と子どもへの支援　81

5　養育能力に課題がある母親と子どもたちへの支援　84

6　社会的入院患者の退院支援におけるソーシャルワーカーの関わり　87

第Ⅲ部　展開事例

【地域】

1　世帯全員が生活課題を抱えている多問題家族への支援　92

2　父子家庭の子どもたちへの地域支援　97

3　地域生活を送る上で様々な生活課題がある家族への支援
　　──日常生活自立支援事業を利用して　104

【高齢者】

4　生活が困難になりつつある独居高齢者への支援　109

5　引きこもり高齢者とその対応に苦慮する家族への支援　116

6　認知症高齢者を介護する家族が意図せず犯す家庭内の暴力に対処する支援　122

7　高齢精神障害者への在宅復帰支援──母と娘ともに統合失調症を抱えて　128

【障害者】

8　地域で生活を希望する身体障害者への支援　134

9　軽度知的障害と中途視覚障害を重複する方への相談支援　140

10　保護施設に入所している知的障害者への地域移行と就労移行支援　144

11　知的障害者が自立した地域生活をめざすことへの支援　149

12　精神障害者の「生活のしづらさ」への支援　157

13　罪を犯した知的障害者の社会復帰に向けた支援　165

【子ども・家庭】

14　多問題家族・国籍・自己探求への支援課題に直面したワーカーの葛藤　171

15　養育や生活する力に課題のある若年母子世帯への施設支援　178

16　児童虐待への市町村による支援　184

17　母子分離した家族への支援とアフターケア　190

18　不登校と子どもの家庭内暴力が伴う母子家庭への介入　196

19　教育分野でのソーシャルワーカーの介入　201

【低所得】

20　路上生活から脱出し就労支援により自立した保護受給者　207

21　保護施設から単身アパート生活への地域移行支援　213

【保健医療】

22　脳血管疾患を発症した中途障害者の社会復帰への支援　219

23　DVの夫からの緊急避難を含めた療養援助と家族への援助　226

24　ストレングス視点に基づく長期入院精神障害者への退院支援　231

編集後記──編者よりみなさんへ　237

本書を活用していただくまえに

1　事例に出てくる氏名などは、すべて仮名です

　本事例に出てくる、氏名・地名・関係機関などについては個人情報保護のため、すべて「仮名」にしています。氏名は事例を身近な問題として捉えるために、日本でランキングの高い、よく使われる名前で構成しました。

2　同じ分野でも対象者や地域によって支援のあり方が違います

　たとえば高齢者や障害者への支援内容は、在宅か施設入所か、首都圏と地方かにより、視点と支援の内容・濃淡が違います。本書においては、いくつかの分野において同名の関係機関が支援に関わっていますが、事例を読むと関係職種や社会資源などその違いが理解できると思います。

　社会福祉士養成学校（大学・専門学校等）は全国に250校以上あります。大都市だけでなく、地方の小都市にも存在し、それぞれの地域に根ざして実践者を育てています。都市は都市の、地方には地方の支援方法があると考え、なるべくいろいろな地域の方に執筆していただきました。

3　この事例集では、職名を「ソーシャルワーカー」と名乗ります

　それぞれの機関には根拠法があり、厳密に言うとその法律に規定された職名で名乗らなければなりません。たとえば、児童分野では「児童指導員、児童福祉司」が、福祉事務所では「社会福祉主事、現業員」、高齢者分野では「介護支援専門員（ケアマネジャー）、生活相談員」など多岐の名称が存在しています。現在、職名として「ソーシャルワーカー」を名乗り、業務を行っている職種としては「医療ソーシャルワーカー」を思い浮かべるのではないでしょうか。

　このようにいろいろな職名がありますが、本書では「ソーシャルワーカー」、もしくは単に「ワーカー」という職名を使うことにしました。もちろん、「社会福祉士」とすることも検討しましたが、現状において社会福祉士の名称で業務を行っている例は僅少であり、また、本書では社会福祉士ではない方にも執筆していただいています。名称の普及をめざしてあえて「ソーシャルワーカー」を使うことをご理解ください。

4　表記方法は分野・実践状況によって違いがあります

　事例集を編集するにあたって、検討を要したのは表記の問題です。たとえば、第Ⅰ部の「演習における事例分析と応用」を比較してみてください。4分野5事例で構成していますが、使用している言葉の違い、フェースシートやジェノグラムなどの作成方法に違いがあることに気がつくことでしょう。

　執筆していただくにあたっては、見本として事例を示し、そのなかで表記方法を確認し、できる限り統一を図りましたが、最終的にはそれぞれの執筆者の思いや業種ごとに違いがあります。よく読み込めば、たくさんそのような「揺らぎ」や「業界方言」が確認できると思います。それはそれで、分野ごとの用語であり、濃淡であり、社会福祉業界の状況を示していることであります。あえ

て統一しなかったからこそ、活き活きとした事例集になっていると思います。

　なお、「事例の経過」の「インテーク」ですが、1回目の面接で終了した場合は「インテーク」（初回面接）とし、何回か面接して情報収集した場合は「インテーク」（初期面接）と表記を統一してます。

5　事例は社会福祉のほぼ全分野を網羅しています

　本書に掲載されている35の事例は、全てオリジナルです。

　2009年度からの「新たな教育カリキュラムの内容」を中心として、科目名と内容が全面的に実務との整合性が図られ、また新カリキュラムには新たに「保健医療サービス」「就労支援サービス」「権利譲渡と成年後見制度」「更生保護制度」が科目名として加わりました。本書では、それら新たな科目名の分野で実践している方の事例も掲載しました。

事例の読み方・活用の方法

　第Ⅰ部に掲載している5事例では、「相談援助演習」を念頭に置き、効果的な演習を展開できるよう、事例のほか、事例に対する開始時のエコマップ及びジェノグラムを含めた「フェースシート（相談票／面接票／児童票）」と「アセスメント（評価）及びプランニング（支援計画）」をそれぞれ示してあります。

① フェースシート
　インテークや対象世帯を取り巻く環境を把握した時点で作成するものです。「主訴」は対象者が支援を希望する内容を記載するものです。

② ジェノグラムとエコマップ
　特にジェノグラムの作成については、ファミリーマップを加えたり、使用する記号が違ったり様々な様式が存在しています。その結果、複雑になり、一見して関係性を理解できないこともあります。今回例示するのは、執筆者の一人である澤　伊三男氏が、学生たちが混乱せず、見やすいように、多くのバージョンを重ねて確立したものです。
　付加したり説明が必要なことは、図外にメモまたは文章で列記すればよいと考えています。

③ アセスメント（評価）及びプランニング（支援計画）
　対象世帯に対して今後の支援内容を合意・確認した時点で記載します。特に支援計画については優先順位をつけ、「支援目標」と「支援計画内容」とが対応するように作成してあります。

ジェノグラムとエコマップの作成

　ジェノグラム及びエコマップについては、相談援助の大事なスキルですが、どちらにも統一的な表記方法は定められていません。

① ジェノグラム
　世代にわたる家族とその人間関係を盛り込んだ家系図のことを「ジェノグラム」といいます。
　関心事をめぐる家族成員の配置を示す家族図（ファミリーマップ）と異なり、単に家族の世代関係の構造を表すだけではなく、そこに情報を盛り込み、書き加えることも可能で、しかも視覚的に把握できるという利点を持っています。

② エコマップ
　利用者や家族とあらゆる社会資源との関係を、地図のように図式化したものを「エコマップ」といいます。広範囲にわたる複雑多種な問題状況を平易な形で描き出し、複雑な状況がどのように絡み合い、問題の促進に関与しているのか、そうした全体性に関する客観視と微妙な状況観察に有効とされています。

ジェノグラムとエコマップの読み方

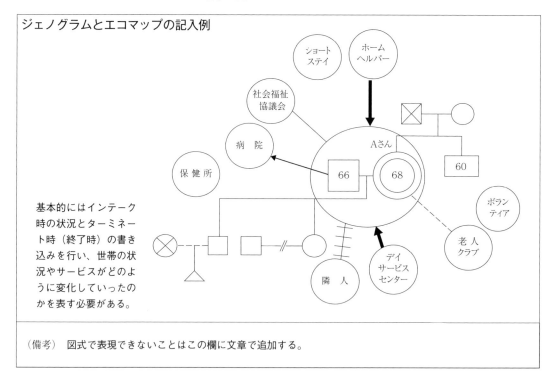

ジェノグラムとエコマップの記入例

基本的にはインテーク時の状況とターミネート時（終了時）の書き込みを行い、世帯の状況やサービスがどのように変化していったのかを表す必要がある。

（備考）　図式で表現できないことはこの欄に文章で追加する。

【上記のジェノグラムの読み方】

　Aさん夫婦。相談者は妻68歳（相談者は二重枠）、夫は66歳。

別居しているが、次の親族がいる。

①長男には同棲関係があった女性がいたが、その女性は死亡している。しかし長男には子ども（性別不明）がいる。ジェノグラムが縮小されているのは、本事例とはあまり関係性がないことを示しており、子ども（孫）は性別及び年齢は本事例に必要としないので不明となっている。

②長女には夫がいたが、現在離婚している。

③妻の両親は、父は死亡、母とAさんの60歳の弟がひとり暮らしをしている。

【上記のエコマップの読み方】

　Aさん夫婦に対して、次のネットワークが存在している。保健所、病院（夫からの働きかけが強い）、社会福祉協議会（特にケアマネジャーなどの関係職種が関与している場合は、その旨を表記法により記載する）、ショートステイ、ホームヘルパー（ヘルパーからの働きかけが強い）、ボランティア、老人クラブ（妻は疎遠である）、デイサービスセンター（施設からの働きかけが強い）、隣人（しかし関係はよくない。ストレスがある）。保健所、ショートステイ、ボランティアとの関係線が記入されていないのは、必要に応じて介入するのみであり通常は見守っている状況であることを意味している。

基本の表記法

＊夫を左、妻を右に記載し、子どもは出生順に左から書く。

- □ 男性（□内の数字は年齢）
- ○ 女性（○内の数字は年齢）
- △ 性別不明（事例であまり性別は関係しない場合など）
- ⊠ 死亡
- □—D—○ 離婚（DはDivorceの頭文字）
- □—//—○
- □—/—○ 別居（夫婦の場合）

- □----○ 恋愛・同棲関係
- ──── 強い関係
- ── 通常の関係
- ---- 弱い関係
- ┼┼┼┼ ストレスがある関係

- →　エネルギーの方向
- 組織・機関の名称・関連社会等／関係者・関係部署・具体的な内容等

モニカ・マクゴールドリック＆ランディ・ガーソン著（石川元／澁澤田鶴子訳）『ジェノグラムのはなし―家系図と家族療法』東京図書、1988年をもとに澤が作成。

事例の構成ポイントと活用方法

① 事例をいくつかのセッションに分けてあります

　事例を選択するための「キーワード」や事例の全容を理解するための「事例の概要」、事例の流れを示す「事例の経過」をもうけています。事例の経過には、「一行見出し」をつけ、読みやすくしてあるので、そこで立ち止まり、ソーシャルワーカーが遂行する支援やジレンマの問題などを議論することもできます。また、「アセスメント」「プランニング」「モニタリング」「主訴などに対する支援への評価」など一連のソーシャルワークの展開過程を踏まえているのも特徴です。「ソーシャルワーク実践を通して」では執筆者が事例を通して何を学んでほしいのか、実践を行ううえで自分が大切にしていることは何かなどについて記載しています。

　最後にある「演習のポイント」では執筆者と編者が、この事例を通して演習で「みんなで話し合ってほしいこと」「学習してほしいこと」を示しています。

　以上については、16～17頁の「凡例」にも記載してありますので参照してください。

② 社会福祉士国家試験を念頭に置いた「キーワード」「大切な用語」欄

　事例を通して制度や用語を自己学習できるよう、また、ソーシャルワーカーとして実践する場合に必要な視点や態度など、事例内容に関連する知っておいてほしい制度・用語などを挙げてあります。国家試験受験対策にもなるよう配慮しました。

フェースシートは、インテーク後や対象家庭を取り巻く環境を把握した時点で作成します。

4 生活が危機的状況にある家庭への介入とワーカーのジレンマ

面接票（生活保護開始時）

相談者氏名	佐藤 正夫	男/女	50歳	面接日	平成26年9月20日
				面接者	田中一男（SW）
住所	東北X県Y市 電話番号：○○○-○○○-○○○○			面接場所	主の自宅

主訴	①子どもが3人おり、経済的に困難である。 ②子どもたちは不登校気味であり、学校に行かせたい。 ③家が老朽化しており、特に冬期間の生活が困難である。	（潜在的課題） ①主はアルコール依存症であり、医療を受けさせたい。 ②妻は知的障害があり、家庭の経済的な管理等困難。 ③室内外が不衛生であり、健康上問題が多い。 ④子どもたちへの教育的配慮がなされていない。 ⑤健康保険料・給食費等が未納である。 ⑥地域との交流がほとんどない。

家族の状況　　　　　　　　　　　　　　　　ジェノグラム・エコマップ

氏名	続柄	性別	年齢（就学状況）	備考
佐藤 正夫	主	男	50	無職
佐藤 晴美	妻	女	40	無職
佐藤 幸夫	長男	男	15歳（中3）	不登校気味
佐藤 三千代	長女	女	12歳（小6）	不登校気味
佐藤 芳夫	次男	男	4歳（在宅）	

経済の状況	住宅の状況	生活環境等
・妻の障害者基礎年金 月額65,008円 ・若干の預金	自宅 築50年以上で老朽化著しい	・市部より10キロ以上離れた山間部 ・地域住民との交流及び学校等との関係が薄い

ジェノグラム＆エコマップ。

[生活歴・家族歴]
1　主、高校卒業後建設関係で働いていたが、職場で人間関係のトラブル等により退職。過度の飲酒癖があり、その後日雇いに従事するも、長続きせず現在無職。
2　妻、養護学校卒業後スーパーなどで軽労働の経験はあるが、腰痛になり現在無職。療育手帳B1所有。
3　長男、長女とも不登校気味であり、学力的に問題を抱えている。特に長女は、知的障害の可能性がある。次男は幼児であるが、保育所等に通園はなくほとんどの時間を母親（妻）と共に行動している。

備考
　大きな問題として、主の飲酒癖による不就労のための経済的困窮。また妻の生活管理能力が不足しており、室内の混乱や子どもたちへの教育的配慮がなされていない。それがまた主による子どもへの暴力と子どもたちの不登校につながっていると考察できる。今後については、子どもへの適正な養育環境の整備を主眼とした地域との交流や福祉事務所・保健所・教育機関の連携した介入により生活の大幅な改善が必要と考えられる。

＊ジェノグラム・エコマップの基本的な表記法は12～13ページを参照。

支援計画（アセスメント＆プランニング）。対象世帯に対する今後の支援内容を合意・確認した時点で記載します。

第Ⅰ部 演習における事例分析と応用

自立支援計画

現在利用している社会資源	利用可能または今後必要と思われる社会資源
①福祉事務所（生活保護制度） ②民生委員 ③保健センター（保健師・栄養士） ④教育機関（小学校・中学校） ⑤障害基礎年金（妻、療育手帳B） ⑥近隣に居住している祖母（生保受給中）	①未払いの就学関係費用についても減免の可否 ②民生委員等に時々の訪問による生活状況の確認とフォロー ③特に長男の学力低下についての学習環境の整備 ④次男の保育所の通園への環境整備 ⑤妻への育児教室等保健所との関係強化
ストレングス面（本人・家族）	次回確認する必要がある事項
①比較的妻と子どもとの関係が良好であり、妻を通しての子どもへの指導が可能である ②妻の母が近くに居住しているため、子どもの生活についてバックアップを期待できる。特に長男との関係が良好である ③子どもたちが両親に依存せず、自ら判断し行動している	①主の通院状況及び病状の確認と治癒後の稼働への意思 ②健康保険及び年金保険料の未納について ③長男、長女の教育のあり方についての意見 ④長男と長女に対し、今後の生活設計の聴取 ⑤主の親族の居住地や生活状況

	支援目標	支援計画
短期	①主に対する治療の開始 ②妻の腰痛の軽減 ③老朽化した家屋の修理・改善 ④衣食住等の生活環境の改善 ⑤子どもたち（特に長男と長女）の不登校をなくする	①通院もしくは入院等を通してアルコール依存症からの回復のための努力を条件として、保護の継続 ②妻の通院を促し、心身の管理の必要性と健康の回復を期待する ③生活保護一時扶助や住宅維持費等を有効に活用し、住環境を整えることにより家族からの信頼を構築する ④保健師や栄養士の積極的な介入により、家族が衣食を自ら整えられるよう支援する ⑤学校と連携を密にして登校ができる環境を整えると共に、子どもたちへ直接アプローチを行い、現状の再認識と将来への希望を持てるよう直接支援する
長期	①主のアルコール依存症からの脱却 ②妻の病状回復 ③子どもたち自身の今後の生活設計を立てる ④夫婦の助力による経済的、精神的、社会的自立	①AA等への参加、通院又は入院による治療の継続と就労の開始 ②腰痛の治癒に向けた通院の継続と治癒した場合、パートなど軽作業の稼働開始のため就労先の斡旋と就労支援 ③継続的な通学と学習について環境の整備とワーカーとの信頼関係の構築、特に長男の進学 ④病気からの早期回復と体力の増加、生活設計の立て方の指導、エンパワメントによる主と妻の自信の回復、地域住民との継続的な交流

今後予想される問題	その事態への対応
①主の通院又は入院拒否 ②長男、長女の不登校の日常化	①粘り強く指導していくが、妻の協力が必須 また、拒否が強い場合は生活保護法第27条による指導及び指示を行う ②教育機関やSSWとの連携により、友人や担任の付き添い

次回面接予定日 平成26年10月15日

本人承諾印

凡　例

新カリキュラムに対応。

社会福祉のほぼ全分野にわたるソーシャルワーク実践の 35 事例を紹介しています。

事例を通して学んでほしい制度や用語です。

事例の流れを示しています。アセスメント、プランニング、インターベンション、主訴などに対する支援の評価など、一連のソーシャルワークの過程を踏まえています。

事例を通して学んでほしい制度や用語。国家試験対策の自己学習にも役立ちます。わからない用語は調べてみましょう。

第Ⅰ部　演習における事例分析と応用

家主に依頼して家賃滞納による契約解除（退去）については回避することができた。
④主治医への病状確認について
　検査・診断前に退院となり病状確認ができず、Z病院の救急搬送時には余命1カ月であった。
⑤緊急連絡先の確保と扶養依頼について
　実兄の現住所は確認していたが本人の希望により連絡しなかったので、緊急連絡先は確保できなかった。また、遺骨の引き取りはあったがアパートの片付け費用は負担してもらえなかった。

▶ ソーシャルワーク実践を通して……………………………………………… 事例を通して学んでほしいことや、事例執筆者自身が実践するうえで大切にしていることを記述。ソーシャルワーカーの仕事への理解が深まります。演習時の課題設定や共同学習に効果的です。

①生活歴からクライエントを捉える
　クライエントの言動が強く乱暴な口調、どこか拒否的な態度であったのは、暴力団組員という生活歴を考えると、これが本人の表現方法であり、こうして生活してきたともいえる。実際に支援する者にとっては対応困難ではあるが、専門職としてバイステックの7原則による「クライエントを個人として捉える」「受けとめる」ことの大切さをあらためて感じた。
②生活保護担当ワーカーのジレンマ
　保護受給者が単身者の場合、ワーカーは関係機関から「クライエントの家族」であるかのように「もっと厳しく注意してくれ」「謝罪してほしい」と頻繁に言われ、何か問題が起こると関係者に謝罪することが多い。本人以外に訴える対象者がいないのは理解できるが、ワーカーが単に注意したり謝罪するだけでは根本的な解決にはならない。ワーカーが他職種と連携しながらチームとなってクライエントを支援することが、この仕事の使命であることを再確認した。
③クライエントの希望と親族の思い
　クライエントは「自身の状況について兄には連絡してほしくない」と希望していた。しかし、看護師長は「病院としては親族に連絡したい」、兄は「なぜ死ぬ前に連絡してくれなかったのか。生前に会いたかった」と不満であった。クライエントの希望と兄の思いの両方を満たす支援は何であったのかは残された課題である。

▶ 演習のポイント…………………………………………………………………… 演習のなかで、事例を通して話し合ってほしいこと、学習してほしいことをあげています。演習時の課題設定や共同学習に活用できます。

1．入院中の療養態度でトラブルが起きているが、ワーカーはこれを「暴力団組員という履歴による本人の表現方法」と判断したが、他に原因として考えられるものはないか。また、その原因に対しての支援方法は何があったかを考えてみよう。
2．10月20日に転院先がないのでワーカーは一時アパートの帰宅としたが、この支援方法は適切であったのか。他に支援方法は何があったかを考えてみよう。
3．ワーカーはクライエントの希望という理由で兄へは連絡しなかったが、この判断は適切であったのかを考えてみよう。

第Ⅰ部
演習における事例分析と応用

第Ⅰ部に掲載している5事例では、「相談援助演習」を念頭に置き、効果的な演習を展開できるよう、事例に対する開始時のエコマップ及びジェノグラムを含めた「フェースシート（相談票）」と「アセスメント（評価）及びプランニング（支援計画）」をそれぞれ示してあります。

高齢者
障害者
子ども・家庭
低所得者

第Ⅰ部　演習における事例分析と応用

高齢者 1 特養ホームの機能を活用した身体的虐待を受けている高齢者への支援

●ソーシャルワーカーの所属機関：特別養護老人ホーム

キーワード

高齢者虐待、短期入所、緊急一時保護

▶ 事例の概要

心身機能の低下により要介護状態になった母親を、長男がひとりで介護を続けるも身体的虐待に発展してしまった。短期入所（ショートステイ）を利用して活気がみられてきた母親と、距離をとったことで母親への思いに変化が現れた長男に対して、各専門職が家族関係を再構築していく。

▶ 事例の経過

大切な用語

地域包括支援センター
身体的虐待
緊急一時保護
ショートステイ
特別養護老人ホーム
居宅介護支援事業所

福祉事務所
ケアプラン
認知症

訪問介護
通所介護

民生委員

1．短期入所（ショートステイ）に至る経過とインテーク（初回面接）

平成27年7月1日夕方、X市が委託で設置している地域包括支援センター（以下、包括センター）のソーシャルワーカー（以下、包括ワーカー）から、「身体的虐待を受けている84歳の女性がおり、本人の安全確保を目的に緊急一時保護としてショートステイ先を探している」と連絡が入った。電話を受けた特別養護老人ホーム（以下、特養ホーム）の生活相談員（以下、ワーカー）は、「虐待ケースであり緊急性が高い」と判断し施設長に報告。施設内の各部署に依頼した後、包括ワーカーに受け入れ可能と連絡した。

19時頃、包括ワーカーと居宅介護支援事業所の担当ケアマネジャー（以下、ケアマネ）に付添われ、ショートステイへの入所となった。本人に温かい食事を提供し、「もう大丈夫ですよ。安心してください」と声をかけたが、口を開かず、ほとんど話すことはなかった。食事を終えると「休みたい」というのでベッドに案内した。

包括ワーカーとケアマネから、次のように経過報告を受けた。

昨年の12月頃より身体機能の低下や物忘れの症状がみられたので、長男がX市福祉事務所の介護保険課に相談。4月1日に要介護2の認定を受け、今夜同行したケアマネが担当となった。ケアマネはケアプラン作成をするため長男に話を伺ったところ、「母親は認知症なんかじゃない。なにを考えているんだ。俺が介護するからいい」と提案したサービスを全て拒否した。その後ケアマネは何度か訪問し、訪問介護や通所介護といったサービスプランを提案するも理解を得られなかったため、6月上旬にケアマネは包括ワーカーに相談した。

その頃より近所の公園で、長男が母親に対し「ちゃんと歩け！」「俺の言う通りにすればいいんだ！」と暴言を吐きながら頭や腕を叩く様子が、地域の住民から民生委員に複数寄せられた。民生委員はX市福祉事務所の高齢者福祉課と包括

センターに連絡を入れ、それぞれのワーカーは同行訪問する日程を検討していたが、本日午後に公園で母親を叩いているところを民生委員が発見したので包括センターに通報した。

本人を一時保護する際に、長男はショートステイを拒否したが、包括ワーカーは「お母さんの健康状態を把握したい」と説明し、後日ショートステイの入所先を教えることを約束したところ長男も了承した。

2. アセスメント（事前評価）

以下の生活状況は、本人を担当しているケアマネから聴取したものである。
・世帯構成
　　小川タケさん（84歳）　本人
　　小川武男さん（62歳）　長男
・生活歴
　九州の出身。20歳の時、結婚を機にX市に越してくる。夫は自営業（建築業）を営み、専業主婦として一人息子を育てた。趣味は刺繍や華道、茶道。地域の茶道や華道クラブにも参加し、地域交流にも積極的であった。

　長男は20歳の時に結婚をしたが1年で離婚。仕事を転々とし、45歳頃より製造工場で勤務している。夜勤が多い仕事で残業の日も多々ある。近隣によると、もともと母親との関係は良好で、長男は真面目な親思いの性格。2人で笑いながら外出する姿をよく見たという。

　74歳の時、夫が心筋梗塞で他界。このころから本人は精神的に不安定となり、買い物以外は外出をほとんどしなくなり、長男と2人で歩く姿も見られなくなった。それでも食事や洗濯といった家事を行い、息子と2人で暮らしてきたが、昨年（平成26年）の12月頃より、物忘れや下肢の筋力低下が見られ、今年（平成27年）の2月に長男はX市福祉事務所の介護保険課に相談。介護保険の申請手続きを行い、4月1日に要介護2の認定が出た。
・現在の介護（生活）の状況
　4月当初より現在のケアマネが担当している。長男が就労している時間を中心に、介護保険の在宅サービスとして、通所介護（デイサービス）と訪問介護（身体介護・家事援助）の導入を検討したが、長男はケアマネの提案を拒否。ケアマネは何度か説明するも長男の理解は得られず、包括センターの包括ワーカーに相談した。包括ワーカーはX市福祉事務所・高齢者福祉課のワーカー（以下、高齢担当ワーカー）に連絡し、一緒に関わってほしいと依頼した。その後は前述のとおり。
・本人の状況
　ケアマネは「歩行は不安定ながらも杖歩行で自立。物忘れがあるが、覚えていること、理解できることもある。会話はほとんど成立するが、繰り返し同じことを言う時がある」と話しているが、実際にサービスを利用したことがないため詳細は不明なことが多い。ここ最近は長男が家事や介護をしていた様子である。介護保険のサービスが利用できていないこともあり、長男以外との会話がほとんどないため、本人自身の感じているニーズは不明である。
・長男の状況

ケアマネによると、母親の介護負担が大きくなってきており、自身の仕事と介護で疲弊している様子。近隣住民は真面目な性格で母親思いだったと話している。

・短期入所（ショートステイ）における当面の課題

ADL

①小川さん本人の体調やADL（日常生活動作）を確認し、ニーズを確認しながら介護保険サービスへつなげていく必要がある。
②長男の武男さんに母親の現状を説明し、理解を求めていくことが必要である。
③ショートステイ退所後に利用する在宅サービスを、福祉事務所・地域包括支援センター・居宅介護支援事業所、そして本人・長男と共に検討していくことが必要である。

3. プランニング（支援計画の作成）

①安心した生活をおくる

ラポール

・本人との信頼関係を構築し、虐待で受けた不安や恐怖を和らげるような環境作りを行う。
・日常生活における介助や食事の提供を適切に行い、本人の状態を施設内の各専門職が把握する。

②長男に母親の状態を適切に伝える

・福祉事務所、地域包括支援センター、居宅介護支援事業所と連携し、長男に母親の状況を伝える場を設ける。
・長男自身のニーズも把握して、信頼関係を構築できるようにする。

③退所後の在宅サービスのケアプランを検討する

・ショートステイ期間中に本人の状況を把握し、それを踏まえて福祉事務所の高齢担当ワーカー・包括センターの包括ワーカー・居宅介護支援事業所の担当ケアマネと連携し、在宅生活が継続できるケアプランを提案していく。

4. インターベンション（支援の実施）

2人の距離ができたことにより、それぞれの気持ちが整理される

7月4日　本人と面接

生活場面面接

　入所後3日目。食事をあまり摂らず、夜間も熟睡している様子が見られないため、時間をかけて話を伺うことにした。なるべくリラックスして話せるよう、面接室ではなく居室で行った。最初は下を向きながら話をしていたが、本人の趣味である華道や茶道の話をすると、こちらを見て話してくれるようになった。

ワーカー　「ここでの生活はどうですか。」
タケさん　「まだ慣れないけど、みんなよくしてくれる。ありがとう。」
ワーカー　「小川さんのお手伝いができているのなら本当に良かったです。なにか困ったことがあったらいつでも話してください。」
タケさん　「自分ばっかりいい食事して、こんなによくしてくれて。でもねぇ、息子はどうしているのかしら。きちんと食べているのかしら。心配なんです。」
ワーカー　「そうですか。心配なのですね」
タケさん　「そりゃそうよ。今までこんなに離れたことなかったから。私がこん

なんだからいけないの。こんな体でなければ、迷惑なんてかけなかったのに…。」

看護師や介護職員からも「息子さんのことを心配されている様子です」との報告が毎日上げられた。本人の不安を少しでも取り除くため、傾聴の姿勢を大切にするよう職員間で確認した。

傾聴

7月5日　自宅を訪問し長男と面接
包括ワーカーより「ショートステイの入所にあたり、長男に後日入所先を教えることになっていたが、今後母親には危害を加えないことを約束してくれたため訪問したい。母親の現在の状況を気にされていると思うので、生活相談員にも同行してほしい。その際に、できれば長男自身のニーズも把握し、一度カンファレンスを行いたい」とワーカーに連絡があった。

そこでワーカーは、福祉事務所の高齢担当ワーカー・包括センターの包括ワーカー・担当ケアマネ・民生委員とともに自宅を訪問した。

挨拶を済ませ、まず高齢担当ワーカーが、「武男さんはどのようなことに困っているのですか」と聞いたところ、「今後はどうしてくれるのか。何をしてくれるっていうんだ。困っていることを話したところで、あなたたちは何もしてやくれない。結局、俺が最後まで母親を見なきゃ誰が見るっていうんだ」と声を荒らげた。高齢担当ワーカーが「そのために私たちがいる」と話したが、長男は感情的になってしまい聞き入れる様子もなく、ワーカーから本人の施設での生活も報告できず、5人は自宅をあとにした。

カンファレンス

7月6日　カンファレンス［出席者は昨日訪問した5人］
ケアマネより「長男が感情的になることはよくあるが、いつも母親のことを考えていることはよくわかる。母親を最後まで見たいという気持ちがあることを初めて話してくれた。でもどうすればいいかわからないという状態だと思う」と話があった。ワーカーからはショートステイ中の本人の状態や、長男を心配している気持ちを報告した。

お互いを思っているのはよくわかるので、なんとか長男の介護負担軽減のために、介護保険のサービスの利用を促し、また2人での在宅生活ができるよう、今後も長男との関わりを深め、協力し合っていくことを確認した。

長男の心境の変化
7月9日　面会日の調整
包括ワーカーより「長男がどうしても母親に会いたいというので、明日面会してもよろしいですか。私とケアマネも付き添います」と連絡が入った。ワーカーから「施設は他の利用者もいるため、行動や言動に配慮してほしいことを約束していただくよう長男に伝えてほしい」と話すと、「すでに了承している」とのことだった。

7月10日　長男の面会

長男の面会まで時間があったので、本人をホーム内で実施している華道クラブの活動に誘った。初めての参加だったので最初は消極的だったが、作品ができあがると、「タケさんすごい」「とてもきれい」と職員や他の利用者に褒められ、本人は満面の笑みを浮かべた。それは入所後、見たことのない笑顔だった。その後も他の利用者に笑顔で教えながら活動を続けていると、長男が面会に訪れた。

　華道クラブに参加していることを説明し、笑いながら他の利用者に花のいけ方を教えている母親をじっと遠くからみていた。「お呼びしますね」と長男に言うと、「ここで結構です」と話し、しばらくすると「ありがとうございました」と母親と会わないで帰ってしまった。ケアマネは「あんな笑っている小川さん初めて見ました……」と話してくれた。

7月12日　施設内カンファレンス

　本人についての生活状況を確認するため、施設内でカンファレンスを行った。出席者は生活相談員（担当ワーカー）・施設ケアマネジャー・看護師・管理栄養士・介護職員。

　入所してから食事もほとんど口にせず、夜間もよく休まれないこともあったが、一昨日の華道クラブへの参加を境に、他の利用者とも笑顔で会話している姿をよく見かけるようになった。同じ話を何度も聞くことはあるが、食事や睡眠も問題なく、職員にも「大変でしょう」とタオルたたみを一緒に行ってくれることもあると報告があった。看護師からは「呼吸音が気になるので、落ち着いた段階で一度病院の受診を勧めてほしい」と依頼された。

7月13日　長男の突然の来所

　長男が突然施設に来られた。ワーカーは「面会ですか」と声をかけると、「母を連れて帰りたいが、その前に話を聞いてほしい」とのことなので面接室へ案内した。席に着くと長男がすぐに口を開いた。

武男さん「心身が弱っていく母のことはわかっていたつもりになっていたが、どうすればいいかわからなかった。自分がしっかりしなきゃいけないと思った。公園に連れて行ったのは私なりに考えたリハビリの意味があった。簡単にできると思った事ができなくて、福祉事務所に相談に行ったが、母は月が進むごとに悪くなっていって、それを理解してくれない周囲にも腹が立った。たくさんの人たちが自宅に来てくれてはいるが、具体的に何をしてくれるのか、どのようになっていくかがわからなかった。自分ではどうすることもできなかった。

　　　　ずっと母と一緒にいたが、今回離れて私にも考える時間ができた。3日前に面会へ来たら華道をしていた。あの笑った顔、昔の母だ。私は何がいけなかったのだろう。母と暮らしたい。あの笑った顔を自宅で見るためにはどうすればいいか教えてください。早く連れて帰りたい」

　ワーカーはずっと長男が話すことを傾聴し、話し終わったときに本人の様子を伝えた。続いて

ワーカー「小川さんのお気持ちはとてもよくわかりました。今までたくさん悩ま

れていたのですね。タケさんも、ずっと小川さんのことを心配していました。毎日の生活の中で物忘れがあっても、息子さんのことは忘れていません。タケさんと小川さんで安心して生活していくためには、小川さんが頑張るだけではできない部分がたくさんあると思います。そこを私たちにお手伝いさせてください。時間をかけて話し合いましょう」

　長男は初めて頭を下げ、ワーカーに「よろしくお願いします」と話した。本人にも少しだけ面会したいというので居室に案内した。長男は「すぐ迎えに来るから、もう少し待ってて」と優しい言葉を母親にかけ、本人も「わかった。風邪ひいたりしないでよ」と長男に声をかけていた。

　長男が帰った後、包括ワーカーと高齢担当ワーカーに今日のことを報告したところ、「長男宅を訪れて気持ちを伺いながら、もう一度カンファレンスを行いましょう」と話があった。

在宅生活に向けて
7月17日　カンファレンス（自宅にて）
出席者：長男・高齢担当ワーカー・包括ワーカー・ケアマネ・民生委員・ワーカー

　ワーカーより本人のショートステイの状況を報告する。
①何度も同じことを繰り返すが、覚えていることも多くある。入所当初は口数が少なかったが、華道クラブの参加をきっかけに、周囲とのコニュニケーションがとれるようになってきた。
②体調の確認を行ってきたが、看護師から「気になる点があるので、在宅生活に戻る前に一度病院の受診をしてほしい」と依頼された。
③長男も母親との関係について再度考えた様子。長男は仕事が忙しく不規則なので、介護負担の軽減が必要である。

　長男からは、今後についての希望が出された。
①今までの自分は間違っていたのかもしれない。母のためになることであれば詳しく話をしてほしい。
②今のように私が忙しい時でも、母が安心して生活できる場所があったら安心だ。
③これからも一緒に生活したい。

　ケアマネは長男が今後の生活についての希望を話してくれたので、本人のケアプランを長男と一緒に立てていくことを約束した。

5. 終結とアフターケア

7月21日　入院
　ケアマネと長男が付き添い、タケさんは病院を受診したが、肺に異常があり、そのまま入院となったことから、ショートステイは退所となった。

7月24日　ケアマネより連絡
　ケアマネより「肺癌が見つかり転移している可能性もある。今後の方針は病院と長男が決めていくことになる。しばらく自宅には帰れず入院生活になる予定」

との話だった。

7月27日　入院先に訪問

長男より電話があり「母親がお礼を言いたい」とのことで、退所の荷物引き継ぎもあったためワーカーは病院を訪れた。

本人の前で長男は、「聞いているかもしれませんが母は癌でした。高齢のため、手術するかどうかはまだ考えていません。ショートステイでお世話になって、母の笑顔がみられるようになりました。もし私があのままだったら、母の笑顔もなかったと思うし、癌は見つけられなかったかもしれません。これから母親にどう接していいか、きちんと考えることができるようになりました」と深々と頭を下げた。すると本人も「ありがとう。息子は離婚や転職もあったけど、昔から親思いの優しい子だった。こんな子に面倒みてもらえるなんて、私は幸せだわ」と。長男の目には涙があふれていた。

ワーカーから「自宅に戻ったらケアマネジャーを通してでも連絡をください。私たちにも協力できることがあるかもしれません。そうなった時はまたお手伝いさせてください」と伝えた。

長期の入院になりそうだが、2人は自宅で一緒に生活がしたいという希望がある。退院して生活が始まると、再び介護負担が原因で悩むことがあるかもしれない。そんな時「2人だけじゃない。自分たちのことをよく知ってくれているところに相談してみよう」と思っていただければ嬉しい。

▶ 主訴などに対する支援の評価

①身体的虐待を受けた本人への対応

地域包括支援センターより連絡を受け、緊急一時保護としてショートステイへの入所となったが、施設内のカンファレンスを通して、各専門職が傾聴の姿勢を大切にし、普段から声をかけて「安心」を提供することができた。

②長男への対応

時間が進むにつれて変化する長男の心境に対して、高齢担当ワーカー・包括ワーカー・ケアマネ・民生委員・生活相談員（ワーカー）が連携して対応することができた。虐待において見落とされがちな「本人の希望」も生活相談員（ワーカー）が関わり、本人や施設内の職員から生活状況を把握し、長男に報告することができた。

③他のサービスの検討

小川タケさんは介護保険サービスの利用は初めてということで、本人自身も、そしてショートステイの職員もわからないことが多々あったと思われる。それでも本人の生活歴や趣味、性格を念頭に置き、本人のニーズは何かという意識をもつことで、「華道クラブ」への参加を機会に、笑顔で他の利用者と接するなど変化を作ることができた。

▶ ソーシャルワーク実践を通じて

①他機関との連携の重要性

本事例ではカンファレンスを通じて情報交換を行い、統一した支援方針で展開することができた。

また、施設内においても各スタッフによるカンファレンスの場を設けることで、様々な角度から本人のニーズを考えることができ、本人に必要な社会資源へと結びつけることができると再確認できた。

②虐待を受けた本人の気持ちの理解

　虐待のケースでは虐待を行った側、本事例の場合では「長男を変えていこう」との考え方になりがちである。しかし、そこには虐待を受けた側の希望もあることを忘れてはいけない。虐待をした側・虐待を受けた側、それぞれに専門職が関わり、その世帯のストレングスや必要なサービスを見極め、最大限の力が発揮できるよう支援していくことが大切だと思う。

③アフターケアの大切さ

　本事例のように、クライエントとの関わりが一度途絶えることになるケースは多々あると思う。しかし、その家族は現在も生活を続けており、今後も新たなニーズが発生することが考えられる。終結の際は予測できる問題点を整理し、困ったことがあった場合にクライエントはどうすればよいかを伝えることが必要である。また、支援過程の事後評価を行い、各機関と必要な情報を共有することで、虐待や世帯の孤立を防ぐことにつながると思う。

▶ 演習のポイント

1．高齢者虐待が発生した時の、各機関の専門職（福祉事務所のワーカー・包括センターのワーカー・居宅介護支援事業所のケアマネ）の役割を考えてみよう。
2．この事例で、本人が退院し自宅療養となった場合、今後どのような生活課題があるのかを考えてみよう。
3．この事例で、長男が身体的虐待でなく経済的虐待をしていたと仮定したら、母親の財産を守るためにはどのような支援方法があるか考えてみよう。

面接票(フェースシート)

氏名	小川 タケ(おがわ たけ)		男・⊛	84歳	作成日	平成27年7月2日
					記入者	生活相談員
住所	X市○○町 電話番号:○○○○-○○-○○○○				面接場所	面接室
生年月日	1930年10月1日			家族構成図 (ジェノグラム・エコマップ)		
家族構成						
氏名	続柄	年齢	関係			
小川 武男	長男	62	悪い			
住宅の状況	平屋の一戸建て(築約20年) 屋内は至る所に段差があり、浴室も含めて手すりは設置されていない。 敷布団で寝ている。 徒歩10分圏内にスーパーとコンビニがあり、長男も自家用車を持っている為、買い物に行ける環境は整っている。					

家族構成図:包括支援センター、民生委員、福祉事務所高齢SW、居宅介護支援事務所ケアマネージャー、本人84歳、長男62歳

[生活歴]これまでの職業・家庭生活・趣味・習慣など
　九州の出身。20歳の時、結婚を機にX市に越してくる。夫は自営業(建築業)を営み、専業主婦として一人息子を育てた。趣味は刺繍や華道、茶道。地域の茶道や華道クラブにも参加し、地域交流にも積極的であった。
　長男は20歳の時に結婚をしたが1年で離婚。仕事を転々とし、45歳頃より工場で勤務している。夜勤が多い仕事で残業の日も多々ある。近隣の方によると、もともと母親との関係は良好で、長男は真面目な親思いの性格。2人で笑いながら外出する姿をよく見たという。
　74歳の時、夫が心筋梗塞で他界。このころから本人は精神的に不安定となり、買い物以外は外出をほとんどしなくなり、長男と2人で歩く姿も見られなくなった。それでも食事や洗濯といった家事を行い、息子と2人で暮らしてきたが、昨年(平成26年)の12月頃より、物忘れや下肢の筋力低下が見られ、今年(平成27年)の2月に長男はX市福祉事務所の介護保険課に相談。介護保険の申請手続きを行い、4月1日に要介護2の認定が出た。

[現在の生活状況]生活・介護の状況など
　4月当初より現在のケアマネが担当している。長男が就労している時間を中心に、介護保険の在宅サービスとして、通所介護(デイサービス)と訪問介護(身体介護・家事援助)の導入を検討したが、長男はケアマネの提案を拒否。ケアマネは何度か説得するも、長男の理解は得られず、包括センターの包括ワーカーに相談した。包括ワーカーはX市福祉事務所・高齢者福祉課のワーカー(高齢担当ワーカー)に連絡し、一緒に関わってほしいと依頼した。
　ケアマネは「歩行は不安定ながらも杖歩行で自立。物忘れがあるが、覚えていること、理解できることもある。会話はほとんど成立するが、繰り返し同じ事を言う時がある」と話しているが、実際にサービスを利用したことがないため詳細は不明なことが多い。ここ最近は長男が家事や介護をしていた様子である。介護保険のサービスが利用できていないこともあり、長男以外との会話がほとんどないため、本人自身の感じているニーズは不明である。
　ケアマネによると、母親の機能低下による介護負担が大きくなってきており、自身の仕事と介護で疲弊している様子。近隣住民は、真面目な性格で母親思いだったと話している。

1 特養ホームの機能を活用した身体的虐待を受けている高齢者への支援

認定情報	介護度	要介護2	被保険者番号		＊＊＊＊＊＊＊＊＊＊＊	
	認定年月日	平成27年4月1日	認定期間		平成27年4月1日～平成28年3月31日	
被保険者情報等	生活保護	－				
	医療保険	後期高齢者医療保険				
	身体障害者手帳	無し				
	居宅介護支援事業所	○○居宅介護支援事業所	担当ケアマネジャー		○○ケアマネジャー	
収入	年金	種別	老齢基礎年金	金額	月額 約6万5000円	
		種別		金額		
現在利用している介護保険サービス等	サービス種別	事業所名・連絡先等		サービス種別		事業所名・連絡先等

＊ジェノグラム・エコマップの基本的な表記法は12～13ページを参照。

支援計画書（アセスメント終了時）

現在の状況	生活課題
・長男に身体的虐待をうけ、心身が疲弊している状態 ・長男は認知症の進行に伴って、就労と介護の両立ができていない様子 ・長男はケアマネージャーから提案されるケアプランを頑なに拒否している	・本人に落ち着いた場所で、安心して生活できる環境作りが必要 ・長男との信頼関係の構築が必要 ・介護保険による在宅サービスの導入の検討が必要
本人の希望	家族の希望
・現時点では確認できない	・現時点では確認できていない点が多いが「介護保険のサービスは使いたくない」と話している

	目　標	具体的な支援内容
短期目標	①安心した生活をおくる	本人との信頼関係を構築し、虐待で受けた不安や恐怖を和らげるような環境作りを行う 日常生活における介助・食事の提供を適切に行い、本人の状態を各専門職が把握できるようにする
	②長男に本人の状態を適切に伝える	現在は難しいが、福祉事務所・地域包括支援センターと連携し、長男に本人の状況を伝える場を設け、長男のニーズも伺っていける関係を構築できるようにする
長期目標	①在宅における介護サービスの検討	ショートステイでの本人の様子を踏まえ、福祉事務所高齢者福祉課ワーカー・地域包括支援センターソーシャルワーカー・ケアマネジャーと連携し、在宅生活が継続できるサービスの提案をしていく

今後予想される問題点	その事態への対応
①本人の強い帰宅願望や精神状態が不安定になる可能性がある	①傾聴し、安心していただけるようにし、生活相談員を中心に施設内会議の開催・各機関への報告・相談を行う
②ショートステイ期間満了後も虐待が起こりうる可能性がある	②万一、ここでも本人に危険が及ぶ場合については直ちに福祉事務所・地域包括支援センターへ連絡する

障害者（知的）

2 障害者支援施設における強度行動障害のある利用者支援と家族との関わり

●ソーシャルワーカーの所属機関：障害者支援施設

キーワード
強度行動障害、個別支援、集団生活と個人の尊重、安全性の確保、家族への支援

▶ 事例の概要

強度行動障害のある人が障害者支援施設に入所したことにより、これまで安全で、安らぎのあった他の利用者の生活が窮屈なものになってしまった。集団生活での個人の尊重、安全性の確保、権利擁護、家族への支援について考えさせられジレンマに陥ったが、そのような中でソーシャルワーカーは何をしなければならないのか……。

▶ 事例の経過

大切な用語

特別支援学校
障害者支援施設
相談支援事業所
相談支援専門員
生活支援員

知能指数（IQ）

ADL
生活介護

障害支援区分

1．施設入所に至る経過とインテーク（初回面接）

1月上旬、X県Y市に住む特別支援学校卒業予定の山田義明さん（18歳）の両親より、当障害者支援施設への入所希望があると相談支援事業所の相談支援専門員より連絡を受ける。

1月30日、本人及び家族、学校の担任教諭との面談のため、生活支援員A（以下、Aワーカー）と支援課長の2名が学校を訪問し、初回面接を実施した。

本人は「アー」「ウー」「キャー」などの奇声を発し会話ができないこと、こちらの問いかけをどれだけ理解しているか不明で、知能指数（IQ）も測定不能であること、自分の顔や身体を叩く自傷行為、突然他人を叩く行為が時折みられること、日常生活動作（ADL）はある程度自立していることなどの話がある。

当初、両親は在宅生活をしながら通所での生活介護を利用することも考えていたが、両親ともに体調がすぐれないこと、妹が本人を嫌がっていることもあり、入所での施設利用を強く希望している。自宅で生活することのストレスや家庭内での支援が難しいため、障害者支援施設の必要性が高いと判断された。すでに障害支援区分の認定を受けており、区分5であるとのこと。

施設では2月中旬の職員会議にて、本人の施設利用が4月から開始されることを前提に、本人の状況確認や注意点などについて話し合いが行われた。

2月下旬、家族及び学校側に対して、4月から入所が可能であると連絡した。また、日中の活動として、同じ社会福祉法人が運営している生活介護についても利用が可能であることを説明したところ、併せてお願いしたいとのことであり、3月上旬に契約のため家庭訪問することの打ち合わせをする。

3月10日　契約のため訪問

| | Aワーカーと支援課長に加え、生活介護担当の生活支援員Bが家庭訪問する。
| アカウンタビリティ | 本人は自室で何かをしているとのことだったが、覗くと不安定になるため声をかけていないとの母親からの話があり、まずは施設利用にあたり前回電話で説明をしただけになっている生活介護の説明と、利用契約にあたり重要事項の説明などを先に行うこととした。本来は本人同席が望ましい旨を伝えるが、父親から「息子がこの場にいても、何もわからないのだから意味がないよ。気にしないですすめてください」とのことだったため、説明及び契約を行う。前回の学校での面談の際に確認できなかった内容についても両親に質問をして、訪問を終了する。
| 個別支援計画 | 特別支援学校からの本人の調書と、面接時の状況からフェースシートと、暫定的な個別支援計画を作成し、2カ月後を目処に見直しを行うことにした。

2．アセスメント（施設での生活状況からの事前評価）

4月1日　施設利用（入所）

両親が同伴し入所となる。本人はどこに連れて来られたのかわからないような表情を見せており、時折「アー」という奇声とともに自分の頬をつねったり、叩いたりがある。その行為を制止しようとした父に対して、それを振り払い居室を出て走り回っている。Aワーカーが体育館に本人を連れて行き、本人の状況確認もかねて本人と一緒に過ごした。その後、両親には再度、施設利用にあたってのお願い事項などの説明を行う。

4月20日　利用者とのトラブル

施設に入所して約3週間が経過し、施設での生活に慣れてきたのか、事前の学校側からの調書にあるような内容の問題行動が出現してきた。

20時半頃、本人が利用者Cさんの居室に入り、タンス内にしまっていたインスタントコーヒーを取り出し、居室の畳上にまき散らす行為がある。それを発見したCさんは、「山田、コノヤロー」と叫びながらほうきを持って本人を追いかけている。Aワーカーが慌てて現場にかけつけると、Cさんが本人に馬乗りになって殴りかかっており、まずは2人を引き離すが、Cさんの怒りはおさまらず、今度は引き離したAワーカーに殴りかかった。そこへ、宿直担当のもう1名の生活支援員Dもかけつけ「話を聞くので、部屋へ行って話しましょう」と声をかけると、Cさんは自分の担当である支援員Dの言葉でいくぶん冷静さを取り戻し、自分の部屋へ支援員Dと行き今回の経緯を話す。

その後、本人を連れてCさんの部屋を訪ね、部屋の片づけを行い、コーヒーについては本人が弁償することで今回の件を許してもらう対応をとる。

4月28日　利用者とのトラブル（盗食）

利用者の多くが一時帰宅のため、家族による迎えが朝から続いていた。本人は自分も家族の迎えがくるものと思ったのか、ジャンパーを手に施設内を走り回っている状況が見られた。実際、本人の一時帰宅は翌日であった。

利用者Eさんが、帰宅時の家族へのおみやげ（菓子折）と衣服の入ったかばんを部屋に置いたまま、玄関ロビーで待機している時、本人がそれを見つけ、菓子折の包みを開けて中の菓子を食べ始めてしまった。Eさんが部屋に戻ってその場

面を発見し、泣きながら生活支援員Fのところへ来る。Eさんは何が起こったのかを会話で説明できず、支援員Fの手を引き部屋へ連れて行き状況を伝えた。本人は支援員Fに気づいても、なおも食べ続けていた。Eさんには、夜までに菓子折を自宅に届けることを伝え納得してもらう。

職員体制が手薄な状況であったこと、4月に入所した本人の行動を十分に理解しきれていない支援員ばかりでの勤務であったことも原因の一つと思われる。

4月29日　一時帰宅及び家族との面談

一時帰宅のため両親が迎えに来る。前日に、近況について話をしたい旨を伝えてあったので、最初にAワーカー、支援課長、両親の4名で話し合いを行う。この1カ月の中での出来事を報告する。
・他の利用者の部屋に入り、インスタントコーヒーをばらまいたこと
・その際、利用者に叩かれてしまったこと
・昨日、他の利用者の帰省みやげの菓子折を開けて食べてしまったこと
・時折、奇声をあげるため、他の利用者から怒鳴られることがあること等

父より「義明が悪いのだから、コーヒーやお菓子を弁償するのは仕方ないと思うが、私物の保管について他の利用者に鍵をかけてもらったりして徹底してほしい」「義明の行動が他の人に迷惑をかけることもあるだろうが、高額なものは弁償できない」という話がある。支援課長が対策を考える旨を両親に伝える。

本人を車の後部座席に乗せる際、父が長いひもを取り出し、本人の手を縛り、さらにそのひもと座席とを結び拘束された状態になっていた。座席シートには防水カバーが敷かれ、本人には紙おむつが付けられていた。Aワーカーが母親に「いつもこのようにしているのか」を尋ねたところ、「車に乗ると運転をしている父親を叩いたり、つねったりして、私にも叩いてくることがあるので、義明を連れて帰るときは3年くらい前からこうしています。ちゃんと座っておとなしくしてくれたら、こんなことしないんだけど……」とのこと。身体拘束や虐待にあたるのではと驚いたが、この日はそのままの状態で車が出発した。

5月5日　一時帰宅終了

夕方、両親と叔父の送りで施設に戻る。本人の顔が傷だらけになっている状態なので尋ねると、父は「今回は落ち着きがなくて、奇声をあげたり自傷行為がひどくて……。自分で顔を叩いたり、つねったりして、それを止めるとこっちがひっかかれて……。そのため今日は、義弟にも一緒に来てもらった。義弟にはひっかいたりしないんだよね……。」と本人の叔父を紹介してくれる。

母は「これまで何とか一時帰宅をさせてきたけど、これでは連れて帰れない。お父さんも私も体が丈夫じゃないし、娘も義明を怖がっているから、こんなに暴れる状態なら、ずっとここで見てもらうしかない。いつも弟に手伝ってもらうわけにはいかないし……」と落ち込んだ表情で話す。

また、初対面の叔父にも挨拶をする。叔父は「義明は親に対しては本当に強暴なんだよ。甘え方が下手なのかな〜。私には何もしてこないからね」とのこと。

カンファレンス　5月8日　ケースカンファレンス（参加支援員9名）

生活支援員全員による月に1度の支援会議（ケースカンファレンス）が行われ、山田さんについては以下のようなケース検討がなされた。

〈生活状況〉
①施設入所して1カ月が経過したが、本人の奇声や多動が他の利用者には受け入れられず、本人を排除しようとする雰囲気がある。
②他利用者の部屋に入り、私物へのいたずらなどがあり、父親からも私物の保管について対策を言われている。
③本人が他利用者の私物をいたずらして「弁償」という形態をとった。
④本人の自傷行為が一時帰宅時に激しく見られ、顔が傷だらけの状況である。
⑤一時帰宅で、車に乗る際に手を縛られた状態での移動になっていたが、父親も母親もこうするしかないという考えである。
⑥母の弟が初めて来園したが、本人との関係は良好で、本人が帰宅しているときには散歩やドライブに連れて行くなどをしていることがわかる。

〈施設生活の課題〉
①本人が奇声をあげる原因は何か。何を訴えようとしているのか。このまま、他利用者と一緒の生活では、本人に危害が加わるのではないだろうか。本人の存在が他の利用者の安らぎを奪っていることもあるのではないか。
②利用者各自が私物の管理をできるだろうか。利用者がタンスに鍵をかけることは可能だろうか。鍵をかけることで、窮屈な生活になるのではないか。
③本人自身が何をしたのかを理解していない中で、本人の弁償という形態は適切なのだろうか。弁償の負担をするのは親であり、金銭的にも限界があるのではないか。施設側（職員側）の責任や、利用者自身の責任はないのだろうか。
④帰宅時に自傷行為が激しかったとのことだが、以前の学校時代や現在の施設の生活でも見られている。何の訴えなのだろうか。頬の色が黒ずみ、腫れもみられるため受診も必要ではないだろうか。虐待の可能性はないだろうか。
⑤父親が手を縛る行為は身体拘束ではあるが、他に父が運転に集中して、安全を確保した状態での移動を行う方法はあるのだろうか。施設はどこまで介入できるのだろうか。
⑥叔父が本人と良好な関係であるとのことで、本人との関わり方や本人の気持ちを理解するヒントがあるのではないだろうか。本人と両親を支えるキーパーソンになるのではないだろうか。

このような意見が出たが、早急に何かの対策を講じるのではなく、本人を理解すること、本人の行動観察に力をいれ、次回のカンファレンスで個別支援計画の見直しを検討することになる。

5月12日　他の利用者からの苦情

夜になって利用者Cさんが、宿直担当の生活支援員G（入職2年目）に「山田が来てからゆっくりできないし、勝手に部屋に入ったりするから困る。お菓子を盗ろうするし、うるさいし……。何であいう人もここにいるんだ」と話してくる。支援員Gが「不満もあるだろうけど、みんなで暮らしているから多少は我慢してほしい。職員もできるだけ本人を見るようにするから」と伝えるが、Cさんが「我慢ばっかりじゃないか。もういやだ。これ以上うるさいならおれが出て

行く」と激しい口調で訴える。支援員Gは「今度の職員会議で議題にするから、ちょっと待って」と言って、その場をおさめる。

支援員Gは「どの利用者も施設を利用するのに利用料を払っている中で、我慢を促していいものか。集団生活と個人の権利とはなんだろう。集団生活の難しさを感じる」と翌朝の申し送りで話した。

5月14日　精神科病院受診（転院）

これまで自宅近くの精神科病院をかかりつけとしていたが、施設入所により定期受診が難しいため、車で30分ほどの距離にある施設の協力病院であるH精神科病院へ行く。Aワーカーと看護師の2名で対応するが、車内で自傷行為が激しくなり、右頬より少量の出血が見られる。

病院の待合室で静かに待つことができないため、診察の順番までAワーカーと車内で待機する。受診時に診察室に入るが、医師の前で座ることもできず診察室から出てしまう。医師に近況を伝えたところ、これまでの病院で処方されていた精神安定剤が増量され、同時に就寝前の睡眠導入剤が新たに処方となる。

5月21日　緊急受診

1週間前にH精神科病院から内服薬が処方されたが、2日前より夜間の眠りが深く、日中活動の生活介護にも行けないほど眠気が強く見られていたため緊急受診をする。病院へ向かう車内でも眠っている。

主治医より「薬の副作用と思われるので精神安定剤を減らします。変調があればすぐ連絡してください」とのこと。

5月24日　危険行為（他害行為）

夕食終了後、表情はにこやかであるが、かなり大きな奇声をあげながら施設内を走り回っている。支援員Gがしばらく本人のそばに付いていたが、ちょっと目を離した時に、施設の中で一番小柄な男性である利用者Jさんを突き飛ばす。転倒したJさんは、後頭部を床に打ちつけたことにより5センチの裂傷と出血がみられ、緊急夜間受診をし5針縫合の処置を受ける。

本人はJさんを突き飛ばした後はケラケラ笑っており、応急手当をしている間も他の利用者を叩いたり、奇声をあげていた。

5月25日　様子報告

昨日の本人の様子を家族に報告。仕事を休んでいた父が電話に出る。「恐れていたことが起こった。ケガをしたJさんに申し訳ない。大変でしょうが、よろしくお願いします。Jさんの家には、私からもお詫びの電話をします」とのこと。

3．プランニング（支援計画の策定）

5月29日　カンファレンス（参加支援員5名）

個別支援計画について、担当班支援員によるケースカンファレンスにて検討する。今後、家族へ個別支援計画の内容を説明し、支援の方向性を確定する。

カンファレンス開始前に施設長より「先日の危険行為により安全性を確保する

| モニタリング

| 生活の質（QOL）の向上

ことと、他の利用者の本人に対する目が厳しくなっているため本人に危害が加わる恐れがあることから、日中活動の生活介護スタッフとも連絡を密にしながら、できる限り支援員1名が本人に付き、本人から目を離さずに、本人の様子観察及び危険行為の回避を図るように」との指示がある。

当面の支援目標を以下とし、毎月モニタリングをしていくことにした。
〈支援目標〉
①施設での生活（日課）に慣れ、安定した生活が送れるようになる。
②自傷行為、他害行為、危険行為を防ぎ、原因が何かを探る。
③本人の興味分野を見つけ、生活の質（QOL）の向上を目指す。

5月30日　家族の面会及び個別支援計画説明

面会のため両親が来所。電話では伝えていたが、病院が変更になってからの状態を再度報告する。父から「義明が落ち着くなら、多少薬が強くてもかまわないよ」というが、母は自分自身が精神科クリニックに通院中で内服薬を服用していることもあるのか、「薬は眠気がくるのよね。寝てばかりじゃ義明がかわいそうよ」と父に対して言う場面がある。Aワーカーも「私たちも山田さんが眠ってばかりでは本人らしい生活にはならないので、今後も様子をみて病院の医師にも状況を報告していきます」と伝える。

個別支援計画の説明をするが、父は「こちらに任せたのだからとやかく言わないつもりだし、とにかく他の人と問題を起こさないで、落ち着いた生活になるようにお願いしたい」と言って、Aワーカーの説明を遮ってしまう。母も「自宅ではもう本人をみられないのでお願いします」と前回の帰宅時の状況から、本人と自宅で生活をしていくのはもう無理だと判断しているように感じた。

また、帰宅する際に本人の手をひもで縛る行為について、車内ではどういう様子なのかを尋ね、「身体拘束」や「虐待」にあたることなどを伝えたところ、父が「じゃあ、こちらの施設で送迎をしてくれるのか！　あの方法しかないんだ！」と声を荒げる。「施設での送迎も含め、他に何かよい方法がないか一緒に考えましょう」と伝える。父も「大きな声を出して申し訳ない。職員の皆さんは本当によくやってくれている」と言う。

4．インターベンション（支援の実施）

6月1日　本人への個別支援体制を開始

朝より本人に1名の支援員が常時そばに付くため、本日は支援員Dが担当している。その様子を見た利用者Cさんが「もっと早くそうしてくれればよかったのに」という。山田さん自身も、なぜずっと支援員Dがそばにいるのだろうと思っているような表情をしている。この日は終日穏やかに過ごす。支援員Dと山田さん本人との関係は、職員の中では一番関係がよいと思われる。

6月15日　自傷行為の頻発

支援員が本人に付くようになってから2週間が経過したが、それがストレスになっているのか、思うように行動できないためのいらだちなのか、3日ほど前から自分の顔を手のひらで叩く自傷行為が増えており、顔が黒ずんできている。気

分転換で支援員Dと2人で散歩に出かけるが、歩きながらも顔を叩いている。本人の興味・嗜好がわからない。ただ、支援員Dが一緒の時には落ち着きが見られる。

6月25日　支援員Dへの信頼（愛着）

　支援員Dが帰宅しようとした時に山田さんが走り寄り、自分の部屋へ引っ張っていく姿がある。支援員Dは引かれるまま部屋に行くと、本人の洋服ダンスの扉がはずれ落ちている。その日、本人のそばについている支援員Gがいたが、支援員Dに「扉を直してほしい」という意思表示をしたものと思われる。支援員Dは「タンスの扉を直してほしかったんだね。よく教えてくれたね」と言って笑顔で修理を行う。本人に支援員Dの言葉が理解できたかどうかは不明だが、穏やかな表情で支援員Dの姿を見ていた。扉の修理が完了し「直ったよ」と声をかけると、本人は笑顔で部屋を出ていった。その様子を見ていた支援員Gは「現時点で自分と山田さんとの間にはラポールがないけれど、D支援員とはラポールができているように感じました」と申し送りで報告した。

ラポールの形成

7月1日　カンファレンス（参加支援員5名）

　担当班支援員によるケースカンファレンスで本人の個別支援計画をもとにモニタリングを行う。本人に支援員1名が付く体制を開始した1カ月を振り返る。
① 施設での生活（日課）には慣れたと思うが、安定した生活は送れていない。
② 自傷行為、他害行為、危険行為を防ぐために支援員1名が付く体制を組んでいるが、本人が隙を見つけ出そうと必死になっているところがある。支援員が常時そばにいることは本人の安定につながっていないように思われる。
③ 本人の興味分野では、食へのこだわりがあるように感じる。食べ物を探して他の部屋に入ったりするのではないだろうか。
④ 支援員Dが本人のそばにいると落ち着きがある。自宅でも叔父が一緒の時は落ち着いているようで、2人に共通する関わり方が何かあるのではないか。
⑤ 支援目標に対しては上記の内容であるが、支援員や他職種を含めたチームアプローチができていないのではないか、どこか担当班支援員に任されてしまっているのではないかとの意見がでる。また、家族が施設側に対して依存的になっている部分と、信頼をしていない部分があるのではとの意見もでる。

▶ 主訴などに対する支援への評価

① 支援員が本人に付いて様子を観察することにより、本人が他の利用者の生活に与えていたマイナス影響はなくなったが、逆に本人のストレスになっているように思う。
② 他害行為と危険行為は防げているが、自傷行為は依然見られており、頬が黒ずむぐらいになっている。本人と支援員Dとの関係が一番良好であるように見える。支援員Dの関わり方や叔父の関わり方に共通点がないかを分析していくと、本人との関わり方がわかるのではないだろうか。
③ 本人の様子を観察しているが、本人の興味は何なのか、何が好きなのかが理解できていない。特別支援学校時代の調書にあったドライブと散歩は好きそうであるが、その他は興味を示さない。

▶ ソーシャルワーク実践を通して

①本人の「思い」がわからない

　会話ができないため、本人の表情の変化、声のトーン、態度などから考察するが、「これだ」と確信がもてるものがなく、ワーカーの勝手な思い込みではないかと思い不安が増していく。

　支援員Dや叔父との関係は良好で、その間は自傷行為などは見られないことから、本人が何かの行動を起こすには理由があると思われる。

②共生を考えてどのように支援していくか

　本人の行動が与える他の利用者へのマイナス影響により、他の利用者の「安らぎ」を考えると本人を「抑制」してしまうような状況である。本人の施設を利用する権利はどうなるのだろうかと何度も考えるが、結局本人が与える影響力の大きさから本人を抑えてしまった。

　他の利用者に「本人のことを理解してほしい」とお願いすることは、我慢を求めていることになってしまうのではないだろうかと考えさせられた。

③安全性の確保の難しさ

　本人の行動により他の利用者がケガをしたり、また他の利用者が怒って本人が暴力行為を受けることも見られている。施設内では安全性の確保は重要であるが、本人に理解する能力が不足している状況の中で、ソーシャルワーカーの介入の方法がとても難しいと感じた。

④職員の専門性

　強度行動障害のある利用者への関わりが、事後対応が中心になっており後手になっている。専門性を高めるためにも、強度行動障害に関する研究会への参加や、成果をあげている他の施設（事業所）から学ぶことも必要であると感じた。

⑤家族との連携

　入所前から家族との話し合いを行う場面が何度かあったが、施設入所が決定した後は、かなりホッとした様子で、「施設にお任せします」といった姿勢が見られている。また、本人を帰宅させる際に手を縛る行為に対して「身体拘束」「虐待」ということを伝えたが、安全性を考えるとそれ以外の方法はないと怒り出す状況。支援員が送迎することは過剰なサービスになるのだろうか。

▶ 演習のポイント

1．施設という集団生活において、利用者個々の尊重をどのように考えたらいいだろうか。また、職員によるチームアプローチでは何が重要となるかも含めて考えてみよう。
2．本人の意思が確認できない中で、本人の権利擁護や施設の中で安全の確保をどのように行うといいかを考えてみよう。
3．家族の悩みや気持ちを理解し、連携を図りながら支援をしていくには何が重要か。また医療機関との連携では何が重要かを考えてみよう。

面接票（フェースシート）

氏名	山田　義明	㊚ 女	18歳	面接日	平成27年1月30日
				面接者	支援員A 支援課長
住所	X県Y市○○町1-2-3　電話番号：○○○○-○○-○○○○			面接場所	特別支援学校相談室

主訴	①特別支援学校卒業に伴い今後の進路として障害者支援施設への入所を希望。 ②在宅では本人を見られない。 ③本人は強度行動障害であり、集団生活に対し心配なところがある。	［課　題］ ①本人とのコミュニケーション手段 ②他の入所者・職員との関係構築 ③家族と本人間のストレスの軽減

家族の状況

氏名	続柄	年齢	状況	心身の状況
山田正一	父	48	会社員	病気で仕事を休みがち
山田直子	母	44	主婦	うつ気味で現在受診中
山田奈美	妹	14	中学2年 兄の存在を嫌う	健康
（協力者）小林直人	叔父	38	会社員	健康

経済の状況	住宅の状況	心身（医療）の状況
現状では困っていないが、父が体調不良で退職を考えている	一戸建ての借家（築15年）	

ジェノグラム・エコマップ

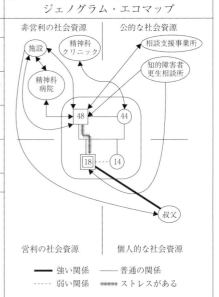

――― 強い関係　　――― 普通の関係
----- 弱い関係　　++++ ストレスがある

［生活歴］
　2歳のときに発達の異常があるのではと医師に相談。そのときは明確な判断はできず、3歳時には自閉症との診断。
　就学時より特別支援学校へ入学し寄宿舎で生活をするが、毎週末には自宅にて過ごす。中等部の頃より感情の起伏が激しくなり、他人への暴力行為、自分の顔を叩く自傷行為が目立つ。また、高等部の頃より奇声をあげて走り回ったり、物を投げたりして壊す行為も見られた。また、両親に対しても、暴力的な行為が見られ始めた。

- ADL状況：洗面、着替え、食事、排泄などの基本的な行動は声かけと身ぶりにて示すことで可能であるが、自発性はなく十分とはいえない。声かけの内容を理解できているかは不明。
- 障害の程度：知的障害で療育手帳は重度。自閉症との診断もある。
- 服薬状況：精神科病院より精神安定剤と就寝前の睡眠剤が処方されている。
- 問題行動：自傷行為、他害行為、暴力、危険行為、破壊行為、盗食行為、放尿便、弄便、不眠など目が離せない場面が多い。また、自他のものの区別ができないため、盗食行為などが見られる。
- 好きなこと：散歩、ドライブ、土いじり、紙ちぎり。

備考

＊ジェノグラム・エコマップの基本的な表記法は12〜13ページを参照。

個別支援計画

作成日　平成27年5月29日

利用者氏名　山田義明
作成者　　　生活支援員A

状　　況	課　　題
①本人の奇声や多動かあり、他の利用者とのトラブルがある。また、危険行為もある。 ②他の利用者の部屋へ勝手に入り、私物へのいたずらをし、弁償が生じている。 ③自傷行為が見られ、顔が傷だらけの状況である。 ④一時帰宅で、車に乗る際に手を縛られた状態での移動になっている。 ⑤母の弟が初めて来園し、本人との関係は良好で、散歩やドライブに連れ出しているとのこと。	①本人の奇声や多動か他の利用者には受け入れられず、本人を排除しようとする雰囲気がある。 ②他の利用者の部屋へ勝手に入り、私物へのいたずらが見られ、他の利用者とトラブルになっている。 ③自傷行為による頬の黒ずみや腫れもある。 ④車に乗る際に手を縛られた状態での移動がみられ、身体拘束となっている。
本人の要望	家族の要望
本人の要望は、確認できず。	①私物の保管について対策を講じてほしい。 ②本人が、少しでも落ち着いた生活を送ってほしい。 ③他の人を叩いたり、物を壊したりということがあり心配である。

	支援目標	支援内容
短期	①施設での生活に慣れ、安定した生活がおくれるようになる。 ②自傷行為、他害行為、危険行為を防ぎ、原因が何かを探る。 ③本人の興味分野を見つけ、生活の質（QOL）の向上を目指す。	①本人に支援員がつき、様子を注意深く見ていく。気づいた点は、職員の共通理解にしていく。 ②行為の前後の様子を見ていくなかで、原因を探る。危険行為は、そばについている支援員が阻止する。 ③何に興味を示すのか、あらゆることを試行して、その結果をまとめて考察する。
長期	①安定した生活をおくる。 ②QOLの向上を目指す。	①本人の行動や様子を注意深く見ていくなかで、興味のもてることを探していく。 ②本人の興味分野を見つけ、楽しみをもった生活になるよう支援していく。

今後予想される問題	備考
①支援員が常時そばについていることにより、本人のストレスにつながる可能性がある。 ②他の利用者が本人に対して排除しようとする動きが見られる可能性がある。	①家族が本人を車で移動する際に、手を縛る行為があるが、その行為に対する意識が薄い。 ②弁償が生じることへの対応や、利用者の私物の保管について検討が必要である。
モニタリング時期	平成27年7月1日

3 生活の困難が背景にあって子どもがネグレクトされている家庭への介入と支援

子ども・家庭

●ソーシャルワーカーの所属機関：児童相談所

キーワード

ネグレクト、一時保護、家族再統合プログラム、地域のサポートネットワーク

▶ 事例の概要

2人の子どもがいる母子家庭で、母親が様々な生活上の課題を背負い子どもの養育をネグレクトしていた。児童相談所は関係機関とともに家族に関わり始めたが生活状況が改善しなかった。そこで子どもを一時保護した後、児童養護施設への入所措置をとった。その後母親の生活改善を援助し、家族再統合の取り組みを実施した。やがて子どもたちは母親宅に引き取られたが、その後も地域の関係機関とともに援助を続けた。

▶ 事例の経過

大切な用語

1. 相談に至る経過

虐待通告の受理

児童館
児童相談所
ネグレクト
虐待通告

　平成22年7月1日、児童館から児童相談所に電話が入った。毎日のように遊びに来ている子どもが学校に行っておらず、衣服が汚れているため、保護者がきちんと面倒を見ていないのではないかとのことで、ネグレクトが疑われるという内容だった。児童福祉司（以下、ワーカー）は虐待通告として受理し、初期調査を開始した。児童館が子どもの名前を知っていたため、小学校に問い合わせて在籍を確認した。またA市役所戸籍係に照会して家族状況を調査した。この家庭は母子家庭であり、下に弟もいることが判明した。
家族構成：母：佐々木 愛（31歳）
　　　　　長女：陽菜（7歳）小2　　長男：陽斗（4歳）

緊急受理会議

　7月3日、虐待通告を受けた児童相談所では緊急受理会議を開いた。通告内容から緊急性が高いとは考えられないが、家族状況が複雑で援助の必要な家庭であると想定された。そこでより詳しく状況を把握するため、当面の調査方針を次のように決定した。
①学校から本児の状況と家族状況を詳しく聴き取る。
②保育所から弟の状況と家族状況を聴き取る。
③そのうえで、児童館を訪問し本児に面接する。

関係機関からの調査―子どもの生活の不安定さと母の生活困難が判明

　7月4日、学校に再度の電話をして、本児と家族の状況を詳しく教えてもらった。本児は2年生だが、今年度になってほとんど登校できておらず、学校から迎

3 生活の困難が背景にあって子どもがネグレクトされている家庭への介入と支援

えに行けば登校できることもある。そんな時には朝ごはんを食べていなかった。家庭訪問をすると母は寝ていることが多く、自宅は掃除や片付けがされていないため、玄関まで物があふれている状態。本児の衣服に臭いがして、他の子から苦情が出たこともあった。担任は子どもたちが食事をとっているか心配している。また学習が遅れており、さらに落ち着きがないため他児とのトラブルが絶えないとのことから、発達障害があるのではと思っているとの話であった。

次に弟の通う保育所に電話して家庭の様子を聞いた。すると弟は今年度になって全く登園していないことがわかった。心配して家庭訪問をしても母は出てこないし、電話もほとんどつながらない。姉も同じ保育所の卒園生だが、落ち着きのないところがあり、母は手を焼いてたたくこともあったようだとのこと。

弟の情報を得るためA市の保健センターに問い合わせた。保健師の話では、3歳児健診に来所しており発達に問題はなかった。ただ母の元気がないことが印象に残っている。また、弟の体重が年齢に比べて少ないことが気になった。母自身が精神面での相談を保健センターにしたことはないとのこと。

A市福祉事務所にも相談歴がないかどうか照会した。すると2年前に相談歴があったが、生活保護受給にはつながっていなかった。記録によると、かつて母は他の市で結婚生活を送っていたが、長男が生まれたころから母に対する夫の暴力が始まり、長女もその巻き添えで暴力を受けることがあった。母は福祉事務所にドメスティック・バイオレンス（DV）の相談をして、婦人相談所に母子一緒で一時保護されていたことが判明した。一時保護後に本市に転入している。長女と長男の父親が違うこともわかった。転入以前から母には精神的な落ち込みが見られ、保護直後にはカウンセリングに通ったことがあったらしいが、続いてはいないとのことで、精神科も受診してないとのこと。

2. アセスメント（ケースの見立て）とプランニング（支援計画の作成）

7月8日、児童相談所ではケース会議を開き、リスクアセスメントを実施した。
①家庭が経済的に逼迫している可能性があること。
②母が過去の経緯から精神的に不安定であるが、きちんと受診をしていないこと。そのため母は家事や育児を十分に行えず、自宅の生活環境は養育環境として不適切である可能性が高いこと。
③母は食事を含め、子どもを十分に養育できる状態にない可能性が高いこと。そのため、登校・登園ができない状態になっていると思われること。
④長女には育てにくい面があって、母による養育をさらに困難にさせていると思われること。

現状は母によるネグレクトの状態であり、緊急性が高いとまではいえないものの、子どもの健康が悪化するようなことがあれば一時保護をする必要があるとの結論となった。

当面の対応としては、児童館で子どもに会って様子を見たうえで、次に家庭訪問を実施して母と面接することとした。その際には養育上の困難があれば援助することができることを伝え、一時保護についても説明することとした。またこの家族の援助のためには多くの地域機関がサポートする必要があると思われるため、関係者会議の開催を呼びかけることにした。

| 要保護児童対策地域協議会 | 　関係者会議の開催のためには、市の児童相談窓口であり要保護児童対策地域協議会の調整機関でもあるＡ市福祉事務所の子ども家庭課と協議することとした。

子どもとの面接——子どもの現認

虐待対応班　　　７月10日、ワーカーは児童相談所の虐待対応班のワーカーと２人で児童館を訪問した。館長から日頃の様子を聞いたのち、見学者だと紹介してもらって、遊んでいる本児にさりげなく話しかけた。本児の衣服を見ると着古したようなもので、近寄ると少し臭いがした。本児ははにかむ様子もなく、人なつっこい表情で話に応じた。好きな遊びを聞いているうちにうちとけ、こちらに対する警戒心をあまり見せなかった。そこで「学校に行っていないことを児童館の先生が心配しているよ」と伝えてみると、本児は「学校なんてつまらないから行きたくない。母は行かなくてもいいと言った」と答えた。学校で勉強をしたり友達といろいろな経験をして、好きなことをできるようになってほしいと話すと、遊びながら聞いていた。話している間はせわしなく動き、一刻も座っていられない様子だった。
　家の人のことをさりげなく聞くと、「お母さんは家で寝てばかりいて、自分はいつもおなかがすいている」と話を始めた。「お母さんが元気になれるようにお手伝いしてくれる人がいるといいね」と語りかけてその場を離れた。

家庭訪問（母との初回面接）

　７月11日、虐待対応班のワーカーとともに自宅を訪問した。
　自宅は木造の古いアパートで、ドアの周りにはくつやおもちゃ、紙袋やビニール袋、ペットボトルなどが散乱していた。ベルを何度か押して戸も叩いたが反応がなかった。電気メーターが早く回っており、在宅していると思われた。しばらくしてもう一度戸を叩いてみると、中から母親らしい低く抑揚のない声がした。以下は母とワーカーのやりとりである。
「児童相談所の者ですが、お子さんのことでお話をうかがいに来ました。戸をあけていただけますか」
「なんなのですか、用はありません」
「お子さんが学校や保育所に行っていらっしゃらないことで、心配されている方がいます。何か困っていらっしゃることがあればお手伝いしたいと思っています。会ってお話をうかがえますか」
「児童相談所って、私が虐待しているってこと？　誰がそんなことを言ったんですか？　私は不愉快です。その人に直接話します。誰が言ったのですか？」
「申し訳ありませんが、児童相談所に連絡された方のことはお伝えできないきまりになっているのです」
「こんなことを言われて不愉快です。帰ってください」
「お子さんが学校や保育所に行かれないのは、将来によくないと思うんです」
「それはそうですけど、いろいろ事情があるんです。話したくありません」
「お困りのことがあれば、解決できるよう一緒に考えていきたいのですが…」
「余計なお世話です。わかったようなことを言わないでください。それより勝手に子どもに会って、なんか聞いたんでしょう。児童館に変な人が来たって子どもが言ってました。学校に行ってないとか言われたって。もう児童館には行き

3　生活の困難が背景にあって子どもがネグレクトされている家庭への介入と支援

たくないって言ってました。どうしてそういうことをするんですか」
「お子さんがそうおっしゃったんですね。申し訳ありませんでした。お子さんが困っていることがないか、児童館で聞いてみようと思ったんです。児童館は心配なことがあれば、児童相談所に連絡する義務があるのです。あとは児童相談所が必要と判断して、児童相談所の責任で行動していることです」
「そういう勝手なことをする人と話したくありません。帰ってください」
と母は言ったきり返事はなかった。

関係者会議と支援方針の再構築
　家庭訪問で母と関係を作ることができず、家庭内の状況も把握できなかった。しかし養育環境には心配な点が多いことから、関係機関と連携して働きかけることが必要となった。関係機関と情報を共有し、支援の方針と役割分担を協議するため、関係者会議の開催が急がれた。
　7月26日、A市の子ども家庭課のコーディネートで、福祉事務所の会議室に関係者が集まった。メンバーは、保育所長と長男のクラス担任、小学校長と長女のクラス担任、児童館長、主任児童委員、民生委員、子ども家庭課のワーカーであった。また今後の支援ネットワークへの参加を期待して、福祉事務所の母子自立支援員、保健センターの保健師にも出席してもらった。加えて児童相談所から2名が参加した。司会は子ども家庭課のワーカーが行った。なお、この会議は要保護児童対策地域協議会における個別ケース検討会議にあたる。会議では各機関が持っている情報を出し合い、家族の置かれている状況の把握に努めた。
　保育所と学校からは、家庭の衛生状態が悪く、子どもが健康を損ねる可能性があるという懸念が出された。また母が寝ていることが多く、子どもだけで出かけるなど安全が心配であることや、母が子どもの発達に適した対応ができておらず、このままでは子どもの成長にマイナスであると述べられた。そこで児童相談所に子どもたちを一時保護してほしいという要望が強く出された。
　児童相談所からは、一時保護の可能性は否定しないが、必ずしも親子分離が適切とはいえないとの考えを示し、地域でできるだけ親子を支え、親子で暮らしていける支援体制を構築したいと提案した。
　議論の応酬があった後で、今後の方針として以下の点が確認された。
①児童相談所のワーカーと市子ども家庭課のワーカーとで同行訪問し、母との関係形成を図る。
②長女の行動上の問題について、児童相談所が心理判定をして援助する姿勢を伝え、母の相談意欲を高める。
③母には精神面のケアが必要なことから、保健師との関係をつなぐ努力をする。
④家庭の経済状況を把握し、福祉事務所の生活保護課につなぐ努力をする。また家事援助などのサービスがあることを提案する。
⑤保育所・学校からも働きかけを続けて、登校・登園を促す。子どもの状態が悪化していることが把握されたら、すぐに児童相談所に連絡する。

援助の手詰まり―支援を拒否される
　8月1日、児童相談所と市子ども家庭課とで同行訪問をしたが応答がなかった。

通告義務

主任児童委員
民生・児童委員
福祉事務所の母子自立支援員（母子相談員）
個別ケース検討会議

親子分離

心理判定

家事援助

そのうち長女が児童館に来ることが少なくなり、夏休み中の生活を十分に把握することができないままに経過した。

地域の主任児童委員にも家庭訪問を依頼し、児童相談所とは違う立場からサポートを申し出てもらうようにお願いしたが、訪問しても母と会うことができなかった。主任児童委員の訪問の際に子どもだけに会えたことがあったが、その際は散らかった室内に2人でいたとの報告があった。

児童相談所では公用にて、本家庭の戸籍を取り寄せた。その結果、母方祖母が他県に居住していることがわかり連絡を取ることとした。

母方祖母に出した手紙に簡単な返信が来た。母方祖母は糖尿病とうつ病を患い、生活保護を受けて暮らしていた。母子とはずっと会っておらず、連絡もとっていないと書かれていた。ただ孫のことをとても心配している様子がうかがえた。しかし、祖母にはどうすることもできないと述べられていた。

戸籍照会の結果、長女の父親とは離婚していることがわかった。しかし長男の父親欄には記入がなく、父親から認知されていないことがわかった。かつて母がDVを受けた同居男性が、おそらく長男の父親であろうと推定した。

子どもの一時保護を判断—母親への共感を基盤に、環境改善の働きかけ

11月5日、児童館から再び連絡があった。長女が久々に遊びに来ているが、まだ半そで姿であり衣服が汚い。相当におなかをすかせており、児童館でおにぎりを買って食べさせたとの連絡だった。

11月6日、連絡を受けた児童相談所のワーカーは、虐待対応班のワーカーと児童館に向かった。長女から話を聞くと、母から些細なことで怒られ出て行けと言われたと。ワーカーは長女の様子から、一時保護した上で生活状況の改善を図ることが必要だと判断した。そこで長女に一時保護所の説明をして保護したい旨を伝えた。安全に生活できるところに行って、お母さんが元気になるまで待っていようと促した。お母さんとは話し合いをして、これからのことを決めていくとも伝えた。長女はためらっていたが、ワーカーの度重なる説明に対して、「ごはんが食べられるなら行ってもいい」と答えた。

＜一時保護所＞

長男も保護することが必要と判断し、ワーカー2人は自宅に向かった。戸が開いていたので声をかけた。奥にいた母は何事かという表情でこちらを見た。ワーカーは長女の安全を確保するために保護しなければならないこと、家庭の状態からして長男も保護する必要があることを伝えた。自宅の子育て環境がふさわしくないため、保護している間に生活の改善を図ってほしいことや、母にとって必要な様々なサービスを提供できることを伝えた。子どもたちが保育所や学校にきちんと通える状態になるよう援助したいと話した。

ワーカーは母の思いに配慮しながら、母が一人で子育てを抱え込んできたことに対し、本当に苦労してきたことと思うと話した。しかしこれからは、いろいろな人に手伝ってもらって子育てするのがよいと思うと伝え、そのためにどうしたらよいか一緒に考えていこうと促した。母は自分ではどうすることもできないと訴え、長男を抱きながら泣き続けた。

話を続けて2時間後、ついに母は児童相談所の提案を受け入れた。そしてワーカーらは、2人の子どもを児童相談所の一時保護所に移送した。

児童養護施設入所

　11月20日、一時保護所入所中の子どもたちと母との面会を設定した。母は涙を見せて子どもを抱きしめ、子どもたちも面会を喜んだ。

　長女の行動面については、一時保護所の行動観察でも落ち着きのなさが目立った。児童相談所では心理判定とともに医学診断も行った。長女の状態については、過去に母の同居男性から受けた身体的虐待と母の不安定な養育による愛着障害という見解が示された。

　母の生活の改善には時間がかかることや、長女の情緒・行動面でのケアを行って母子関係を修復するために専門的な援助が必要であり、児童養護施設への入所が必要であった。そこでワーカーは母に繰り返し説明したところ、母は納得して承諾書にサインした。母は生活を改善することを約束し、子どもたちに対しても頑張るから待っていてほしいと話した。

　児童相談所が提示した、家庭引き取りのための条件は以下の点だった。
①経済的な安定を図ること。
②自宅の片づけを行い生活環境を改善すること。
③母が精神的な相談あるいは受診をすること。
④長女との関係改善のプログラムを実施して母子関係の様子を見ること。
⑤きちんと登校・登園させること。

　これらの課題を解決するため、児童相談所も母親と一緒に取り組むことを伝えた。なお、施設入所中の親子の面会交流は積極的に進めることとした。

　平成23年1月20日、2人の子どもは県内の児童養護施設に入所。施設では児童相談所の方針をもとに自立支援計画を策定した。

施設入所後の援助―母親の生活保護申請をサポート

　児童養護施設入所後は、自立支援計画に基づき親子交流を始めた。まずは児童相談所のワーカーが同席しての面会を月1回のペースで3回行った。その後は母子のみでの面会とし、入所半年後の7月には母子での外出を始めた。

　子どもたちは母の面会を喜び、また楽しみにしていた。児童養護施設と児童相談所は随時連絡を取り合って、母子交流の様子を把握した。

　また児童相談所は、母の生活改善のための取り組みを開始した。母から話を聞くと、生計はほとんどを児童手当と児童扶養手当に頼っていたことがわかった。水道やガスが止まったこともあったらしい。母は居酒屋を手伝うこともあったようだが就労は安定していなかった。そこで生活保護を受給して生活を立て直すことを母に提案した。しかし生活保護に対する母の抵抗感が強く、なかなか納得しなかった。実は母の実家が生活保護受給家庭であり、母はそのことにトラウマがあると述べた。母には精神的なケアも必要であり、すぐに働くことは難しいと思われたため、子どもを引き取るためには生活保護受給が必要であると何度も話をした。福祉事務所での待ち合わせに2回来なかったあと、ついに母は生活保護の申請に応じ、9月1日付で生活保護が開始された。

　生活保護受給後は、福祉事務所と連携して母に生活環境の改善を働きかけた。福祉事務所は自宅のクリーニング業者を母に紹介したが、母はあくまで自分で片付けると業者を拒んだ。しかしいつまで待っても状況は改善しなかったため、働

きかけを強めた。福祉事務所の紹介する業者が、顧客との関係作りの実に上手な業者であったという好材料に恵まれ、母は業者を受け入れることに同意した。ついに自宅の環境が見違えるほどきれいになった。

母の精神面ではうつ傾向が強く感じられたため、保健師と一緒に家庭訪問をして援助を検討した。保健師は他のワーカーたちとは違って女性であるという利点から、母は話に応じるようになったが、なかなか受診にはつながらなかった。

家族再統合プログラム

家族再統合プログラムの実施と再アセスメント

長女と母親の関係に関する施設職員の報告では、面会時の母子双方に遠慮がちな様子が見られるとのことだった。そこで施設入所半年の8月頃から母子関係改善のためのプログラムを実施することとし、母子の同意を得た。具体的には児童相談所の心理職員が中心となって行う家族再統合プログラムに参加してもらうものであり、内容は親子の集団活動やペアレントトレーニングである。

ペアレントトレーニング

プログラム開始後は母の気持ちを心理職員が丁寧に聞き取り、グループカウンセリングの場では、母が自分の体験を涙交じりに語ることがあった。

平成24年1月、入所して1年経過したので、家庭復帰のためのチェックリストをもとに児童相談所の所内会議を行った。長女の行動に対して、母の認識の深まりが見られることが評価され、母の生活状況も改善していることから、子どもたちの家庭復帰を現実的に検討する時期が来たことを確認しあった。

家庭復帰と在宅支援のための関係者会議・支援方針の再構築
—子どもが家に帰る、そのための地域のサポートネットワークを構築

子どもたちが児童養護施設に入所して2年。母親は子どもたちの引き取りを強く希望し、子どもたちもまた母親宅に帰りたいという気持ちが強かった。夏休みや正月には帰省外泊を実施したが、児童相談所は外泊中に家庭訪問して母子の様子を観察した。自宅への外泊から施設に戻る際に、子どもが泣いて嫌がるということもあったが、母は児童相談所との約束を守って施設に帰した。

支援方針会議

平成25年3月1日、児童相談所の支援方針会議において、2人の子どもの家庭復帰を決定し、児童養護施設入所措置を解除することにした。母の精神面ではまだ心配があり、また長女の行動面や母子関係に関しても今後の援助が必要であった。その点で、母は児童相談所との相談関係を継続する意思があった。そこで児童福祉司指導という措置をとって、児童相談所に母子通所してもらいながら家庭状況の把握と養育の助言を続けることとした。

児童福祉司指導

サポートネットワーク

あわせて、市の子ども家庭課を中心とした関係機関連携に基づく地域のサポートネットワークを再度構築することとし、そのとりまとめ役を子ども家庭課に依頼した。家庭復帰を前にして子ども家庭課のマネジメントにより、関係機関による個別ケース検討会議を開催し、情報の共有と連携の確認を行った。

ショートステイ

ファミリーサポートセンター

母と子ども家庭課のワーカーとの顔合わせを行い、ショートステイやファミリーサポートセンターなど地域の社会資源を紹介して、身近な相談場所として利用してほしいと促した。母の受け入れ態度は良好であった。平成25年3月30日、2人の子どもは晴れて母親宅に引き取られた。

3. 終結とアフターケア

プレイセラピー

家庭復帰後に、姉は元の小学校の登校を再開し、弟は姉と同じ小学校に入学した。時々遅刻や欠席があり心配したが、大きな問題は見られなかった。

また児童相談所への通所も開始され、通所日には心理職員が子どもたちとプレイセラピーを中心とした面接をし、ワーカーが母親から養育状況を把握した。子どもが片づけをしなくてイライラするとか、宿題をなかなかしないなどの不満が述べられた。ワーカーから子どもが自分から動くのを待つようにすることや、母がイライラしないように感情をコントロールすることを助言し続けた。母が精神面で受診することは実現しなかったが、関係機関の情報では、何とか家族で生活できていることが確認された。

平成26年3月31日付で、児童相談所は関わりを終了することとし、今後のモニタリングと援助を地域の関係機関に完全に委ねることにした。

▶ 主訴などに対する支援への評価

①登校・登園できずにネグレクト状態になっていた背景に、家庭の経済的問題があった。この点では生活保護受給につながり、当面の安定が得られた。
②家庭の生活環境は福祉事務所の支援によって改善した。母の生活環境維持能力にも、その後は問題が見られなかったが、家事援助サービスの導入は、抵抗感が強く受け入れなかった。
③母のうつ傾向に対するケアについては受診の動機づけにつながらず、不安定になる要素として残った。しかし、保健師や市の子ども家庭課に電話して相談できる関係ができた。
④長女の落ち着きのなさは、養育環境に由来する可能性が高いという診断であった。母子関係改善のための親子再統合プログラムを実施して、母親による本児の行動に対する認知が進んだ。本児の行動の改善には引き続き援助が必要と思われるが、母子関係は以前に比べてよくなった。

▶ ソーシャルワーク実践を通して

①共感的に傾聴する

保護者はそうしたいと思って子どもをネグレクトしているわけではない。養育が行き詰まりに至るには理由がある。また保護者はそうならざるを得なかった自身の境遇を嘆いたり、恥じたり、悩んでいるものである。親にも子にも、その生きてきた歴史と思いとがある。そのことを尊重し、また理解しようとする姿勢が求められる。親子に同情するのではなく、その心情を汲みながら、事情を丁寧に聴くことが大切である。

②社会の代表として、毅然として壁になる

親子の気持ちを察するに余りあったとしても、子どもの養育上で不適切な点があればきちんと伝える努力が必要であり、時には保護者に対して壁となって対峙し、改善点を明確に示すことが必要なこともある。そのために一時保護が有効となる場合がある。一時保護後には保護者と対立することもあるが、あくまで支援する姿勢を示し援助関係を形成する努力をしなければならない。

③生活困難の背景をつかむ

保護者が子どもを虐待する場合、背景に経済的困難を抱えていることが多く、経済的な問題に端を発して、様々な生活課題も抱え込んでいる。またそのために、社会から孤立している家族が多

い。子どもを適切に養育するためには、まずそれらの生活課題を解消しなければならない。

④見立ての力量を高める

　家族が前向きに生活していけるようになるためには、何が不足しているのか、どうして行き詰まった状況になっているのかを分析することが求められる。そのためには情報を正確に収集しなければならない。必ず情報の出所や、確かなことなのかを確認することが大切である。そうして集めた情報をもとに、問題を構造的に把握することに努めなければならない。そこから今後の見通しが明らかになっていく。こうした「見立て」の力が必要とされる。

⑤介入のタイミングをつかむ

　一時保護の判断は総合的に行わねばならない。機関として、またはチームとして、組織的に検討することが大切である。一人での判断には危険が伴う。本事例でも、一時保護までに月日を要しており、その間に事態が悪化している。適切な介入時期をつかむためには機敏な対応も必要となる。

⑥関係機関との良好な連携関係を築く

　家族の支援には多くの機関が協力連携することが何よりも大切である。そのために対等な関係でのサポートネットワークを構築しなければならない。我々はともすると他の機関が動かないなどと不満を述べがちであるが、それぞれの機関にはできることとできないことがある。それを相互に認識しあい、自らの役割を果たすことが連携においては肝要である。

⑦見通しを示し、目標を明示する

　家族を支援する上ではクライエントがどうすればよいのか、またその先にはどうなっていくのかという、将来にわたる見通しをはっきりと示すようにしたい。保護者も子どもも見通しのない中では不安にかられ、相談関係が継続できなくなることもあり、短期、中・長期の目標を提示し、どういう生活が描けるのかを、親子と共に考えていく姿勢が大切である。

▶ 演習のポイント

1．一時保護のタイミングは適切だっただろうか。もっと以前に適切な介入の仕方があったのか考えてみよう。
2．保護者を精神的なケアにつなげることがなかなか難しい。どうすれば相手が受け入れやすいように働きかけることができるか考えてみよう。
3．関係機関との協力関係をうまく形成できないことがある。たとえば相手の機関がその機能を十分に果たしていないという不満を持ってしまうことがある。関係機関との連携がうまくいくにはどうすればよいか考えてみよう。

3　生活の困難が背景にあって子どもがネグレクトされている家庭への介入と支援

児童票

○○児童相談所

児童氏名	佐々木　陽菜		性別	女	受付日	平成22年7月1日
	生年月日　平成15年4月15日生まれ					
	受付時年齢（7歳3カ月）		国籍	日本		
保護者住所	〒○○○-○○○○ A市江戸町5-1				自宅電話番号 ○○-○○○○-○○○○	
学校	A市立江戸小学校				学年	小2
相談内容	相談主訴	養育困難　被虐待			相談経路	児童館
	本児は毎日のように児童館に来るが、学校には行っていない。衣服が汚く臭いもする。そのことで友人からいやがられることがある。髪を洗っていないのか、べたついていることもある。おなかをすかせていることがあり、保護者がきちんと面倒を見ていないと思われる。					
家族	主たる虐待者	実母			虐待種別	ネグレクト
	氏名	続柄	生年月日	年齢	国籍	性別	心身の状況
	佐々木　愛	実母	昭和54年8月3日	31	日本	女	精神的に不安定
	佐々木　陽斗	弟	平成18年6月21日	4	日本	男	健康

経済の状況	住宅の状況	ジェノグラム・エコマップ
児童手当と児童扶養手当での生活 （月額：児童手当1万円、児童扶養手当42,000円、合計52,000円）。 母の就労は不安定。	市営住宅 2DK	＊ジェノグラム・エコマップ図（保育所、児童館、小学校、主任児童委員・民生委員、福祉事務所（子ども家庭課）、保健センター、児童相談所、児童養護施設との関係を示す。家族構成：55歳男性（死亡）、31歳母、父親2名（別居・離婚）、7歳児、4歳児） ／夫婦の別居　　／／離婚

関係機関	江戸小学校　　　　主任児童委員 江戸保育園　　　　民生委員 江戸町児童館　　　児童養護施設 A市福祉事務所（子ども家庭課） A市保健センター

＊ジェノグラム・エコマップの基本的な表記法は12～13ページを参照。

生活歴家族歴	本児はA市内で出生。母が同居男性から暴力を受け、本児にも暴力があったため、母は本児と弟を連れて婦人相談所に一時保護された。本児は小さいころから落ち着きがなく、保育所では友人とのトラブルが多かった。母も本児を叱責することが多く、時には手が出ることもあった。 母は他県出身。高卒で上京し、事務職で就労したあと、スナックで働いていたところに本児の父と出会った。父と結婚し本児をもうけたが、父の借金のために協議離婚。親権は母がとった。その後弟の父親と同棲したが、その男性からの暴力を訴え婦人相談所に一時保護された。保護後にA市に転入。生活保護を受けず、飲食店の手伝い等で生計を立てていた。母の子どものころ、母方祖父が酒を飲んでは家族に暴力をふるった。母方祖父は肝硬変で死亡。母方祖母はうつ病と糖尿病を患っている。母と実家との交流はほとんどない。母には兄がおり、他県で家庭を持っているが、全く音信がない。 父は都内出身で建設作業員。再婚しており、母子との交流はない。
現在利用している社会資源	利用可能または今後必要と思われる社会資源
・小学校　　・児童手当 ・保育所　　・児童扶養手当 ・児童館	・福祉事務所（生活保護課） ・ヘルパー（家事または保育所送迎）
ストレングス面（本人・家族）	
・転入以前の自宅では、母は家事育児をこなせていた。 ・母は子どもたちをかわいがっており、子どもたちが母を求める気持ちも強い。	
支援目標	支援計画
・子どもたちが登校・登園できるようにする。 ・自宅の生活環境を改善する。 ・経済的に安定する。 ・母の精神的な安定を図る。	・福祉事務所につなぎ、生活保護受給を実現する。 ・保健センターにつなぎ、母の受診を実現する。 ・生活環境改善の援助をする。 ・ヘルパーを導入する。
施設措置時の自立支援計画	
短期目標	・本児が落ち着いて生活や学習に取り組めるように援助する。また施設からの登校が継続するように援助する。 ・母との交流を定期的に行う。 ・母との愛着関係の修復のために、面会交流を通して、母子双方に援助する。また、交流の進展を見て親子再統合プログラムの実施を検討する。
長期目標	・母宅への家庭復帰に向けた援助を行う。 ・母が経済的に安定し、生活環境が改善するように、児童相談所が中心となって援助する。また母の精神的な安定を図るための援助も行う。 ・母の生活改善及び本児との母子関係の改善状況を勘案して、家庭引き取りの時期を検討する。
家庭引き取り後に予想される問題	その事態への対応
・登校が滞る。 ・母子関係が再び悪化する。 ・母が精神的に不安定になる。	・学校から働きかける。 ・児童相談所への通所により援助する。 ・保健師と連携して受診を促す。

| 低所得者 4 | 生活が危機的状況にある家庭への介入と
ワーカーのジレンマ |

●ソーシャルワーカーの所属機関：福祉事務所

キーワード

生活保護、多問題家族、アルコール依存症、ネットワーク構築

▶ 事例の概要

家族の自主性やエンパワメントと環境との調整を心がけ、アルコールを断ち切れない夫とその延長上にある輻輳（ふくそう）した生活問題をもった5人家族への支援。家庭は崩壊寸前であったが、夫の死亡を契機に長男がキーパーソンとして立ち上がり、家庭の再構築への途上にある。

▶ 事例の経過

大切な用語
民生・児童委員
アウトリーチ
生活保護の4つの原理・原則
守秘義務
申請による保護の開始
ストレングス視点

1. 申請に至る経過

9月10日、市の保健センターの保健師から、ある家庭について生活保護の対象にならないかとの相談があった。過去においても、民生委員を通して数度対象の有無の打診があったが、世帯主の意思表示がなく、保護の対象とはなっていない世帯である。しかし、その世帯の子どもが不登校気味であり、日中公園等で遊んでいる姿の目撃情報が地域住民から寄せられるなど、以前より家庭崩壊をしている可能性が高い家庭ではあった。

2. インテーク（初期面接）

9月20日、保護申請についての打診のため本世帯を生活保護担当のワーカー（以下、ワーカー）が訪問する。民生委員及び保健師に同行を依頼し、世帯主・佐藤正夫及び妻に信頼の醸成を促すため守秘義務の遵守を説明し、また、福祉事務所の役割と業務範囲を説明した。

その後、本人たちより生活状況を確認し、生活保護受給の要件を話したところ、世帯主から口頭で保護の申請をしたい旨申し出があり、申請に必要な関係書類を手渡した。

9月30日、本人及び妻が福祉事務所に来訪し申請書を提出した。

翌日の「受理会議」において「要保護状態」であることが確認されたので、さっそく文書により9月30日付をもって生活保護開始の旨を通知した。

10月7日、生活保護開始後、初めて佐藤宅を訪問する。訪問時間は1時間30分。言動が威圧的に受け取られないよう最大限に相手の人権を尊重した言葉遣いに留意し、援助を求める気持ちや、関心事を傾聴した。話が漠然としたり、つじつまが合わない場合でも、話を急に変えたりせず、それまでの「要約」や「促し」など共感的な態度に努めて問題の共通理解を図った。夫婦は、投げやりな態度を

エンパワメント	一時示したが、子どもを健康に育てていること、老朽化した家屋でも修理を重ね、家庭の維持に最大限努力をしていることなどをワーカーは口頭で評価した。今後ワーカーと一緒に生活の目標と実現可能な生活設計を立て、最終的には経済的・精神的・社会的に自立できるよう自ら努力して欲しいことを伝えた。
保護の補足性	

3．アセスメント（事前評価）

(1) 保護開始時の状況
・居住地：東北Ｘ県Ｙ市
・世帯構成

世帯主：佐藤正夫（50歳）　高校卒業後、建築関係で働いていたが職場で人間関係の調整がうまくできず、飲酒も日を追って増加し、些細なことで上司と喧嘩し退職した。その後、日雇いで働くこともあるが、現在はほとんど無職。

アルコール依存症	
特別支援学校	妻：佐藤晴美（40歳）　養護学校卒業後、近くのスーパーなどで荷さばきなど軽微な仕事をしていたが、腰痛になり現在無職。腰痛の通院はない。

　長男：佐藤幸夫（15歳・中3）
　長女：佐藤三千代（12歳・小6）
　次男：佐藤芳夫（4歳・在宅）

・保有資産

ミーンズ・テスト	市部から10キロ以上離れた山間にある地区で自宅を所有し、そこに居住している。家屋は築50年程度経過しており、老朽化が激しく、衛生状態も悪い。

・収入

障害基礎年金	数年前までは世帯主（以下、主(ぬし)）が日雇い仕事などで収入を得ていたが、アルコール依存症が進行し、現在は妻の障害基礎年金を頼りに生活している。療育手帳（B）を所有しており、年金月額は65,008円である。若干の預金があったが、世帯の貯金総額は生活保護費月額支給額の半額以下であるので、申請日をもって保護の開始とした。

・子どもたちの生活状況

　長男は中学3年であるが、高校進学のための学力がなく、将来の方向性が未定との夫婦の見解であった。主（父）から常に叱責と時においては暴力をふるわれている様子（主（父）は「しつけ」との表現を使う）であるが、妻は夫（父）に依存しており、子どもの生活や将来について無関心といってもよい。

　長女は、近くの市営住宅に住む祖母（生活保護を受給している）のところで生活することが多い。家に帰ると長男と同様に主（父）からの暴力を受けることが多いので逃避している様子である。

　次男は、保育所にも行けず遊ぶ相手がほとんどいないため主（母）の姿を探し求めたり、不在の時は主（父）から逃げる場所もなく、近くの公園や山の中に入り時間をつぶしている様子である。

・世帯と近所の関係

　主は、妻の少ない年金を酒代に使うため経済的に苦しく、子どもの持ってきた学校給食を数回に分け、家族で食べることが日常であるとのことである。家計がいよいよ苦しい時は妻の母の生活保護費から借用するらしい。

　妻の母が近隣に居住しており、長女が慕っている。妻の母はその子の身の回り

の面倒を見るのが精一杯の様子である。主の自宅の周りには酒瓶が散乱し、時々罵声も聞こえ、子どもも遅くまで家に帰らないので、近隣も不安な様子を見せている。

保護の補足性　民生委員によると最近の大きな問題は、家の内外が不衛生、畳は腐食しており、風呂も機能していない様子で、子どもの衣服も不衛生のため、「夫が入院すれば、手助けできるのだが……」と胸の内を見せていた。

しかし、本世帯は昔から住んでいるので50世帯ほどで形成する地域住民も何らかの形でサポート（野菜の提供や夫婦に対しての日雇い就労など）をしている。

・近親者の状況

生活保護基準　前述した妻の母は近くのアパートにて生活しているが、生活保護を受けており経済状況は厳しい。主のアルコール依存の問題での地域や親族とのトラブルも多く、主の直系親族とは、ここ数年全く連絡を取っていない状況であり、母親の兄弟はいない。

(2) 保護費支給額

　　級地区分：2級地の1（金額は平成27年4月1日改定分で記載）
　　　Ⅰ類　186,870円　Ⅱ類　54,970円（冬季加算含む）※多人数世帯逓減率含めず。
　　児童養育加算：10,000円　　　　教育扶助：14,580円
　　障害者加算（妻）：26,850円　　最低生活費認定額：293,270円

収入認定　　収入認定：妻の障害基礎年金（月額：65,008円）　　開始時支給額：228,262円

(3) インテーク時の状況

夫婦とも、ほとんど感情を表出せず、話をまとめるのが不得手の様子で、特に妻はほとんど話をしない。夫婦とワーカーで問題の特定化を試みるが、対処すべき課題や改善方法を本人らからの提示がないまま、時間が経過していく。本人たちへのエンパワメントを行い、問題の自覚や自分たちを主人公とした再建へのプランニングを提示してもらえるよう努力を行ったが、最終的には、ワーカーの考**ジェネリス**えた具体的な長期・短期支援計画と終了時期の予想、優先順位の確定、並びに目**ト・アプローチ**標達成に向けてのそれぞれの役割を、文書で確認するにとどまった。

(4) 主訴
①義務教育の子ども3人を抱えており経済的に苦しい。
②長男・長女とも不登校気味であり、いろいろ話をしたが改善しない。
③家が老朽化し風呂なども使えず、特に冬期間の生活環境が非常に悪い。

(5) 生活課題

国民健康保険の　①主がアルコール依存症であり、短期健康保険証を持っているが、通院・入院を
短期健康保険証　　拒否している。病状が日々悪化している可能性が高い。
②妻は知的障害を持っている。療育手帳（B）を所有しており、2級の障害基礎年金を受給している。経済面や家庭教育、衣食住の管理ができていない。
③室内外が不衛生であり、保健センターの保健師が指導中である。
④子どもたちへのしつけや家庭教育が十分なされず、学校や地域で主を中心としたトラブルが多く、学校や地域での友人がほとんどいない状況である。

国民健康保険料　⑤国民健康保険料、国民年金保険料など数年前から未納である。そのため主の通
未納問題　　　院ができない状況である。

就学援助　⑥子どもたちの学校給食費を含め、諸費も未納である。

⑦近隣とも交流がほとんどなく、孤立している状況である。

4. プランニング（支援計画の作成）

支援計画及び問題解決のための「優先順位」を夫婦を交え決定する。
① 主の早期通院または入院による治療の開始。まず、本人に家庭の大黒柱としての存在の大きさと自己評価の回復、そのためには健康の回復を最優先すること。
② 妻の腰痛治療の早期開始。風呂や布団などの購入のため一時扶助費支給を通し信頼関係を構築しながら、保健師・栄養士の介入により家庭における衣食住などの生活環境整備を行う。

生活場面面接と構造化場面面接

貧困の再生産の防止

③ 子どもたちには生活場面面接を行い、子どもたちに「何をしたいのか」「何をして欲しいか」といった要望、将来の夢や希望に対して支持、共感などを行い、そのための将来設計を今後一緒に組み立てていくことを約束した。「貧困の再生産」をいかに避けるのかが大きな課題であり、子どもの意見表明の機会をつくることは大いに意義があると思われる。また会話のなかで、生活上・教育上の問題についての対処能力と問題意識の程度を確認した。

5. インターベンション（支援の実施）

10月15日　家族に対して、主訴の解決を優先し信頼関係をつくる

保健センターの保健師・栄養士と同行し、生活環境の改善を促す。

主及び妻が在宅であることを事前に確認し、家庭訪問を行う。部屋は雑然としており、奥の日の当たらない部屋は畳自体が腐り居住できるような状態ではない。また、浴槽も玄関周りにあるが不衛生であり明らかに使用していないことが分かる。風呂については、交代で妻の母の自宅の設備を利用しているとの説明であった。布団類の乾燥や入浴の回数、栄養のある簡単な料理など栄養士が中心となり一緒に調理を行う。

家庭への良質な生活環境への配慮を試みることを目的に丁寧に説明したが、夫婦ともあまり積極的な様子ではなかった。

帰り道、保健師とともに担当民生委員を訪問し、生活保護受給となったことを報告し、以下のことを依頼した。

生活保護法27条1及び2

生活保護法第27条を根拠とした「生活の維持向上」を目的として、今後保健師が積極的に生活改善のための指導を行うのと並行して、ワーカーより風呂の修理代や畳類の新規購入などにあてる家屋補修費、布団類の新規購入などへの一時扶助費などの支給を検討し、早期に子どもたちにも積極的にアプローチを行い、家族全体への福祉制度に対する信頼を得るべく努力することとした。

また、今後の生活指導などについては、理解力があると思われる長男と長女に対して今後の生活設計について考えてもらい、ワーカーが中心となり働きかけることとし、民生委員がその実施状況を確認し、温かな見守りと家族からの働きかけだけではなく、地域に対して家族ができることなど地域との「環境の相互作用」の必要性に対する計らいを依頼した。

11月20日　主への通院指導と主の怒り・対立

今回の生活保護開始の条件として、当面の目標の一つとして「主の病状回復」

4 生活が危機的状況にある家庭への介入とワーカーのジレンマ

| 検診命令 | であった。「検診命令」という手段はあるが、話し合いを原則とするため家庭訪問を行う。

AA・断酒会

被保護者の権利と義務

妻の同席のもと、もう一度「生活保護法の趣旨」と「生活の維持・向上」のための努力義務がある旨説明する。具体的にはまず、アルコール依存を断ち切ることを目標にアルコール依存症治療のための通院もしくはAAへの参加を促した。しかし、強く通院などを拒否し、曖昧な態度を崩さないので「最悪の場合は、保護費の支給を停止することもあり得る」旨告げた。そのとたん、近くにある棒状の物を振りかざしたので、身の危険を感じワーカーは裸足のまま戸外へ脱出。

1時間後、再訪したところ、主は酒を飲みに出かけたとのことであり、ワーカーとして妻に対し、言うべき言葉が足りず、不測の事態を起こしたことを謝罪した。幸いにも妻はワーカーの言動を理解しており、「家庭内で時間をかけ通院もしくは入院について話をする」とのことであったため、ワーカーとして妻を信頼し、なるべく早期に通院へ結びつけるよう依頼した。数日後、主が妻に付き添われ保健センターを訪問した旨の連絡があった。

12月15日　ワーカーのジレンマ

年末も近づき、特に妻への就労意欲を高めることを目的に家庭訪問を行う。妻と次男（4歳）が在宅しており、子どもに本を読んでいるところであった。子どもも大きくなり保育所に預けて、短時間でもよいので「稼働」する意欲を促進するため、ちょうど近くのスーパーが年末商戦のためパートを募集しているチラシを手にして、妻に就労の必要性について話をしていた。その矢先、話を聞いていた次男が突然「母ちゃんをいじめるな！」とワーカーに飛びかかってきた。

子どもとしては、生活環境が格段によくなり、妻に経済面や心に余裕が生じ、自分の側で1日過ごしてくれるという幸福感が壊されると思ったのだろう。返答ができずうつむいている妻と責めるワーカーの図式が子どもながらの正義感の発露、ワーカーとして「就労指導」をせざるを得ない立場、その矛盾が辛かった。

就労指導

ソーシャルワーカーの価値と倫理

1月10日　電話代の請求とコミュニケーションの不在

電話会社から、本世帯の電話接続を停止する旨連絡があった。

急ぎ訪問し妻に電話代の滞納について確認したところ、主と長男が電話を頻繁に利用し、月額平均50,000円の請求があり支払えなかったとのことである。

長男はほとんど学校に行っていないが数人の友人がおり、携帯電話でのコミュニケーションが唯一外部社会との接触であるらしいのと、主はこれも寂しさのあまり友人に電話をかけまくっていたとのこと。今後電話は使えないため、民生委員をとおし連絡を取らざるを得ない状況になった。家族全体に生活保護制度の趣旨を再度説明し、電話使用料の支払いの方法や直接的なコミュニケーションの大切さについて意見交換を行った。

また、長男に対し孤独な環境に置かないよう、市内にある「フリースペース」を運営している社会福祉士を紹介し、友人を作りコミュニケーションの機会の増大と社会的経験の拡大について協力を依頼した。その後、週1回程度通っているようであり、長男の顔も以前に比べ穏やかになった印象がある。

2月3日　学校からの呼び出しと民生委員の活用

　小学校から、子どもたちの生活及び学習の状況について話し合いを持ちたい旨の連絡がワーカーにあり、保健師及び民生委員に同行を依頼し学校を訪問した。話の内容は次の通りである

①長女の学力が低く、また言動の落ち着きもないため知的障害の可能性もあるのではないか。

②両親を呼び出しても連絡もなく、家庭訪問を試みても逃避している状況であるので、家庭環境についてワーカーなどから情報が欲しい。

③生活保護で出ているはずの教育費用（学級費・教材費・給食費など）が子どもをとおし何度請求しても支払いがない。

　これらに対しワーカーからは次のように話をした。

①長女の知的障害の可能性については、生活指導の一環として児童相談所への相談と調査を依頼することにした。

②教育費の件については、子どもの教育権を奪うことにつながることになりかねないので、今後子どもの教育扶助関係金品については民生委員が口座を作り、そこに振り込むことにより学校へ直接届くようにする。もちろん主に了解を得ることはいうまでもない。

③今後、本世帯を対象として情報交換と生活向上を目的として、学校も含めたネットワークを構築したい。

2月15日　長男の主（父）に対する激しい憎悪

　長男が「フリースペース」にいることを確認したため、訪問しその場において最近の状況と今後の自らの将来設計について話し合う。

　話をして終わりかけの時、突然「おやじを殺してやる！」との暴力的な発言が出る。日常的な暴力的言動、希望のない無為な家庭生活に対して忍耐も限界であり、長男の基礎体力も増し、喧嘩しても負けない自信があるとのこと。その後、1時間ぐらい近くの公園で本人の鬱積した感情を傾聴し、それぞれの思いがありながらも家族みんなで頑張ってきたことについて支持し、今後も主とともに家族の大黒柱として存在し続けて欲しい旨を依頼すると、感情の表出も徐々に収まってきた。

　今後何かあったらワーカーへの連絡のため名刺を渡し、家族支援のため多くの人がネットワークを形成していることを説明した。

　その話の中で、本人から強く高校へ進学の希望があり、「勉強を教えて欲しい」との依頼があったため、知り合いの「学習ボランティア」にその後連絡を取り、本人を紹介して対応を依頼した。本人の将来設計を軌道に乗せることができるよう、今後も支援することを約束した。

共感と傾聴

3月3日　主の突然の入院と死亡

　主が突然倒れ市内の病院に緊急入院をした旨、家族より連絡が入った。受入病院の医療ソーシャルワーカー（MSW）に連絡をとった結果下記のことが判明した。

　以前保健センターに相談した経過があり、幾つかの病院を受診をしたが、治療が全く継続せず、AAにも通っていない。

医療ソーシャルワーカー（MSW）

今日の夕方、行きつけの飲み屋で突然血を吐き、意識不明となったため救急車で搬入された。開腹したところ病状が進行しすでに治療は困難な状態であったとのこと。とりあえず緊急入院となったため、MSWに家庭の状況や妻の精神的な状態を伝え、入院生活の経済的な問題は生活保護でできるだけ対応するが、見舞いに来る家族への精神的なバックアップと主の身の回りについての対応を依頼した。しかし1カ月後、主は不帰の人となった。

6. 終結とアフターケア─生活保護の継続と家族の団結

妻も少しずつパートとして働き始め、次男は近くの保育所へ元気に通っている。長男は市内の私立高校へ無事入学した。

長男の学費については生活保護費からも最低額は出るが、本人は近くのコンビニで少し収入を得て、学費で足りない部分の支出に充てている。

高等学校等就学費

長女の教育扶助については、環境が改善されたことを確認し、再度家族への保護費と一括支給に戻している。長女の障害は療育手帳を受給するまでには至らないボーダーライン層であるとの判定が出た。

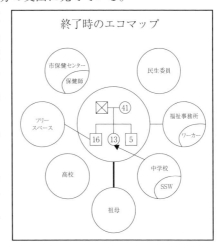

終了時のエコマップ

スクールソーシャルワーカー（SSW）

長女は中学校に入学し、学校の教員や学校に派遣されているスクールソーシャルワーカー（SSW）と今後連携を密にして見守っていきながら、長男をキーパーソンとして地域で家庭全体の成長を促したいと考えている。

▶ 主訴などに対する支援への評価

①経済的困難に対して

生活保護を申請日より開始し、経済的な最低限度の保障を行った。

②子どもたちの就学について

世帯主を中心に家族に対するエンパワメントを心がけ、長男への将来計画を支援すべくフリースペースや学習ボランティアなどの地域に存在するネットワークにつなげ、最終的には本人の希望していた高校進学がかなった。

当分の間は生活保護により経済的安定を図り、幾多のプロセスを通してワーカーとの信頼関係も芽生えてきており、自己肯定感が見えだし、自分や家庭の今後のあり方も具体的に考える力が増してきている。

長女についても、中学校のSSWとの連携を強化し、家庭内外の見守りと自分の将来設計を少しずつではあるが動機づけていきたい。

③生活環境の改善について

導入の段階で、保健師及び栄養士による生活環境の整備を図り、保護費の一時扶助を最大限活用し布団や風呂の設備改善など本人の意向を最優先させた。

▶ ソーシャルワーク実践を通して

①要支援者との対話の必要性

　主に対しては時には意見に対立があったが、いわゆる「福祉の網」をかけることにより、治療代の負担を無くし通院環境を整えたが、治療に十分に結びつけることができず、最終的には不帰の人となった。アルコール依存症を含む精神的な障害を持つ人への対応の難しさを改めて感じた。

②彼らの思いを大切にすること

　妻とワーカーとの関係を壊さないよう妻へのエンパワメントと彼女の「思い」を傾聴し、孤立しないよう努めた。妻として母として自覚し、家族との相互信頼関係が構築できるよう、保健師や民生委員と協働し家庭環境を整え、チームとして機能することを心がけた。

③生活の環境の改善を心がける

　インテークの段階から、保健師・栄養士の協力のもと生活改善に努め、食事の栄養状態への配慮や定期的な入浴など一定の効果が上がった。

　また、子どもたちへのしつけや家庭教育が十分なされず、学校や地域で主を中心としたトラブルが多く、学校や地域での友人がほとんどいない状況だったが、主へは生活指導と通院指導を行い、子どもたち、特に長男に対してはフリースペースや学習ボランティアなどの支援活動につなぎ、「自己イメージの悪さ」の改善や自分の未来への肯定的努力をするよう方向付けることができた。

▶ 演習のポイント

1．生活保護を受給することにより、結果的に主の飲酒を増長させた側面はなかったか、あったとすればそれに対する防止策はどうあるべきか考えてみよう。
2．扶助費を振り込みの形にすることにより、主に全額が渡されることになり、結果必要なところに渡されなかったという問題があったが、どのような手段をとれば、有効な家計管理ができたか考えてみよう。
3．長男の主（父親）への怒りをどう理解するか。その怒りを主（父親）に理解させる方法はなかったのか、その怒りを「昇華」させる方法はなかったのか考えてみよう。

4 生活が危機的状況にある家庭への介入とワーカーのジレンマ

面接票（生活保護開始時）

相談者氏名	佐藤　正夫	男/女	50歳	面接日	平成26年9月20日
				面接者	田中一男（SW）
住所	東北X県Y市 電話番号：○○○-○○○-○○○○			面接場所	主の自宅

主訴	①子どもが3人おり、経済的に困難である。 ②子どもたちは不登校気味であり、学校に行かせたい。 ③家が老朽化しており、特に冬期間の生活が困難である。	（潜在的課題） ①主はアルコール依存症であり、医療を受けさせたい。 ②妻は知的障害があり、家庭の経済的な管理等困難。 ③室内外が不衛生であり、健康上問題が多い。 ④子どもたちへの教育的配慮がなされていない。 ⑤健康保険料・給食費等が未納である。 ⑥地域との交流がほとんどない。

家族の状況

氏名	続柄	性別	年齢（就学状況）	備考
佐藤　正夫	主	男	50	無職
佐藤　晴美	妻	女	40	無職
佐藤　幸夫	長男	男	15歳（中3）	不登校気味
佐藤　三千代	長女	女	12歳（小6）	不登校気味
佐藤　芳夫	次男	男	4歳（在宅）	

ジェノグラム・エコマップ

[開始時]
（市保健センター／保健師、民生委員、小学校・中学校、福祉事務所／ワーカー、祖母 との関係図）

経済の状況	住宅の状況	生活環境等
・妻の障害者基礎年金　月額65,008円 ・若干の預金	自宅 築50年以上で老朽化著しい	・市部より10キロ以上離れた山間部 ・地域住民との交流及び学校等との関係が薄い

[生活歴・家族歴]
1　主、高校卒業後建設関係で働いていたが、職場で人間関係のトラブル等により退職。過度の飲酒癖があり、その後日雇いに従事するも、長続きせず現在無職。
2　妻、養護学校卒業後スーパーなどで軽労働の経験はあるが、腰痛になり現在無職。療育手帳B1所有。
3　長男、長女とも不登校気味であり、学力的に問題を抱えている。特に長女は、知的障害の可能性がある。次男は幼児であるが、保育所等に通園はなくほとんどの時間を母親（妻）と共に行動している。

備考
　大きな問題として、主の飲酒癖による不就労のための経済的困窮。また妻の生活管理能力が不足しており、室内の混乱や子どもたちへの教育的配慮がなされていない。それがまた主による子どもへの暴力と子どもたちの不登校につながっていると考察できる。今後については、子どもへの適正な養育環境の整備を主眼とした地域との交流や福祉事務所・保健所・教育機関の連携した介入により生活の大幅な改善が必要と考えられる。

＊ジェノグラム・エコマップの基本的な表記法は12～13ページを参照。

自立支援計画

現在利用している社会資源	利用可能または今後必要と思われる社会資源
①福祉事務所（生活保護制度） ②民生委員 ③保健センター（保健師・栄養士） ④教育機関（小学校・中学校） ⑤障害基礎年金（妻、療育手帳B） ⑥近隣に居住している祖母（生保受給中）	①未払いの就学関係費用についても減免の可否 ②民生委員等に時々の訪問による生活状況の確認とフォロー ③特に長男の学力低下についての学習環境の整備 ④次男の保育所の通園への環境整備 ⑤妻への育児教室等保健所との関係強化
ストレングス面（本人・家族）	次回確認する必要がある事項
①比較的妻と子どもとの関係が良好であり、妻を通しての子どもへの指導が可能である ②妻の母が近くに居住しているため、子どもの生活についてバックアップを期待できる。特に長女との関係が良好である ③子どもたちが両親に依存せず、自ら判断し行動している	①主の通院状況及び病状の確認と治癒後の稼働への意思 ②健康保険及び年金保険料の未納について ③長男、長女の教育のあり方についての意見 ④長男と長女に対し、今後の生活設計の聴取 ⑤主の親族の居住地や生活状況
支援目標	支援計画
短期 ①主に対する治療の開始 ②妻の腰痛の軽減 ③老朽化した家屋の修理・改善 ④衣食住等の生活環境の改善 ⑤子どもたち（特に長男と長女）の不登校をなくす	①通院もしくは入院等を通してアルコール依存症からの回復のための努力を条件として、保護の継続 ②妻の通院を促し、心身の管理の必要性と健康の回復を期待する ③生活保護一時扶助や住宅維持費等を有効に活用し、住環境を整えることにより家族からの信頼を構築する ④保健師や栄養士の積極的な介入により、家族が衣食を自ら整えられるよう支援する ⑤学校と連携を密にして登校ができる環境を整えると共に、子どもたちへ直接アプローチを行い、現状の再認識と将来への希望を持てるよう直接支援する
長期 ①主のアルコール依存症からの脱却 ②妻の病状回復 ③子どもたち自身の今後の生活設計を立てる ④夫婦の助力による経済的、精神的、社会的自立	①AA等への参加、通院又は入院による治療の継続と就労の開始 ②腰痛の治癒に向けた通院の継続と治癒した場合、パートなど軽作業の稼働開始のため就労先の斡旋と就労支援 ③継続的な通学と学習について環境の整備とワーカーとの信頼関係の構築、特に長男の進学 ④病気からの早期回復と体力の増加、生活設計の立て方の指導、エンパワメントによる主と妻の自信の回復、地域住民との継続的な交流
今後予想される問題	その事態への対応
①主の通院又は入院拒否 ②長男、長女の不登校の日常化	①粘り強く指導していくが、妻の協力が必須 また、拒否が強い場合は生活保護法第27条による指導及び指示を行う ②教育機関やSSWとの連携により、友人や担任の付き添い

次回面接予定日　平成26年10月15日

本人承諾印

5 家族支援のない保護受給者への支援とワーカーの役割

低所得者

●ソーシャルワーカーの所属機関：福祉事務所

キーワード

生活保護、単身者、チームアプローチ、ワーカーのジレンマ

▶ 事例の概要

男性の単身生活者が入院先でトラブルを起こして転院するが、再びトラブルとなり退院。一時的に在宅生活となったが救急搬送されて死亡してしまう。医療機関の主治医や看護師長への対応に苦労し、死亡後も親族との関係で悩んでしまうソーシャルワーカー。家族の支援がない単身生活者に対するソーシャルワーク活動の難しさとワーカーのジレンマをみていく。

▶ 事例の経過

大切な用語

医療ソーシャルワーカー（MSW）
面接担当員
査察指導員
職権受理
地区担当員

1．申請に至る経過

10月1日の午後、市内X病院の医療ソーシャルワーカー（以下、MSW）から、福祉事務所・生活保護課の面接担当員に「早朝に男性が救急搬送された。健康保険証や所持金もないので生活保護で対応してほしい」と電話があった。面接担当員は入院時の状況、患者の住所や氏名を聴取し査察指導員に報告。「職権受理するように」と指示されたので、MSWに「職権受理します。なお地区担当のソーシャルワーカー（以下、ワーカー）が訪問にうかがいます」と伝えた。

10月2日、ワーカーはX病院を訪問し、MSWと看護師長から状況確認をした。看護師長から「自宅で大量の下血があったようだが、現在は落ち着いている。ただ口調が強く乱暴なので看護師も困っている。背中一面に入れ墨があるので心配」との報告を受けた。続いてワーカーは病室の小林二郎さんを訪ね、MSWに相談室を借りて面接を行った。

構造化面接と生活場面面接

2．インテーク（初回面接）

ワーカーは最初に自己紹介をして「病院から小林さんが健康保険証や所持金がないと福祉事務所に連絡があったのでうかがった」と訪問の目的を伝えたところ、「別に俺は頼んだ覚えはない」とワーカーとは視線を合わせずに答えた。医療費の捻出方法は「舎弟がなんとかするから、お前には関係ない」と強い口調で話していたが、具体的に「どなたが、いくら位ですか」と尋ねると黙ってしまった。

ワーカーの守秘義務
クライエントの同意

面接はこのようなやり取りが続いたが、最後には「まぁ今回は頼むよ」と意思を示してくれたので、生活保護制度の説明とワーカーの守秘義務の遵守を約束し、生活状況や生活歴、扶養義務者や預金の状況などを聴取した。最後に家主へ調査することの同意を得て、生活保護の申請書を受理した。

申請受理

3. アセスメント（事前評価）

ワーカーは面接後、看護師長とMSWに申請受理したことを報告し今後の協力を依頼した。10月3日に主治医から病状確認、さらに4日に地区担当の民生委員と家主に聴取したが、その内容は次のとおりである。

生活実態の把握と要否判定

〈生活状況〉

・居住地：関東A県B市
・世帯構成：世帯主　小林二郎（55歳）単身世帯
・生活歴

　東北C県で次男として出生。中学生時代から不良グループに所属し数回の補導歴がある。中学卒業後にA県に来るが暴力団事務所に出入りするようになり、18歳からは正式に組員となる。以後は定職に就くこともなく、窃盗や恐喝で2回服役。一昨年の冬に体調を崩してからは寝たり起きたりの生活をしてきた。結婚歴はない。「体調を崩してからは組事務所に縁を切られたので、今は暴力団員ではない」とのこと。生活保護歴はなし。

・住居の状況：

　B市内のアパートで入院先より徒歩30分の距離。家賃は月額40,000円で6カ月間滞納。家主は「滞納が長期間なので退去してほしい」との訴えである。

・資産や預金の状況：

　活用できる資産はなく、預金と現金で合計3万円の申告がある。

・扶養義務者の状況：

　両親はすでに死亡、兄弟は兄のみで東北C県に在住。中学卒業時に父や兄から勘当されたので40年間も連絡はとっていない。「俺には兄弟はいないと思っている。散々迷惑かけたので連絡は絶対しないでくれ」とのこと。

・他法関係

　国民健康保険および国民年金は未加入。

〈病状と予後（X病院の主治医より病状を確認）〉

・傷病名：肝硬変、肝ガンの疑い（検査中）。いつ出血するか分からない状態なので要入院であり、在宅療養の体制がなければ退院は難しい。外出は許可できる。

〈近隣の状況（民生委員および家主より確認）〉

　民生委員は小林さんと全く面識がないとのこと。家主から「入居は10年前からで一昨年までは家賃滞納はなかったが、ここ6カ月は滞納している。隣室からは騒音と異臭で何回か訴えはあった」との話であった。

・今後の生活設計（小林さんの主訴）

①一昨年に体調を崩してからは、預金と世話をしてきた後輩（舎弟）からの援助で生活してきたが、預金も底をつき入院費が支払えない。生活保護で医療費を援助してほしい。また、家賃も滞納しているので困っている。

②入院は嫌なので治療が済んだらアパートに戻りたいが、退院後の生活費については目処がない。

③実兄への連絡は絶対にしてほしくない。

・要否判定と保護費支給額

生活保護受給の可否について生活状況調査や資力調査などをしたところ、最低生活費が収入認定額を上回ったので、10月5日に生活保護を開始する決定をした。
保護開始日：10月1日　A県B市の級地区分：1級地の1

最低生活費

〈最低生活費認定額〉63,150円
生活扶助（入院患者日用品費）23,150円＋住宅扶助（家賃）40,000円

収入認定額

〈収入認定額〉0円（手持ち金は収入認定せず）

保護費支給額

金銭給付と現物給付

〈開始時保護費支給額〉63,150円（金銭給付）＋医療扶助（現物給付）

生活課題

生活課題
　ワーカーは本人との面接、関係機関などからの情報をもとに生活実態を把握し、生活課題を次のようにした。
①入院費や家賃、退院後の生活費の捻出が困難である。
②家主は家賃滞納により退去を希望しているので、退院後の生活場所が確保できていない。
③入院治療後はアパートでの生活を希望しているが、在宅療養の体制がないと退院は難しい病状である。
④暴力団組員の履歴があり、現在の在籍状況が把握できていない。
⑤扶養義務者である実兄への連絡を強く拒否している。
⑥言動が強く乱暴な口調、どこか拒否的な態度なのは暴力団組員という生活歴を考えると、これが本人の表現方法であるともいえるので支援にあたっては考慮する必要がある。

4．プランニング（支援計画の作成）

　アセスメントを踏まえて、ワーカーは次のようにプランニングを行い査察指導員（スーパーバイザー）の決裁を受けた。

スーパーバイザー

短期的支援計画
①看護師長に情報提供し、看護師の不安や心配ごとに対応してもらう。
②主治医から外出許可をもらい、ワーカーが同行してアパートの状況確認をする。その際に家主へ家賃滞納の分割払いと契約の継続を依頼する。
③主治医に病状を確認して、入院継続か退院可能かの医学的所見を受ける。
長期的支援計画
①入院が6カ月を経過した場合は、アパートの解約を検討する。
②暴力団組員としての現在の在籍状況を把握する。
③扶養義務者への連絡について本人の了解をとり、兄へ扶養依頼および緊急連絡先の確保を承諾してもらう。

5．インターベンション（支援の実施）

病院や家主とのトラブルと調整にかかるワーカーの奮闘
10月8日　X病院に訪問：保護開始の連絡と関係者への依頼
　看護師長に本人への対応について依頼をしに行くと、「困り果てています。看護師に大声で怒鳴るし強い口調なので怖がってます。点滴も勝手に抜くし服薬もしない。私が注意しても聴こうともしません。うちの病院では対応できません」と言われた。ワーカーは「生活歴を考えると、これが本人の表現方法である」こ

説明と同意

とを説明し、本人には注意するので継続入院を依頼した。看護師長は「この状態が続くようであれば退院してもらいます」と、今回は了解してくれた。

　ワーカーは本人に保護が開始されたことを報告し、支援計画について説明して同意を得た。さらに看護師長の件について話すと「ここの看護師は不親切だ。俺は入院なんて必要ない、もう少ししたらアパートに帰る」と廊下まで聞こえるほどの大声で語った。主治医から確認した「要入院状態である」ことを伝え、治療中断での退院は望ましくないこと、小林さんの言葉は周りからは怖そうに感じられることを繰り返し説明した。本人との面接後、MSWに状況報告をして、本人への声かけと看護師長との調整を依頼した。

10月11日　本人と外出：アパートの確認と家主への依頼

　主治医から外出許可が出たので、ワーカーは本人と外出することにした。アパートは築30年で老朽化しており、共同の玄関から入ると一番手前の部屋だった。室内は足の踏み場もなく雑誌やゴミが山積み、異臭が激しく部屋の真ん中に黒くなった布団が置かれていた。本人は布団に横になるとタバコを吸い始めた。

　そこに家主が現れ、室内の状況を見て「これはひどい。もう出て行ってくれ」と言ったため、本人と口論が始まってしまった。ワーカーは仲裁したが両者とも興奮しており、とりあえず家主に「私が本人に話しますから」と言って帰ってもらった。本人には「退院後の生活場所を確保しておく必要があり家賃も滞納しているので、ここは謝罪して継続して住みたいとお願いしよう」と話すが、「俺は悪くない」の一点張りであった。30分ほど話を繰り返すと落ち着いたのか「わかった」とうなずいてくれた。

　家主の自宅を訪問し、ワーカーは異臭があるゴミについては福祉事務所で片付けること、今月から家賃は支払うこと、滞納分については退院後の生活費から分割して支払うことを伝えた。本人も小さな声で「頼むわ」と話したところ、家主は不機嫌な表情であったが了解してくれた。

相次ぐ転院指導とワーカーの苦悩
10月13日　X病院に訪問：看護師長からの訪問依頼のため

　ワーカーが出勤すると、看護師長から電話があり「すぐに来てください。もう退院してもらいます」と言われた。

　病院に訪問すると看護師長は「もう限界です。昨夜は隣のベッドの患者と口げんかになり、興奮した小林さんは窓に点滴台を投げつけてガラスを3枚割りました。院長とも相談して退院してもらうことに決定しました」との話であった。

　本人と面接するが「俺は悪くない」としか話さず、病院に対して謝罪する気持ちはない様子だった。ワーカーはX病院にこれ以上迷惑をかけられないと判断し、看護師長に転院先が決まるまでの入院を依頼した。

　ワーカーは福祉事務所に戻り、査察指導員に報告して転院先を探すことにした。保護受給者を比較的多く受け入れてくれる病院に10数カ所電話をかけた結果、隣市にあるY病院から了解が得られ、明日の午前に転院することになった。

10月14日　Y病院に転院：X病院からY病院への転院に同行する

看護師長から主治医の紹介状と看護引継書を受け取り、今回の件を謝罪したところ、「こんな患者さんは二度とごめんです。もっとワーカーさんが厳しく注意しないとだめですよ」と言われてしまった。ワーカーは「私の力量不足が原因なのかな」と何か釈然としないものがあったが、今後もX病院を利用する機会があるので丁寧に謝罪した。

転院は本人の歩行が不安定なためタクシーを使用した。乗車中の会話は運転手に聞かれてしまうので、世間話で終始するように配慮した。

Y病院では看護師長とMSWに経過と支援計画について報告したところ、看護師長は「できる限りのことはしてみましょう」と話してくれた。

医療扶助の移送費

10月17日　アパートに訪問：部屋の片づけのため
　ワーカーは福祉事務所内の同僚に協力を依頼したところ、5名のワーカーが参加してくれた。福祉事務所では保護受給者の部屋の片づけは頻繁にあるので、いつも同僚が一緒に片づけをしてくれる。3時間ほどかけて異臭があるゴミだけはまとめることができたが、全体の半分程度といった状況である。終了直前に家主が現れ「ご苦労さん。ゴミはこっちで処分するよ」と話しながらジュースを差し入れてくれた。ワーカーは家主の対応にうれしくなり丁寧にお礼を述べた。

本人のかたくなな姿勢と退院指導―再び転院へ
10月20日　Y病院に訪問：看護師長からの訪問依頼のため
　午後1時、看護師長から電話があり「院長から退院命令が出された」と言われたので、定期訪問を中止してY病院に訪問した。

　看護師長から「本日午後に検査を予定していたので、昨夜『明日は検査なので食事は摂れません。お腹がすくけど我慢して』と話したが、朝から『朝食持ってこい』と騒ぎ始めた。すると電話でラーメンとカツ丼を出前で取って食べてしまった。それが主治医である院長に知れてしまい退院命令となった訳です。出前がナースステーションを通過したのは病院のミスですし、私から院長に説得を試みましたがだめでした」との報告を受けた。

　ワーカーは院長と面会したが、「こんなことは初めてだ。いったい小林さんは何を考えているのか。あんな人を生活保護で面倒みる必要があるのか。これはワーカーの責任でもある。もっと厳しく指導したらどうか。あなたの福祉事務所からの患者は受け入れたくない」と1時間ほど繰り返して言われた。

チームアプローチ

　ワーカーは「私は小林さんの家族ではない。ソーシャルワーカーとして彼の自立に向けて支援しているのです。家族なら厳しく注意するが、ワーカーが単に注意しても解決にはならない。本人の生活歴を考慮しながら、ワーカー・医師・看護師がチームアプローチし支援することが、この仕事の使命ではないか」と院長に伝えたかったが、今後の病院との関係もあるので、口には出さずに我慢して謝罪を繰り返した。

　院長に病状を確認したが、10月3日のX病院での所見と同じであり、要入院状態に変わりなかった。本人と面接するが「俺は悪くない。朝食を持ってこないから出前を頼んだだけだ。検査なんか聞いてない。もう入院なんて必要ないからアパートに戻る」としか話さず、それでも要入院状態なので転院先を再度検討す

ることを伝えた。
　ワーカーは MSW に報告し、一緒に転院先として 30 軒に依頼したが受け入れてくれる病院はなかった。院長に「転院先が見つかるまで」と依頼したが、本日中の退院の決定は変わらなかった。そこで、本人と再度面接し、転院先が見つからないこと、要入院状態であることを説明し、今夜はアパートですごし明日以後に転院先を探したいと提示したところ了解した。
　アパートに帰宅するとワーカーは、数日分の食料品を購入して「明日また来るから」といって、家主に一時退院したことを伝えてから福祉事務所に戻った。20時を過ぎていたが査察指導員も待っていてくれ、院長に対して自身の思いを伝えられなかったことを報告すると、同僚も集まってくれて「よく我慢したなぁ、辛かったろ」「これが俺たちの仕事なんだよ」と皆が声をかけてくれた。生活保護担当 1 年目、25 歳のワーカーは涙が止まらなかった。

10月21日　アパートに訪問：保健師と同行する
　朝から転院先を探したが見つからなかった。ワーカーは健康福祉課の保健師に経過を報告して同行訪問を依頼した。
　午後アパートに訪問すると、本人はにこやかな表情で「昨日はありがとな」とお礼を言ってくれた。転院先が見つからないことを説明したが「もういいよ、俺はここで死ねれば本望だよ」と。保健師を紹介して血圧測定と服薬指導をしてもらい、本人に「毎日私か保健師のどちらかが顔を見せるよ」と伝えた。

態度の軟化と自らのことを語りだす―共感と傾聴
10月23日　アパートに訪問：状況確認のため
　これまでと別人のように自身の生活歴と思いを語ってくれた。一回所属した組事務所からは抜けられなかったこと、入院前に通院した時に肝臓ガン末期の疑いがあると言われたことなどであった。
　ワーカーから「自身の病状をわかっているなら、緊急時のためにも兄に連絡させてほしい」と言ったが、「それだけはどうしても止めてほしい。これまで迷惑をかけてきたし、俺は田舎の墓に入る資格もない」とのことだった。

10月26日　市内のZ病院に訪問：救急搬送されたため
　週明けの月曜日、ワーカーが出勤すると「昨夜市内のZ病院に救急搬送された」との伝言があった。MSW に確認すると「意識はあるが歩行は不可、病状は検査中だが大量の下血があったようだ」と。
　Z病院に訪問して主治医から病状を確認すると「肝臓ガンの末期であり余命は 1 カ月程度」との診断であった。主治医および看護師長、MSW に経過報告と協力を依頼して、本人の病室を訪ねた。「夜中に下血して倒れてしまい、隣室の方が救急車を呼んでくれたよ」と話してくれた。
　ワーカーから本人に「ゆっくり治療に専念して下さいね。先日と同じ話になるけど、私としては緊急時のこともあるから、お兄さんに連絡だけでもしたいがどう？」と聞くと、「お願いだから連絡しないで」と言われた。

10月28日　Z病院に訪問：状況確認のため
　看護師長に様子を聞くと「看護師とのトラブルもない。病状が悪化しており大声を出すことが難しい状況」であるとのこと。緊急時（死亡時）の連絡先を聞かれるが、「C県に兄がいるが小林さんが連絡することを拒否しているので、死亡時は福祉事務所に連絡してほしい」と伝えたが、「兄がいるのに連絡しないなんておかしい。福祉事務所の立場はそうかも知れないが、病院としては親族に連絡したい」と言われる。ワーカーは申請時の調査により戸籍謄本・抄本で兄の現住所は確認していたが、23日と26日の本人の言葉もあるので看護師長には伝えなかった。
　本人はベッドで寝ていたが、ワーカーの顔を見ると「ありがとな」と言ってくれた。MSWには看護師長との緊急連絡先の内容について報告し、ワーカーの立場としての考えを説明した。

11月8日　死亡
　Z病院の看護師長から電話があり「朝から急変して、先ほど死亡された」とのことだった。ワーカーは葬儀社に連絡して葬儀の手続きを行った。

6. 終結とアフターケア

生活保護の廃止
　保護受給者である小林さんの死亡により生活保護は廃止の決定をしたが、その後もワーカーは次のような対応を行った。
11月9日　兄へ電話連絡：弟が死亡したことを報告
　現住所から電話番号を調べ兄に電話をすると、「40年間も音信不通なので諦めていた。なぜ死ぬ前に連絡してくれなかったのか。自分勝手な弟だったが遺骨だけは両親の墓に入れてあげたい」と話してくれた。

葬祭扶助
11月10日　葬祭扶助により葬儀：葬儀社とワーカーで行う
11月13日　兄が福祉事務所に来所：遺骨の引き取り
　兄は繰り返し「なぜ死ぬ前に連絡してくれなかったのか」と不満を言ったが、ワーカーは「本人の意思であった」としか伝えられなかった。
11月15日　アパートに訪問：部屋の解約と片付けのため
　家主に小林さんが死亡したことを報告し契約解除の話をしたが、「敷金だけでは片づけの費用が足りないので、親族か福祉事務所にお願いしたい」と依頼された。ワーカーは兄に片付け費用を依頼したが断られてしまったので、同僚の協力により片づけを実施した。

▶ 主訴などに対する支援への評価

①経済的困難に対して
　生活保護を入院日より開始して、医療費の保障と入院中の家賃保障を行った。
②入院中の療養態度について
　看護師長やMSWには事前に伝えて協力依頼したが、物を投げたり出前をとるといった行動は予測がつかず、これが退院の原因となってしまった。
③退院時の生活場所について

家主に依頼して家賃滞納による契約解除（退去）については回避することができた。
④主治医への病状確認について
　検査・診断前に退院となり病状確認ができず、Z病院の救急搬送時には余命1カ月であった。
⑤緊急連絡先の確保と扶養依頼について
　実兄の現住所は確認していたが本人の希望により連絡しなかったので、緊急連絡先は確保できなかった。また、遺骨の引き取りはあったがアパートの片付け費用は負担してもらえなかった。

▶ ソーシャルワーク実践を通して

①生活歴からクライエントを捉える
　クライエントの言動が強く乱暴な口調、どこか拒否的な態度であったのは、暴力団組員という生活歴を考えると、これが本人の表現方法であり、こうして生活してきたともいえる。実際に支援する者にとっては対応困難ではあるが、専門職としてバイステックの7原則による「クライエントを個人として捉える」「受けとめる」ことの大切さをあらためて感じた。
②生活保護担当ワーカーのジレンマ
　保護受給者が単身者の場合、ワーカーは関係機関から「クライエントの家族」であるかのように「もっと厳しく注意してくれ」「謝罪してほしい」と頻繁に言われ、何か問題が起こると関係者に謝罪することが多い。本人以外に訴える対象者がいないのは理解できるが、ワーカーが単に注意したり謝罪するだけでは根本的な解決にはならない。ワーカーが他職種と連携しながらチームとなってクライエントを支援することが、この仕事の使命であることを再確認した。
③クライエントの希望と親族の思い
　クライエントは「自身の状況について兄には連絡してほしくない」と希望していた。しかし、看護師長は「病院としては親族に連絡したい」、兄は「なぜ死ぬ前に連絡してくれなかったのか。生前に会いたかった」と不満であった。クライエントの希望と兄の思いの両方を満たす支援は何であったのかは残された課題である。

▶ 演習のポイント

1．入院中の療養態度でトラブルが起きているが、ワーカーはこれを「暴力団組員という履歴による本人の表現方法」と判断したが、他に原因として考えられるものはないか。また、その原因に対しての支援方法は何があったかを考えてみよう。
2．10月20日に転院先がないのでワーカーは一時アパートの帰宅としたが、この支援方法は適切であったのか。他に支援方法は何があったかを考えてみよう。
3．ワーカーはクライエントの希望という理由で兄へは連絡しなかったが、この判断は適切であったのかを考えてみよう。

5 家族支援のない保護受給者への支援とワーカーの役割

相談面接票

作成日　平成 27 年 10 月 5 日

相談者氏名	小林　二郎（こばやし　じろう）	㊚/女	55歳	面接日	平成 27 年 10 月 2 日
				面接者	生活保護課 ○○○ワーカー
住所	A県B市○○○ 電話番号：○○○-○○○-○○○○			面接場所	X病院 医療相談課

主訴	①預貯金・手持金少なく、入院費が支払えないので、生活保護で医療費を援助してほしい ②家賃も6カ月滞納しているが、捻出できない ③入院は嫌なので治療が済んだらアパートに戻りたいが、退院後の生活費についてめどがない	［課　題］ ①家主は退去希望のため退院後の生活場所が確保できていない ②在宅療養体制がないと退院は難しい病状である ③扶養義務者への連絡を強く拒否している

家族の状況					ジェノグラム・エコマップ
氏名	続柄	性別	年齢 （就学状況）	心身の状況	
小林　二郎（こばやし　じろう）	主	男	55歳 無職・中学卒	入院中 肝硬変　他	
小林　一郎（こばやし　いちろう）	実兄	男	58歳 東北C県に在住		

経済の状況	住宅の状況	心身（医療）の状況
①手持金　30,000円 ②国民健康保険 　未加入 ③国民年金 　未加入 ④負債　家賃滞納 　240,000円程度	X病院より徒歩30分のアパート4畳半。トイレと台所は共同・風呂なし。家賃40,000円。	10月3日 主治医から病状の確認 ・肝硬変 ・肝ガンの疑い

［生活歴・家族歴］
　東北C県で農業を営む世帯の次男として出生。両親は既に死亡。兄弟は3歳上の兄のみで、現在は兄家族が居住している。
　中学生時代から不良グループに所属し数回の補導歴がある。中学卒業後にA県に来るが、暴力団事務所に出入りするようになり、18歳からは正式に組員となる。以後は定職に就くこともなく、窃盗や恐喝で2回服役。
　一昨年の冬に体調を崩してからは、アパートで寝たり起きたりの生活をしてきた。結婚歴はない。「体調を崩してからは組事務所に縁を切られたので、現在は暴力団員ではない」とのこと。生活保護歴はなし。

［近隣の状況］地区担当の民生委員は「本人と全く面識はない」とのこと。

［家主より確認］入居は10年前からで一昨年までは家賃滞納はなかったが、ここ6カ月滞納している。隣室からは騒音と異臭で何回か訴えがあったとのこと。家賃滞納が続いているので退去してほしいと。

＊ジェノグラム・エコマップの基本的な表記法は 12 ～ 13 ページを参照。

自立支援計画

現在利用している社会資源	利用可能または今後必要と思われる社会資源
特になし	①生活保護（医療扶助・住宅扶助） ②退院後は病状に応じて、訪問介護・訪問看護 ③アパートが退去となった場合は、新規にアパートの契約または保護施設の活用
ストレングス面（本人・家族）	次回確認する必要がある事項
[本人] 　中学卒業後より暴力団組員として生活してきたためか「自身のことは自身で何とかする」といった言動がみられた。例えば、医療費の捻出方法について聞くと、「これまで面倒をみてきた舎弟たちが何とかするから福祉なんて必要ない」といった感じである。	①扶養義務者への連絡について 　本人は「俺には兄弟はいないと思っている。散々迷惑をかけたので連絡は絶対にしないでほしい」とのことだが、現状の報告と扶養依頼をしたいことを再度確認する ②アパートの状況と契約内容の確認 ③手持金の正確な額の確認
支援目標	支援計画
短期　①入院中の医療費と日用品代、退院後の生活場所を確保するためアパート代を捻出する ②アパートの状況確認をする ③退院後の生活場所（アパートの継続契約）を確保する ④病状経過後に在宅生活が可能か、または入院・施設利用が必要かのめどをつける ⑤本人の「言動が強く乱暴な口調、どこか援助に対して拒否的な態度は、暴力団組員という生活歴を考えると、これが本人の表現方法であるともいえる」ことを関係者で共有する	①生活保護を開始決定する 　（生活扶助の入院患者日用品費・医療扶助・住宅扶助） ②主治医に外出許可をもらい、ワーカーが同行してアパートを確認する ③家主へ本人と行って、家賃滞納の分割払いと契約の継続を依頼する ④主治医に病状の確認をして検討する ⑤X病院の主治医・看護師長・MSWに情報提供して、特に看護師長から病棟の看護師に対しての不安や心配事に対応してもらう。また、MSWに本人への声かけを依頼する
長期　①長期入院になった場合は、新たに生活場所を検討する ②暴力団組員としての在籍状況を確認する ③実兄を緊急連絡先とし、状況により扶養依頼を実施する	①入院が6カ月を経過すると住宅扶助が支給できなくなるので、その前に病状の確認をする ②必要に応じ警察署と連携して在籍状況を確認する ③本人の意向を考慮しながら、本人または福祉事務所から実兄へ連絡をとる
今後予想される問題	その事態への対応
①本人の治療への抵抗や拒否による病棟でのトラブル等 ②病状から様態が急変した場合の親族との連絡	①短期支援計画の⑤を継続して行っていく ②長期支援計画の③を短期支援計画に変更する
次回面接予定日　平成27年10月8日　X病院へ訪問	
	本人承諾印

第Ⅱ部
導入事例

第Ⅱ部に掲載している6事例は、初めて相談援助演習の授業に取りくむ学生にも理解できるよう、各領域の典型的な事例です。授業1コマ（90分）でも学習できる事例となっています。

地域
高齢者
障害者
子ども・家庭
低所得者
保健医療

来日まもない外国人家庭への地域住民による支援

●ソーシャルワーカーの所属機関：社会福祉協議会

キーワード

外国人家庭、インフォーマルなサポート、地区社協、ボランティア

▶ 事例の概要

来日したばかりで日本語のコミュニケーションに課題があり、自宅に引きこもりがちになっている外国人の妻に対する支援である。市町村社会福祉協議会が持っている横のつながりを駆使して、外国人家庭が地域で暮らしやすいよう、ソーシャルワーカーと地域の各団体等が、それぞれの強みを活かした。

▶ 事例の経過

大切な用語

社会福祉協議会
民生・児童委員

福祉活動専門員

1. 相談に至る経過

平成27年5月中旬、X市社会福祉協議会のボランティアセンターに一本の電話が入った。電話は民生委員の西村さんからで「自分が担当する地域にフィリピン出身のゴンザレスさん夫妻が住んでおり、夫のマニーさんから妻のジェーンさんのことで相談を受けたが、一人で対応するのが難しいので、社会福祉協議会にも協力をしてほしい」という内容であった。電話を受けた福祉活動専門員（以下、ワーカー）は夫妻から詳しい話を聞くために、民生委員と一緒に自宅を訪問することにした。なお、マニーさんへの連絡は西村民生委員に依頼した。

2. インテーク（初回面接）

5月下旬、ワーカーは西村民生委員と自宅を訪問した。

夫のマニーさんから「妻は日本語が話せないので、ほとんど家に閉じこもりがちになっている。毎日のように『フィリピンに帰りたい』と言っている。しかし、仕事の都合で5年間は日本に居住する必要があるので困っている。なんとか日本で生活できるようにする方法はないか」との相談であった。妻のジェーンさんに「日本での生活はどうですか」と話しかけてみたが、緊張しているのか返答はなかった。しかし、夫の通訳で徐々に話し始めてくれた。

3. アセスメント（事前評価）

・世帯構成および生活状況

世帯主：マニー・ゴンザレス（47歳）　フィリピンで日系企業に務めており、今年の4月から5年間の予定で日本の本社へ出向となった。仕事は忙しいが土曜日と日曜日は休み。仕事柄、日本語の能力は高く、日常会話は問題ない。

妻：ジェーン・ゴンザレス（45歳）　32歳のときに結婚。来日前から独学で日

本語の習得に励んだが難しく、なかなか覚えることができなかった。マニーさんが仕事に行っている間は、自国の本を読んだり、音楽を聞いたりして一日の大半を家で過ごしている。炊事や洗濯等の家事はそつなくこなし、三食とも自国の料理を作っている。子どもはいない。

　日本での生活で困っていることは、ゴミの分別およびゴミの出し方等、地域で生活していくためのルールを理解することができないことである。

外国人コミュニティ

　ジェーンさんが住む地域にはフィリピン人の外国人コミュニティが無く、気軽に相談ができる友達がいない。また日本語が上手に話せないため、コミュニケーションが取れないことが苦痛になり、しだいに家に閉じこもるようになった。フィリピンにいたころは、本来の社交的な性格も相まって友達も多く、外出をすることも多かったが、日本に来てからは日本の文化などに馴染めずにいる。

・近所との関係

　マニーさんは、平日は朝早く仕事に出かけ、夜遅くになってから帰ってくるため、近所づきあいはほとんど無いが、休日に庭の手入れをしているときなどに近所の人と会話をすることがある。ジェーンさんは家にこもりがちになっているため、たまに外に出て近所の人と会っても軽く会釈をするだけで会話はない。

　これらの情報から、ワーカーはジェーンさんの生活課題をまとめた。
①コミュニケーションをはかるために日本語を覚える。
②ゴミの出し方などの地域ルールを覚えてもらう。
③自宅に閉じこもらないように地域での居場所を探す。

4．プランニング（支援計画の作成）

　ワーカーはこれらの課題を踏まえ、協力してくれる団体を探すことにした。

フォーマルなサービスとインフォーマルなサポート

　まず、これらの課題に支援・解決できるフォーマルなサービスがあるか市役所の部署を探したが見当たらなかった。

地区社会福祉協議会

ボランティアセンター

　そのためワーカーはインフォーマルなサポートを活用して支援をする必要があると考え、ジェーンさんが居住する地域の地区社会福祉協議会の役員である藤井さんと、社会福祉協議会のボランティアセンターに登録し、外国人支援を目的としたボランティアグループ「コスモスの会」の斉藤会長を招きカンファレンスを行うことにした。

カンファレンス

６月上旬　カンファレンス

　ワーカーは前述の関係者を集めてカンファレンスを開いた。カンファレンスでは最初に、ワーカーから本人の状況について説明を行い、生活課題となっていることを報告した。すると次のような意見が出された。

　斉藤会長（コスモスの会）「日本で生活していくためには、やはり日本語を覚えることが第一歩だと思う。私たちが開催している日本語教室には、ジェーンさんと同じく日本語を覚えたい外国人がいるので、勉強会に参加してみてはどうか」

　西村民生委員「近所に住む住民の協力を仰ぎ、みんなで分担してジェーンさんの自宅を訪問し、日本での生活のルールを伝えたり、生活上の困り事の相談にのったりすることはできる」

ふれあい・いきいきサロン

　藤井役員（地区社協）「地区社協では週に１回、ふれあい・いきいきサロンを行

っている。ジェーンさんの自宅近くの町内会館でやっていて、近所の人たちと知り合いになることができるので参加してみてはどうか」

ワーカーは話し合われた内容を支援計画にまとめ、次のような支援を実施した。

5．インターベンション（支援の実施）

6月中旬　近隣住民による定期的な訪問

ワーカーと西村民生委員は、近隣の住民に協力を依頼して、グループを作り定期的に家庭訪問を行った。ゴミの出し方や自治会の回覧板に書いてある内容をわかりやすく伝え、困っていることがあれば相談にのった。

6月下旬　「コスモスの会」主催の日本語勉強会に参加

定期的に参加し、徐々に日本語が喋れるようになっていった。ジェーンさんはしだいに色々な人とコミュニケーションが取れるようになった。

9月上旬　地域住民との関わり

日本語が少しずつ話せるようになってきたタイミングで、「ふれあい・いきいきサロン」を紹介し参加しはじめた。最初は輪に入ることができなかったが、サロンを運営しているボランティアの働きかけもあり、みんなで体操をしたり折り紙をして楽しんでいる。サロンの雰囲気に慣れてきた11月頃には、フィリピンの歌を参加者に披露するなど、参加者とも良好な関係が築けた。

6．終結とアフターケア

地域にある各団体や住民の協力により、ジェーンさんは本来の明るさを取り戻していった。日本語勉強会への参加で仲間も増え、「ふれあい・いきいきサロン」という地域での居場所ができ、自分から外出するようになった。現在は自宅でホームパーティーを開き、民生委員、地域住民、コスモスの会の人たちに得意の自国料理を振る舞ったり、地区社会福祉協議会が主催している地域のイベントへ積極的に参加をしている。

支援開始から半年後の12月、ワーカーは訪問した。ジェーンさんは「みんなが優しく、いろいろ教えてくれるから困っていない。日本に来てよかった」と笑顔で話してくれた。

▶ 演習のポイント

1．日頃、生活のしにくさを感じている人は外国人以外にもいるが、他にはどのような人たちがいるか考えてみよう。
2．事例では外国人向けのボランティアサークル「コスモスの会」が市内にあったが、このようなボランティアサークルが身近になかった場合の支援計画について考えてみよう。

高齢者 2	# 特別養護老人ホームにおける 個人の尊重と利用者との関わり

●ソーシャルワーカーの所属機関：特別養護老人ホーム

キーワード

個人の尊重、利用者との関わり、信頼関係の構築

▶ 事例の概要

　自己中心的な発言および行動が原因で老人保健施設を退所した男性が、特別養護老人ホームに入所してきた。自分以外の利用者はすべて格下の存在であり、「格下の者とは一緒にいることは我慢できない」と自分の部屋からは一切出てこようとせず、他の利用者との交流がまったくない。また、新採用の施設職員に対しても「自分に服従させる」という行動をとる。利用者自身が望む施設生活である「施設における個人の尊重」と、利用者への関わりに苦慮している。

▶ 事例の経過

大切な用語

介護老人保健施設

特別養護老人ホーム（介護老人福祉施設）

1　入所に至る経過と入所後の様子

　吉田 勇さん（72歳）は3年前、くも膜下出血にて緊急入院する。退院後、自宅に戻り長女と同居をするが、長女との関係性がよくないことや長女ひとりでの介護は負担が重く、2年3カ月前に隣市の介護老人保健施設に入所した。しかし、自分の思い通りに事が運ばないと直ぐに職員を怒鳴る、罵るという自己中心的な発言や行動などが理由で、本人、家族との話し合いの結果、入所3カ月目で退所となった。その後、2年前に当該特別養護老人ホーム（介護老人福祉施設）に入所し現在に至っている。

　入所してすぐに「他の利用者は自分よりも格下の存在であり、自分はそのような人たちとは一緒の場所に居たくない」という理由で、自分の部屋から出てこようとせず関わりをもとうとしない。また、介護職員に対しては「職員は自分の部下である」という認識のもと、あれこれ命令したり、苦情を言う等が頻繁に見られるようになった。そのため、日常の吉田さんへの支援対応は、比較的本人との関係性がよいと思われる介護職員が行っている状況である。

　このような言動は家族に対しても同様である。吉田さんは昔ながらの厳しい教育や躾をする父親であったようで、その影響からか長女は父親を極度に恐れている。長女は施設に面会に来ても、本人とはほとんど会話をせず、介護職員に近況を確認するとすぐに帰ってしまう状態である。また、吉田さんの実妹も面会には来ているものの、それは兄に会いたいとの理由ではなく、買い物などを頼まれて仕方なく来ているといった状況である。

　吉田さんは大企業の会社役員をしていた方であり、部下も多くいたそうであるが、会社関係者の面会は入所後一度もない。

生活相談員	また、吉田さんは自分の買いたい物を、勤務が終了した早番勤務（15：30退勤）の介護職員に頼むことが頻繁にある。この件に関しては、施設長や生活相談員（以下、ワーカー）が吉田さんと何度も話し合いを行っているが、その場では理解はするものの、何日かするとまた同じことを繰り返すという状況が続いている。
	施設長は「買い物があるのなら、職員の勤務として、勤務時間の中で吉田さんに同行できるようにします」との説明に対して、「勤務が終わっているからいいだろう。施設内の仕事には影響しないし、職員にもそんなに負担はかからないはずだ」と答えるため、双方の意見の合致は見られていない。その反面、機嫌がいいときには別人のようになるという一面もある。外食に出かけるときが正にそのときで、本人も満足そうな表情になる。
褥瘡 くも膜下出血後遺症	入所して2年、今まで3度入院（褥瘡の処置、くも膜下出血後遺症等）をしたことがあるが、入院先でも吉田さんは施設での言動と同様で、対応にはどの病院も苦慮している。
	そのような状況ではあるが、最近になって、これまで怒鳴られても積極的に関わりを続けてきたワーカーに対しては、「ここにいるしかない」「命令口調になってしまい申し訳ない」といった自分の思いや命令口調を詫びるような発言が見られるようになってきており、信頼関係が構築されつつある。
ラポール	

2　アセスメント（事前評価）

本人の状況

・世帯構成：本人　吉田　勇さん（72歳）男性　要介護4　元会社役員（商社勤務）、妻（5年前に死亡）、長男（関東在住）、次男（北海道在住）、長女（施設と同市内に居住）、次女（関西在住）、実妹（施設と同市内に居住）
・病状：高血圧（朝1回降圧剤を服用）

身体障害者手帳

・身体・精神状況：視力・聴力・発語は特に問題ない。両下肢麻痺（身体障害者手帳1級）、くも膜下出血後遺症あり。認知症の診断なし。

ADL

・ADL：車いす利用（自操可能）、車いすへの移乗に介助が必要。排泄は自己導尿（失禁なし）、排便時は便座への移動に介助が必要。食事は自立、入浴は機械浴。

家族の思い

・長男（関東在住）は父親の言動により周囲が困惑している状況を把握しており、施設が連絡をすればいつでも来所してくれる。父親と口論になっても絶対に父親には屈しない。施設の良き理解者でもある。
・長女（施設と同市内に居住）は父親を極度に怖がっており、父親とはまともに会話もしない状況である。施設に来ても本人とは会わずに、介護職員から近況を聞くのみで帰ってしまうこともある。
・次男（北海道在住）・次女（関西在住）は、父のことは長男と長女にすべて任せているという状態。連絡等もほとんど取り合っていない。
・実妹（施設と同市内に居住）は面会には来ているものの、それは兄に会いたいという理由ではなく、買い物などを頼まれて仕方なく来ている。

生活課題
①本人が希望する支援方法について
　自分の思い通りに事が進むと機嫌が良い。施設の食事はあまり好まず、自分で出前を取ることや、家族に食事を持ってくるように依頼することもある。外食（レストランでのコース料理）を好む。
②職員との関係について
　本人は自分の要求が通らないと介護職員を怒鳴ることがあり、要求が通らなければ「ここを出ていく」と言う。多くの介護職員には命令口調で、あれこれ苦情を言うが、ワーカーには心を開き始めており、「ここにいるしかない」「命令口調になってしまい申し訳ない」との言葉が最近見られてきた。

3．プランニング（支援計画の作成）

　ADLを中心としたケアプランのほかに、本人の生活課題に対して以下の支援計画を作成した。
(1) できるだけ本人の希望に添った支援を実施し、本人にもここでの生活を受け入れてもらえるよう働きかける。
　①本人の訴えをしっかりと傾聴し、まずは受け止めることを行う。
　②外食の機会を確保するなど本人の希望を取り入れ、施設での生活の満足度を高めていく。
　③施設の行事などでは企画の段階から本人に協力を依頼し、本人がリーダー的に活躍できるような場の設定を行いながら、他の利用者との交流も図っていく。
(2) 職員との信頼関係の構築を図る。
　①ワーカーとの信頼関係は構築されつつあるため、まずは担当窓口となって、本人の思いを確認していく。
　②外食の際などでは、ワーカーと介護職員がペアになって支援を行い、本人には他の職員の存在を受け入れてもらえるよう努める。その際に介護職員はワーカーの関わりをよく見て、自身の関わりとの違いを考える。
(3) 家族との連絡を密にし、疎遠にならないように働きかけていく。
　①施設によく来ている長男、長女、実妹に対し、近況を伝えながら訪問を労う。
　②家族が面会に来る際の本人の状況を把握し、不機嫌な様子が見られた時には、ワーカーが同席するなどして対応をする。

▶ 演習のポイント

1. 介護職員に対して怒鳴ることが多い吉田さんであるが、生活相談員に対しては心を開き始めている。このような関係になっていくためには、どのような姿勢で利用者と関わることが求められるのか考えてみよう。
2. 吉田さんのプランニング（支援計画）について、他にどのような支援方法があるのか考えてみよう。

第Ⅱ部　導入事例

障害者 3
卒業後の進路について家族の思いが異なる当事者への支援

●ソーシャルワーカーの所属機関：障害者相談支援事業所

キーワード

自閉症スペクトラム障害、障害者総合支援法、インテーク面接、
アイスブレイク、バイステックの原則

▶ 事例の概要

　特別支援学校高等部の卒業後の進路について、自閉症スペクトラム障害のある本人の思いと、家族の思いが異なる状況の本人・家族への支援。障害者相談支援事業所のソーシャルワーカーがインテーク面接、アセスメントを行う中で、受容、非審判的態度、個別化、自己決定の尊重といったバイステックの原則を意識した対応を心がけ、両者に対する説明責任を果たしていく。

▶ 事例の経過

大切な用語
特別支援学校
障害者支援施設 寄宿舎
相談支援事業所
障害者総合支援法

1. 相談に至る経過

　A県B市にある特別支援学校高等部に通う伊藤真由さん（18歳）が、卒業後の生活について悩んでいる。本人は卒業後は実家のC市で、以前に職場実習を行ったパン工場で働きたいと思っている。

　6月25日、本人、母親、担当教諭の3者による進路に関する面談が行われた。本人は自宅で生活をしたいと思っているが、母親は自宅以外の障害者支援施設などに入所することを希望している。これまで本人は特別支援学校に併設された寄宿舎にて生活をしており、母親は一緒に生活をすることに対し不安を感じている。姉も本人の帰宅に対しては快く思っていない。姉は自分自身が精神的に余裕がないこともあり、帰宅によって余計な気遣いに耐えられないかもしれないと、母親に訴えていることも話された。

　担任教諭は、母親の勤務状況や姉の現状を考えると、自宅で生活することは困難に思えるが、他にも方法があるのではないかと思い、地元の障害者相談支援事業所に一度相談をしてみることがよいのではないかと母親に提案をした。

　担任教諭の提案を受け、母親はその日のうちにC市の障害者相談支援事業所に電話をし、翌週の夜勤明けの日に相談予約をした。

2. インテーク（初期面接）

7月4日　母親が相談支援事業所を訪問

　母親は一人で障害者相談支援事業所を訪ねた。相談支援専門員（以下、ワーカー）は、これまでの経緯を一通り聴いた。ワーカーは、本人に会っていないため何とも言えないことを前置きした上で、障害者総合支援法に基づく制度の説明

3 卒業後の進路について家族の思いが異なる当事者への支援

グループホーム 就労支援 生活介護	と併せて想定されることについて紹介をした。 　住居については、自宅、グループホーム、障害者支援施設それぞれのメリット、デメリットを伝えた。日中の活動の場としては、就労支援や生活介護などが考えられるが、本人の思いでもあるパン工場での一般就労についても、事業主の理解があれば可能性は十分にあるのではないかとの話をした。 　ワーカーは、本人に会いたいことを母親に伝え、7月22日からの夏休み期間中に自宅へ訪問することを約束した。

7月25日　ワーカーが自宅を訪問

　ワーカーが訪問することを母親から聞いていた本人であったが、初対面の人に対しては、なかなか顔を合わせられないところがあり、ワーカーが声をかけると、「こんにちは」と言った後、小走りで部室に戻ってしまう。それでも気になるのか、時々部屋のドアを開けて、リビングでワーカーと母親が話をしている場面を覗いていた。そこで、ワーカーは、アイスブレイクとして本人が大好きだという話を聴いていたアニメのキャラクターのシールを出して「キャラクターの名前を教えて欲しいので、こっちに来てほしい」と伝えると、笑顔でワーカーの隣に座り、ワーカーが質問する前に自らキャラクターの名前を話し始める。5分程キャラクターの話をして打ち解けたと判断したワーカーは、特別支援学校卒業後の進路について、本人の思いを聴くため、母親が傍にいると本音を聴けない可能性があると判断し、母親にその場を離れてもらうようジェスチャーで伝えた。

　ワーカーは「私は真由さんが学校を卒業した後にどこに住んで、どんな仕事をして過ごすのがよいのか、真由さんとお母さんと一緒に考えていくために今日ここに来ました。これからいくつかお話を聴かせてくれますか？」と話をした。アイスブレイクによって、ワーカーが話しやすい人として認識した本人はコクリと頷き、以下の内容を聴くことができた。

・早く卒業して、パン工場で働きたい。パンが好き。お菓子作りもしたい。
・家に帰ってきたい。一人の部屋が欲しい。
・寄宿舎は楽しかった。ごはんおいしかった。人がたくさんいてうるさかった。
・お母さんのことが好き。でも、よく怒られるから嫌なときもある。
・お姉ちゃんのことも好き。でも、一緒に遊ばない。

　話の後に、ワーカーは「今話してくれたことをお母さんにも話していいですか？」と言うと、「いいよ」と言って部屋に戻っていった。母親に、本人との話の内容を整理して伝えた際、母親は「あの子がそこまでワーカーさんに話したのですね。ワーカーさんを気に入ったのだと思います。私も母親として、あの子の将来を考えていきたいと思います」と話した。ワーカーが帰る際に本人も玄関に出てきた。「来週の8月2日に来るから、その時にまたなんでも話してね」とワーカーが言うと、「うん」と言って手を振った。

3. アセスメント（事前評価）

・世帯構成

本人（伊藤真由さん）：18歳。特別支援学校高等部3年。「自閉症スペクトラム障害」と診断を受け、小学校5年生から現在の特別支援学校に通う。併設の寄宿

（左欄：アイスブレイク／自閉症）

用語	
ADL（日常生活動作） 知能指数（IQ） 療育手帳 介護老人福祉施設（特別養護老人ホーム）	舎で生活をしているが、日常生活動作（ADL）はほぼ自立。気に入らないことがあると大声をあげ、気に入ったことには夢中になり、周囲が見えなくなる。コミュニケーションが苦手。会話は可能。知能指数（IQ）60で、療育手帳あり。 母親：45歳。24歳で結婚、30歳の時に協議離婚し、仕事と子育てを両立してきた。現在、特別養護老人ホームで介護職をしており、週1回の夜勤もある。 姉：20歳。高等学校を卒業後、店員（契約社員）として働いているが、最近は体調が悪いといって休むことが増えていたこともあり9月末で契約満了。 父親：離婚後、子どもたちと顔を合わせたことがない。 ・経済状況 　母親の給与収入は月額22万円。余裕はないが借金はない。これまで、養育費として月額4万円の振り込みがあるが、本人の特別支援学校高等部卒業後は終了になる。姉が失業になる可能性があり、そうなると厳しいことが予測される。 ・住居 　住居は母親の実家であり、母親の父の所有となっている。 〈主訴〉 ・本人は卒業後、自宅で生活をしながら、パン工場などで仕事をしたい。 ・母親は障害者支援施設で生活して欲しい。自宅での生活は無理と思っている。 ・姉も自分に精神的余裕がないため、一緒の生活は無理と思っている。 〈今後アセスメントすべき内容〉 ・本人が働きたいと思っているパン工場では、今後採用予定があるのか。 ・C市にある就労支援事業所で、パン作り、お菓子作りをする事業所があるか。 ・グループホームや障害者支援施設の見学を通して、自宅以外の住居の実態を知る。

▶ 演習のポイント

1．面接において、緊張を解く方法としてアイスブレイクを行うことが重要であるといわれますが、アイスブレイクとしてどのような方法があるか考えてみよう。
2．本人と家族の思いが異なるこのケースの場合、どのように調整を図っていくことが必要かをバイステックの原則を踏まえて、ニーズ（課題）は何かを考えてみよう。

子ども・家庭 4	虐待環境にある家庭への介入と子どもへの支援

●ソーシャルワーカーの所属機関：児童相談所

キーワード

身体的虐待、虐待の告知、リスクアセスメント、ステップファミリー

▶ 事例の概要

2人の子どもがいる母子家庭に内縁男性が同居しており、子どもたちは内縁男性から身体的虐待を受けていた。児童相談所は通告を受け必要な調査を行い、母親及び内縁男性と面会。虐待を告知し養育の改善をはかるため、関係機関でチームを作り、子どもの安全、安心が確保される環境作りと親子関係の改善をめざすことにした。

▶ 事例の経過

大切な用語

1．相談に至る経過

虐待通告の受理

児童相談所共通ダイヤル

虐待通告

児童相談所共通ダイヤル189により近隣住民からから虐待通告があった。夜間たびたび男性の怒鳴る声や叩く音、子どもの泣き声、「ごめんなさい」と謝る声が聞こえ、子どもの様子が心配である。家庭は母親と小学生くらいの女の子と保育所に通う幼児の男の子がいるが詳しくはわからない。

緊急受理会議
児童福祉司

児童相談所では緊急受理会議を開催。通告内容からは現時点での緊急性は高くないが、家庭環境が複雑と想定された。児童福祉司（以下、ワーカー）が住所や家族構成を確認した上で、学校及び保育所での様子、健康診査状況等の調査を行い、子ども及び母親と面接を行う方針を決定した。

児童扶養手当

市役所子育て支援課に電話照会したところ、家族の構成、弟の保育所と姉の小学校の特定、児童扶養手当の受給状況から経済状況も判明した。

家族構成：母：阿部美穂（28歳）、長女：さくら（9歳）小3
　　　　　長男：陸（6歳）年長、内縁の男性：不明

初期調査

長女の小学校に訪問調査を実施した。校長、学年主任、クラス担任より次の様子が判明した。長女は身体も小さく、おとなしく目立たない存在であり、給食費等の滞納が時々ある。母親は授業参観等に来校したことはなく、家庭訪問をしても会えない状況。先日、顔に小さな痣を発見したため本人に確認すると、道で転んだと話していたが表情は暗い様子であった。小学校としても気になる児童であり、毎月来校するスクールソーシャルワーカーへの相談を考えていた。

スクールソーシャルワーカー（SSW）

長男の通園している保育所に訪問調査を実施し、園長、主任、クラス担任より次の様子が判明した。本人は落ち着きがなく乱暴で、他の子どもと喧嘩も多い。

	登園時には、母親が長男の手を引っ張って急いで連れてくる様子や、長男を叱っている様子がたびたび見られる。先日、顔に痣を発見したため母親に確認したが、転んだとのことだった。母親は送迎時に保育士とほとんど会話することはなく、最近は連絡なく欠席が見られる。また、母親の身なりや化粧が派手になり、長男から「お兄ちゃんが家にいて、よく遊んでくれる」と話があり気になっていた。
発達障害	その後、長男の様子観察を実施。立ち歩きや落ち着きがない様子が見られ、保育所では発達障害を心配している。顔の痣についてはかなり薄くなっている。今後も引き続き長男及び母親の様子観察を依頼する。
保健センター 3歳児健診	市役所の保健センターに長男の健康診査の状況について電話で照会したが、2年前に転入した家族であり、3歳児健康診査は未受診であることが判明した。母親から育児のことで相談はこれまでなく、家庭訪問も実施していない。
ケースの見立て	**2.アセスメント(ケースの見立て：事前評価)** 虐待の背景の推定
リスクアセスメント 判定会議	ワーカーはこれまでの調査をもとにリスクアセスメントを実施。今後の子どもや母親、男性との面接の実施について判定会議を開き、次の点を確認した。 ①現住所に転入時は母子家庭であったが、最近内縁関係と思われる男性が同居するようになったのではないか。戸籍照会を実施して家族歴を確認する。 ②母親はこれまで昼間のパートに従事していたが、男性との同居前後から収入の高い夜の水商売に従事するようになったのではないか。 ③母親が夜の仕事に従事するようになり、子どもたちに生活の乱れが生じているのではないか。長男の保育所欠席も母親と朝遅くまで寝ているのではないか。また、母親が就労中は男性が子どもたちを養育していると考えられ、遊んでくれる反面、言うことを聞かないと暴力が振るわれているのではないかなど、ステップファミリーのリスクが疑われる。
ステップファミリー	
ネグレクト	④母親のネグレクト、男性の身体的虐待が疑われ、家族の中での母親の変化から親子関係の葛藤が起きていると考えられる。 ⑤小学校で長女と面接を実施し、生活状況、母親及び男性について確認していくとともに、長女の気持ちを受け止める。 ⑥その上で、母親及び男性と面接を実施し、虐待の事実を確認するとともに、生活状況、親子及び男性との関係、今後の養育姿勢等について確認する。必要性があれば児童相談所への親子通所について提案する。
	小学校にて長女と面接実施 ワーカーは長女に学校や家庭での生活の様子を確認する中で、母親の友達として会ってきた男性が最近一緒に暮らすようになり、母親は日中の仕事から夜の仕事に変わり、母親が出かけた後は男性と過ごしている。母親はこれまで長女に長男の世話や家事の手伝いをさせており、母親から自分は頼られている気持ちでいたが、男性が同居してからは自分や長男への関心が薄れている様子がうかがえた。男性は普段はやさしく接してくれているが、イライラしている時などは怒鳴ったり叩かれたこともあった。男性は嫌いではないが、家族で仲良く生活したい意向が確認できた。

家庭訪問にて母親及び内縁関係と思われる男性と面接

　ワーカーと虐待対応ワーカーの2名で、母親のいる時間を狙い家庭訪問を実施した。男性も在宅しており同席面接となった。児童相談所が家庭訪問をした理由を伝え、家庭生活や子どもたちの養育状況を確認した。

　母親は子どもたちへは愛情を持っており、女手一つで2人の子どもを養育してきたことを訴える。また、男性とは来春入籍予定で、入籍後は現在のスナック勤めはやめるとのこと。男性は子どもたちが注意をしても言いつけを守らないときに、手を挙げることがあるが、自分も親から叩かれて育ってきたから当たり前と思ってきた。母親は男性を頼りにしている様子がうかがえた。

　ワーカーからは、男性の言動は虐待にあたることや子どもの様子が心配であることから、児童相談所への親子通所を提案した。母親は長男の様子は心配であるが、これまで頑張って子どもたちを養育していること、忙しくて時間が取れないことから通所は拒否される。児童相談所としては心配な状況があることから、家庭訪問により母親や男性から継続して話を聞いていくことや、小学校、保育所を訪問して子どもたちの様子を確認していくことを提案して了解を得る。

3．プランニング（支援の実施）

　ワーカーは長男の情緒面の特性、男性との生活による長女の母親への感情の葛藤が背景にあると判断した。当面、児童福祉司指導として、在宅による様子観察と親子関係の葛藤の整理、関係改善を図っていくとして、今後の援助方針について判定・措置会議を開き、次の点を確認した。

児童福祉司指導

判定・措置会議

要保護児童対策地域協議会

①市役所の子育て支援課に要保護児童対策地域協議会の個別ケース検討会議の開催を要請し、関係機関での情報共有と役割分担を行う。
②小学校及び保育所を訪問して、子どもたちの様子観察を継続して行う。
③家庭訪問し、母親及び男性と別々、同席面接の継続及び児童相談所への親子通所につなげることにより、虐待構造の自己理解と関係改善を図る。
④虐待が再発しエスカレートした際は、児童相談所の職務権限により緊急に児童相談所の一時保護所に子ども2人を一時保護する。

一時保護

▶ 演習のポイント

1．児童相談所の業務及び虐待通告への対応について確認し、母親及び虐待者への告知の意味について考えてみよう。
2．保護者に相談動機がない場合、介入後どのように支援に結び付けていけばよいか、虐待のリスクとケースのニーズの兼ね合いの中で考えてみよう。

5 養育能力に課題がある母親と子どもたちへの支援

●ソーシャルワーカーの所属機関：福祉事務所

キーワード

生活保護、多問題家族、ネグレクト

▶ 事例の概要

養育能力に課題がある母親と不登校など問題行動のある子どもたちがいる母子世帯である。生活費にも困り、アパートの立ち退きも求められている多問題家族に対する支援である。

▶ 事例の経過

大切な用語

福祉事務所
生活保護
民生・児童委員

ラポール
守秘義務

申請受理

生活歴

1．申請に至る経過

11月25日、福祉事務所内の児童家庭課のワーカーより「ある家庭が生活保護の対象にならないか」との相談があった。最近、地区の民生委員からも話が来ており、福祉事務所に一度来所してほしいと話をしていたが、世帯主である母（以下、本人）からの意思表示がないため様子をみていたとのこと。

12月1日、生活保護課のソーシャルワーカー（以下、ワーカー）が児童家庭課のワーカーと家庭訪問をした。本人に信頼の醸成を促すためワーカーの守秘義務を説明し、生活状況を確認した。生活保護の要件に該当し、本人からも申請意思が見られたため、申請用紙に記入してもらい申請書を受理した。

2．インテーク（初回面接）

12月7日　ワーカーが訪問

申請受理後の初めての訪問であり、生活歴を聴取し、生活保護制度の権利と義務について説明した。

部屋内は清掃が行き届かず乱雑状態であり、衛生的にも問題がありそうであった。子どもたちは登校しておらず、漫画本を読んだりテレビゲームに夢中になっていた。本人は知的には問題はないものの養育能力が欠如しており、普段より不登校に対しての危惧は見られず、子どもたちの自主性に任せたいと考えているようであり、登校を促すこともしていなかった。

3．アセスメント（事前評価）

保護開始時の生活状況
・世帯構成
世帯主：橋本絵美（35歳）　地元の高校を卒業後、スーパーの店員や水商売に就労。客であった男性と結婚して長男を出産。その後は専業主婦となる。夫は元々

5 養育能力に課題がある母親と子どもたちへの支援

ギャンブル好きで、給料をパチンコなどに費やしていたため5年前に離婚。現住居のアパートを借りて生活を開始。
　長男：13歳・中1、次男：11歳・小5、長女：8歳・小2
・保有資産：保有および活用できる資産なし
・子どもたちの生活状況
　長男は小学校入学時から不登校となり、当時は父親もいたが教育には全く無関心で、休日はパチンコなどに行っていた。長男はそのような家庭に何の違和感も持たなかったが、先生が迎えに来ると登校していた。次男と長女も学校に行くことはせず、同様な生活をしている。現在、長男は不良仲間に入って遊びまわっている。また、本人も子どもたちの養育や教育には無関心であり、朝早く起きることもない。
・世帯と近所の関係
　アパートに居住。昼間から子どもたちが家にいること、また、夜間になると長男が仲間と騒いだりしているため、近所からの苦情が絶えない。本人は夜間仕事に出て家をあけており、昼間は寝ている。近所からの苦情にも聞く耳を持たない。
・親族との関係
　両親は市内に居住しているが、父は無年金であるためアルバイトに出ている。母は病弱で仕事はしておらず、賃貸アパートに2人で生活。前夫との結婚に反対された経緯もあり、母との交流はあるものの、父との交流はない。
・保護費支給額（級地区分：1級地の1、平成27年12月1日付）

最低生活費
　［最低生活費認定額］生活扶助 234,919 円 + 住宅扶助 57,000 円 + 教育扶助 18,420 円 = 310,339 円

収入認定額
児童手当
児童扶養手当
基礎控除
　［収入認定額］児童手当 35,000 円 + 児童扶養手当 49,021 円 +（就労収入 91,000 円 - 基礎控除 22,800 円）= 152,221 円
　［開始時の保護費］158,118 円

・主訴
①義務教育の子どもが3人いて経済的に苦しい。
②子どもたちは皆不登校傾向にあり、長男は不良グループとの交遊がある。
③近隣からの苦情や家賃滞納があり、家主から立ち退きも求められている。
・生活課題
①本人の養育能力は低そうである。また、家事も不得手そうであり、部屋内も乱雑で掃除が行き届いておらず不衛生の感がある。
②子どもたちは不登校であり、長男は不良グループとの付き合いがある。また、近隣住民とのトラブルも見られる。
③世帯主は水商売の仕事に出ており、夜間は子どもたちだけになる。

国民健康保険短期資格証
④国民健康保険料を滞納しているため、短期の資格証が発行されている。
⑤給食費が未納となっている。
⑥家賃を12カ月間滞納しており、家主より立ち退きを強く求められている。

4．プランニング（支援計画の作成）

①本人は養育や教育に無関心であるため、児童家庭課や学校などの関係機関との連携を密にして、情報を共有していく。

②子どもたちがきちんと登校できるように、本人と子どもたちに朝早く起きるように指導していく。また、登校しているかを把握し、不登校が続く場合は、ワーカーが朝に家庭訪問するなどして登校を促していく。
③本人は水商売の仕事をしていることから、昼間の仕事の求職活動をしていく。

5．インターベンション（支援の実施）

12月16日　アパートに訪問、本人と面接
　生活保護が決定したこと、年内に保護費が支給できることを伝える。
　子どもたちの姿はなく、本日は登校しているとのこと。母親として登校させることは最低限の義務であるものの、不登校が続く中で子どもたちを登校させたことを評価した。本当の理由としては、手持ち金が底をつき、今日の食材を買うお金もないため、給食を食べさせるために行かせた要素が強そうである。理由はどうあれ、今学期は残り数日間の登校を継続させるとともに、来学期も継続させるべく、冬休み中は規則正しく有意義に過ごさせてほしいと伝えた。

12月26日　カンファレンス
　出席者：小・中学校、民生委員、主任児童委員、福祉事務所（生活保護課・児童家庭課）
　ワーカーからは生活保護の相談があり開始となったこと、学校からは子どもの登校状況や成績、生活態度などが報告された。また、児童相談所からは子どもの非行状況など把握していること、民生委員と主任児童委員からは世帯や子どもの近況などについての報告があった。年末・年始については、民生委員や主任児童委員が見守り、声かけなどを依頼した。

主任児童委員

▶ 演習のポイント

1．1月になりアパートの家主から、家賃滞納を理由に立ち退きを通告された。ワーカーが分割払いを提案しても了解が得られず、2月末での退去が決まった。本世帯の抱えている生活課題や世帯状況から、3月以後の居住場所に関してのプランニングを考えてみよう。
2．今後の子どもたちの様子が気になるところだが、子どもへの支援については、どの機関が中心となって行うのがよいのか。また、どんな支援方法があるのかを考えてみよう。

保健医療 6 社会的入院患者の退院支援におけるソーシャルワーカーの関わり

●ソーシャルワーカーの所属機関：精神科病院

キーワード

人と状況の全体性、かかわり、社会的入院

▶ 事例の概要

クライエントとソーシャルワーカーが、相互主体的な「かかわり」を通して、約30年間入院していた精神科病院からの退院を実現し、クライエント本人が望む生活への一歩を踏み出すことができた。

▶ 事例の経過

大切な用語

長期入院
幻聴妄想

陽性症状

措置入院

医療保護入院

社会的入院

1．相談に至る経過

井上茂さん（63歳）はX病院（精神科単科病院）に入院して30年になる長期入院患者である。入院前はひとり暮らしをしていたが、就職して6年目頃より職場内で急に怒り出すことが多くなり、地元のY総合病院（精神科）を受診。被害的な幻聴や妄想が見られたため入院となる。薬物療法により陽性症状は改善し3カ月で退院したが、すぐに服薬を中断したため症状が再燃する。両親が受診を勧めるも本人は拒否し、入院を勧める家族に対して暴力を振るった。仕事も休職となりアパートで引きこもるようになった。1年間の休職の後、会社を自主退職した。

退職後、「国の陰謀で会社をくびになった」と路上で騒いでいたところを警察官に保護され、そのまま都内のX病院に措置入院。薬物療法により被害妄想などの陽性症状はすぐに消退し、自傷他害のおそれもなくなり、入院形態は医療保護入院に変更となったが、家族は暴力を振るわれた時の恐怖から本人の退院を拒否したため、医療保護入院の状態が続いていた。入院当初は実家への退院を強く希望していたが、それが難しい状況のなか「退院したい」と口にしなくなり、担当したソーシャルワーカーたちも本人の希望を聴くこともなく、約30年が過ぎていった。

数年前よりX病院では、社会的入院の状態にある長期入院患者の退院支援に取り組み、これまで十数人が退院していた。4月から井上さんの病棟担当となった医療ソーシャルワーカー（以下、ワーカー）は、本人の様子を見て「症状が落ち着いているので退院できるのではないか」と思い、主治医に確認した。主治医は本人の意欲さえあれば退院できるとの判断であった。

2．インターベンション（支援の実施）

4月25日

主治医の意見から、社会的入院の状況にあると考えたワーカーは本人に退院の

希望を聞いてみた。「そんな気ない」とぶっきらぼうに答え、ワーカーが話を聞こうとすると背を向けてしまった。

ワーカーは井上さんの前担当の先輩ワーカーに相談したところ、「本人が嫌がっているのだから無理に退院させなくてもいいのでは」と言われ、担当看護師にも「あの人は『意欲減退』『無為』『自閉』だから退院は難しいのではないか」と言われ、ワーカーは退院の話を進めることを断念した。

自閉

8月14日

ワーカーが病棟に行ったところ、井上さんたちがテレビで夏の高校野球を見ていた。ワーカーは本人と高校野球を見ながら会話をしていたところ、「帰りたいなぁ」と一言こぼした。本人の地元は甲子園球場から近く、友人や父親と野球観戦に行っていたと話す。87歳の父親とも10年以上会っておらず、「生きているうちにもう一度会えたらいいけど……」とつぶやいた。

8月16日

ワーカーは一昨日の会話から、本人は父親と会いたいのではないか、地元に帰りたいと思っているのではないかと考え、「昨日の話を聞いて、本当は地元に帰りたいんじゃないかと思ったんですが、帰る気はありませんか？」と尋ねた。すると、普段は朴訥とした口調が珍しく声を荒げて「何で今更……」と怒りも露につぶやいた。入院してからずっと「地元に退院させてくれ」と主治医やソーシャルワーカーに言い続けていた。しかし、その訴えは無視され、「やっと諦めがついたのに……」と涙を流しながら話した。

ワーカーは言葉を失い、何も語ることができないまま立ち尽くした。本人が「退院したい」と言えなくなった状況に目を向けず、先輩ワーカーや他職種の意見を鵜呑みにして本人の思いを知ろうとしなかった自らのかかわりに気づいたワーカーは、素直にそのことについて詫びた。その上で、退院したいのであれば応援したいと思っていること、主治医も退院可能であると言っていることを本人に伝え、正直な気持ちを教えて欲しいと話した。本人から「しばらく考えさせてくれ」と言われたため、ワーカーは方向性を決めるまで待つことにした。

8月31日

ワーカーが病棟に行くと、本人から「この前のことで話がしたい。時間あるか？」と声をかけられ病室に迎え入れられた。しばらく黙っていたが「退院できるんか？」と聞いてきた。ワーカーは、とにかく退院できるように応援をすると伝えた。その上で、「主治医や担当看護師などに井上さんの気持ちを伝えてもいいか」と確認をとったところ黙ってうなずいた。ワーカーは主治医や担当看護師に本人の気持ちを伝え、ケアカンファレンスの調整を行った。

カンファレンス

9月2日

本人、主治医、担当看護師、ワーカーの四者でケアカンファレンスを行う。ワーカーは、これまでの本人とのやり取りについて報告し、退院したい気持ちがあることを他の参加者に伝えた。まず主治医より、入院を継続しなければなら

グループホーム

ない病状ではないことが伝えられる。退院については参加者から反対はないものの、退院先については地元に帰りたい本人と、生活能力を心配して病院近くのグループホームの入居を勧める担当看護師の間で意見が分かれた。その後も本人は、「地元に帰りたい」「親を看取りたい」と繰り返した。ワーカーは井上さんの希望を受け止めつつ、「両親や両親と同居している弟家族の都合もあると思うので、一度家族も含めて話し合いをもちたい」と伝え、本人も了承した。

9月3日

ワーカーが実家に電話したところ、実弟（60歳）が出た。これまで経緯を話し、本人が地元への退院希望していることを伝えた。弟からは、家族がいるため自宅への退院は困るが、アパートを借りる際の保証人であれば検討してもいいと。また、本人が地元を懐かしく思っていることを伝え、外泊についても併せてお願いしたところ、家族と話し合った上で返答をくれることとなった。

9月17日

実弟から連絡があり、一度面会に来てくれることとなった。面会日、本人から入院前に迷惑をかけたことに対して弟に謝罪を行い、退院したいとの希望が本人自身の口から弟に伝えられた。落ち着いた様子を見た弟からは、実家に戻ることは難しいが、たまに外泊に来るくらいであれば可能であることが伝えられた。また、ひとり暮らしをする際の保証人になることも検討してくれるとのこと。

10月～翌年3月

井上さんは退院に向けて準備を開始した。退院先を検討するために、ワーカーとグループホームを見学したり、不動産屋に物件を探しに行ったりした。また、退院後の生活を想定して服薬の自己管理や調理の練習の他、病棟で行われているSST（ソーシャル・スキルズ・トーニング）にも積極的に取り組んだ。本人のがんばりや退院への思いを知る中で、担当看護師も応援するようになった。

SST（ソーシャル・スキルズ・トレーニング）

4月

井上さんは30数年ぶりに実家へ帰省し、念願の甲子園で野球観戦することもできた。また、アパートの保証人の件も弟が了承してくれた。

外泊から帰ってきた井上さんは、最終的な退院先の検討を行った。「他の人に気を使わずに生活したい」と言い、単身でのアパート生活を希望した。また、通院のことなどを考え、X病院近くのアパートに退院することになった。

▶ 演習のポイント

1. ワーカーは「人と状況の全体性」という視点をもつことが必要である。人と状況はお互いに影響しあっている。状況が井上さんにどのような影響を与えたのかを考えてみよう。
2. 医療機関に勤めるワーカーは、チームで支援を行うため他職種の意見を参考にするが、他職種の意見を鵜呑みにすると、クライエントと向き合えなくなる。本事例におけるワーカーのかかわりの変化を通して、かかわりにおいて大切にしなければならない視点や姿勢について考えてみよう。

第Ⅲ部
展開事例

地域

高齢者

障害者

子ども・家庭

低所得者

保健医療

世帯全員が生活課題を抱えている多問題家族への支援

●ソーシャルワーカーの所属機関：社会福祉協議会

キーワード

生活困窮者自立支援制度、自立相談支援、地域福祉活動

▶ 事例の概要

認知症の父と不登校の子どもを抱え、自らは夫を亡くしてうつ状態となった多問題家族に対する支援である。生活困窮者自立支援制度を利用し、関係機関のカンファレンスによる情報の共有や住民の地域福祉活動の利用により、父、本人、子どもが自ら生きる過程を見出しながら、家族の再構築を図りつつある。

▶ 事例の経過

大切な用語

社会福祉協議会
生活困窮者自立支援制度
サロン
地域活動拠点

相談支援員
民生・児童委員

1．相談に至った経過

5月8日、X市から委託され、X市社会福祉協議会が運営する生活困窮者自立支援センター（以下、センター）では、制度や活動の理解促進と住民の意見が聞けるように、サロンなどの地域活動拠点にて出前講座を実施している。

サロン終了後に「最近、山本さんの姿が見えない。その娘も閉じこもりがちなので状況がわからない。こういう家のことも相談にのってもらえるのかしら」と参加者から相談があった。もう少し詳細を聞くと「山本さん宅には、娘と孫娘が同居しているが、娘は夫を亡くしたばかりであり、孫娘は中学生であるが不登校で家にいる」とのことだった。センターのソーシャルワーカーである相談支援員（以下、ワーカー）から、「この状況を民生委員も知っていますかね」と尋ねると、「まだ話していないが、話をしておきます」と言ってくれた。

5月9日、担当地区の民生委員に連絡したところ、「山本さんの話は聞いているよ。私も心配していたところだった。こちらも訪問してみます」と。同日、ワーカーは山本さん宅に訪問をした。「こんにちは。社会福祉協議会です」と挨拶をしても反応はない。玄関や庭の草木は伸びている状況であった。その日は、社会福祉協議会のパンフレットと名刺を郵便受けにいれた。

5月10日、ワーカーは再度自宅に訪問した。丁度、山本さんの娘らしき人（以下、本人）が病院にいくところで、「最近お父様の姿が見えないと心配をされている方がいます。何かお手伝いできることがありませんか」と尋ねたところ、少し躊躇しながらも「そうですね。民生委員も心配して来てくれました」と話を続けてくれた。そこで、「今日はゆっくりお話ができないと思います。時間のお約束をして参りたいのですがいかがでしょうか」と尋ねると、「いいですよ」と承諾をしてくれ、初回面接の約束がとれた。

1　世帯全員が生活課題を抱えている多問題家族への支援

2. インテーク（初回面接）

5月15日　ワーカーが自宅を訪問

傾聴

本人の話に傾聴しながら人権に配慮しつつ面接を行った。生活困窮者自立支援制度の自立相談支援アセスメントシートを参考に生活歴を聴取した。今日は初回面接ということもあり、まずはこれまでの生活、今の思いなどの話を聞くことを優先にした。部屋は雑然としており、衛生的にも問題がありそうだった。

自立相談支援

3. アセスメント（事前評価）

・世帯構成：父・山本実（75歳）、本人・渡辺純子（41歳）、長女・七海（14歳）の三人暮らし。本人に兄弟はいない。夫は3カ月前にすい臓癌で亡くなる。なお、世帯のキーパーソンは本人である。

・家計：父は老齢基礎年金から電気と水道、固定資産税の支払いを行っている。その他にかかる生活費は、本人が貯金の中から支払っているが、一カ月にかかる生活費は把握できていない。

・保有資産：父名義の持家。父の預貯金額は不明、本人は約300万円。

・生活状況

本人：夫を3カ月前に亡くしてからは家にこもりがち。以前は常勤の仕事をしながら家事をこなしていたが、夫が亡くなってからは休みがちになる。体調の回復がまだ見込めないので今月末で辞める予定。調理や掃除をする回数が少なくなり、買い物もあまり行こうとは思わなくなった。睡眠薬を服薬しても夜は眠れていない。何とかしたいが、やる気が出ないとのこと。

父：3年前に妻（本人の母）を癌で亡くす。妻が生きていた頃は一緒に買い物や美術館に出かけ、町内会活動も積極的にしていた。しかし、妻が亡くなって以降、集まりごとに出なくなる。最近では近くのお店に買い物に行く以外はほとんど家の中で過ごし、日中はテレビを長時間見ている。家族との会話もほとんどない様子。最近は夜に起きていることも多く、今日の出来事を忘れることがある。

長女：中学1年の夏ごろから同級生のいやがらせが始まり、さらにエスカレートした。それをきっかけに休みがちになり、中学1年の12月以降は登校していない。時々、買い物で外出するがほぼ自宅にいる。SNSを通じて知り合った同じような仲間がいる様子。自宅ではパソコンに向かっていることが多い。

・世帯と近所の関係

本人の近所づきあいは挨拶程度である。両親は地域行事やボランティア活動には積極的に参加していたこともあり、「以前、山本さんやお母様に大変お世話になっていました」と、今でも感謝の声をかけてくれる人がいる。

児童手当
遺族基礎年金
遺族厚生年金
ひとり親家庭の医療費助成制度
要保護・準要保護児童生徒就学援助制度

・年金や社会手当制度の活用

①児童手当：受給中
②遺族基礎・遺族厚生年金の手続き：未申請
③児童扶養手当：未申請
④ひとり親家庭の医療費助成制度：未申請
⑤要保護・準要保護児童生徒就学援助制度：未申請

・本人の主訴

地域

①夫を亡くしてからはやる気がでないし、何から手を付ければいいかわからない。
②最近、父の物忘れが多くなっていて気にしていた。
③長女が不登校となり、どのようにしたらいいかわからない。
・生活課題
①キーパーソンの本人自身がうつ状態で家事もままならない。屋内は片づけが滞り、物もあふれている。
②父の認知症が疑われる。昼夜逆転のために、家族の生活リズムが崩されてしまう。父は閉じこもりがちであり、認知症の進行が懸念される。
③長女はいじめられたのが原因で不登校になり終日自宅にいる。
④現在のところ生活費に問題はないが、300万円の預貯金を消費後は、経済的に困窮する可能性がある。

4．プランニング（支援計画の作成）

①年金や社会手当制度はすぐに申請が可能であるが、本人がうつ状態で体調がすぐれないため、体調をみながら一緒に同行支援を行う。
②父は認知症が疑われるため、まずは医療機関の受診を勧める。
③父が楽しみを見つけられるように、近隣の人や活動者と連携を図る。
④長女が登校できるように、娘の生活リズムを整える支援を行う。

家庭児童相談員
主任児童委員

⑤学校やX市福祉事務所の家庭児童相談員、主任児童委員と連携を密にして情報を共有する。

5．インターベンション（支援の実施）

制度の活用がはじまる
5月18日　本人の諸手続きに同行支援
　ワーカーは本人に電話し体調を確認。「今日は、手続きできそうです」とのことなので、申請に必要な物品を伝え、市役所で待ち合わせをした。
　国民年金課に行き、遺族基礎年金と遺族厚生年金受給の申請に必要な書類や手続き方法を確認した。また、本人が退職予定のため、医療保険が国民健康保険に切り替える手続き（社会保険の任意継続制度、国民年金保険料の免除申請）を教わる。福祉事務所の子ども福祉課児童係で児童扶養手当の申請をする。遺族厚生年金との兼ね合いもあり、児童扶養手当が支給決定されるか否かは所得調査の結果によるが、とりあえず申請は行った。

医療保険
国民健康保険
任意継続制度
国民年金保険料の免除

　また、ひとり親家庭の医療費助成制度、要保護・準要保護児童生徒就学援助制度を申請する。さらに生活困窮者自立支援制度の相談支援事業の利用を希望するか確認し、個人情報保護に関する承諾と同意書をもらう。

個人情報保護
同意書

世帯の全員を支援する
5月20日　ワーカーが自宅を訪問
　3人とも在宅。父は穏やかに日常生活について話をしてくれた。長女は終始うつむき加減であったが、質問にはぽつりぽつりと答えてくれた。その後、本人とのみ面接し父の受診を勧めた。父の主治医は本人と同じであったので、次回受診時に「父に認知症の疑いがあり検査をしてもらえないか」と打診し、検査日時を

決めてくるよう打ち合わせた。また、遺産相続手続きに関して司法書士の紹介をした。さらに、遺族厚生年金の申請書類を確認し、5月30日に年金事務所に申請に行く予定となった。

6月11日　父の受診結果を聞きに自宅を訪問

検査の結果、軽度の認知症が認められて薬が処方された。閉じこもりがちのため、認知症が進行する可能性も医師から指摘されたとのことだった。そこで、ワーカーは、介護保険制度の通所介護（デイサービス）の利用を勧めたが、本人は、「父は施設などに訪問する側だったし、以前から『そういうところには行きたくない』と言っていたので利用しないだろう」と希望しなかった。次にワーカーはサロンの参加を提示したところ、「どのようにしたらサロンに行ってくれるだろう」との返事だった。そこでワーカーは、民生委員やサロンの人に相談する旨の了承を本人にもらった。

6月11日　民生委員に相談

山本さんのサロン参加について民生委員に相談したところ、「ひょっとしたら中村さんだったら心を開くかも」と連絡をとってくれた。中村さんは山本さん夫妻の知人であり、サロンの代表者でもある。数日後、中村さんから「民生委員から聞いたよ。お手伝いします」とワーカーに連絡があった。

6月15日　支援調整会議（カンファレンス）

本人、中村さん、民生委員、主任相談支援員、ワーカーの5人で、サロンの誘い方を検討した。本人は「孫（長女）の頼みなら聞くかも。長女に一緒に行ってもらえるか頼んでみます」ということになった。次回サロンは6月25日なので、その日にあわせて準備することに決めた。19日に本人から電話があり「長女が承諾してくれました」と返事があった。

6月20日　主任相談支援員と一緒に自宅を訪問

長女と会い、祖父（山本さん）のサロン参加のための協力のお礼をした。その後、主任相談支援員から父に「お孫さんがサロンで初めてボランティアをするので一緒についていってもらいたい」とお願いしたところ、しぶしぶ了承してくれた。

6月25日　山本さんと長女がサロンに参加

体操や昔話に盛り上がり、長女も「驚きだよ」と話をしたくらい、父はとても楽しそうだった。次回も来る約束をして家路についたと報告を受けた。

6. 終結とアフターケア

その後もワーカーは、本人と会う度に不安や悲しみを傾聴した。本人も少しずつ現状を受け入れるようになってきた。父と長女は一緒にサロンに行くことを楽しみにしている。

最近、長女は学ぶ意欲を表出し、ワーカーの紹介で学習支援ボランティア主宰

地域

母子福祉資金貸付制度

就労支援

の教室に通うようになった。そこの世話人、学校の先生、家庭児童相談員、主任相談支援員、ワーカーを交え、学びの場についてを今後検討する方針である。

将来的には、父の認知症の進行に応じて介護保険の手続きを行う必要が出てくる。長女の進学に備え、奨学金やひとり親家庭対象の母子福祉資金貸付制度の活用、本人の病状に合わせ就労支援を行っていく必要がでてくると考えている。

▶ 主訴などに対する支援への評価

①本人の生活課題の整理と対応

　経済的な支援として年金や社会手当制度の活用を行った。夫を亡くしうつ状態であったが、ワーカーの傾聴や、家族一人ひとりの問題を解決する中で、心の回復と生活の再建を行っていった。

②家族全員の支援

　一人ひとりの課題を整理し、それぞれにあった形で支援を行った。フォーマルサービスだけではなく、本人たちの強みとなる人とのつながりを通じたインフォーマルサポートを活用し、参加や意欲を喚起することができた。

▶ ソーシャルワーク実践を通じて

①カンファレンスの重要性

　本事例は、キーパーソンの本人も疾病を抱えて養育や生活全般がままならない上、父や長女も生活課題を抱える多問題世帯である。世帯の関係の中で発生する課題、絡まってしまう課題を整理し、様々な関係者と歩調合わせをしながら継続支援を行えるようになった。

②生活環境の改善

　本人ができないことを長女に頼むことで、長女の力を引き出す機会となった。長女が家事を手伝うことで家の中が少しずつ回り始めた。さらに父のサロンに付き添った長女は、楽しみを見つけ、力を発揮し自信につながった。つまり、課題と隠れた力を組み合わせることで負のスパイラルから正のスパイラルへの転換が起こった。

③地域福祉活動とのつなぎ

　本世帯は全員が支援対象者である。こうした多問題家族の支援では、フォーマルな支援だけではなく、インフォーマルな支援もとても大事である。身近な人のサポートがあったからこそ課題が見出され、生活を豊かにする一歩を踏み出せたといえる。

▶ 演習のポイント

1．養育能力が低下している母親（本人）に対して、どのような支援があるかを考えてみよう。
2．不登校の子どもが登校できるようになるための方法を考えてみよう。
3．生活困窮者自立支援制度の相談支援を行う際に必要な、取り組みの姿勢を考えてみよう。

| 地域 2 | # 父子家庭の子どもたちへの地域支援 |

●ソーシャルワーカーの所属機関：社会福祉協議会

キーワード

住民参加型在宅福祉サービス、父子家庭、受容、非審判的な態度、インフォーマルなサポート

▶ 事例の概要

　両親の離婚で子どもたちは父親に引き取られたが、子どもとの接し方に苦慮した父親は社会福祉協議会に家事支援を依頼。その後、家庭内で兄が妹を虐待していることが発覚。住民参加による在宅福祉サービスを柱として、関係機関と連携しながら支援を模索していく。

▶ 事例の経過

大切な用語

社会福祉協議会

福祉活動専門員

コミュニティソーシャルワーカー（CSW）

住民参加型の在宅福祉サービス

1．相談に至る経過とインテーク（初回面接）

　平成23年7月10日、社会福祉協議会（以下、社協）の「福祉なんでも相談」の電話が鳴った。父子家庭の父親である高橋修さんからで、小学4年と中学1年の子どもについての相談であった。父親が子どもたちの対応に困惑している様子であったので、電話を受けた福祉活動専門員（コミュニティソーシャルワーカー：以下、CSW）は早速訪問し、生活状況や子どもたちの状況、支援してほしいこと、父親の仕事の現状を聴いた。主訴としては、仕事の関係で帰宅が遅いので、子どもたちの夕食や学校の準備を手伝ってくれる人がほしいとのこと。また、父親はこれまで子育てに関わったこともなく、子どもが何を考えているのかわからないと話した。

　他のサービスも検討の結果、住民参加型の在宅福祉サービスを紹介し、申し込みを受理。緊急連絡先等を確認し、子どもたちと面接する承諾を得た。

　7月20日、CSWは自宅を訪問し、子どもたちから話を聞いた。

2．アセスメント（事前評価）

・居住地：関東X県Y市
・世帯構成

　世帯主：高橋修（47歳）　上場企業の会社員で朝は7時出勤、帰宅は0時を回ることが多い。子どもを引き取ったのは妻への当てつけで、かわいいと思わないし子どもの生活は把握していない。金銭には細かい様子。

　長男：高橋修一（13歳、中1）　父と遊んだ記憶がなく、成績がよい妹ばかり褒めるので父も妹も嫌い。友達は多く、リトルリーグに所属。県大会でもレギュラーだが、父から「スポーツばかりやっていてはいい大学に入れず、それは人生の敗北者だ」といわれ反発している。家から徒歩10分の中学校に通う。

長女：高橋加奈子（10歳、小4）　成績もよく、5段階評価でほとんど5を取り、周りから注目される存在。小学生にしてはおとなびた言動も目立つ。特に親友はいない。家から徒歩5分の小学校に通う。

母親（世帯主の妻）：フリーのファッションデザイナー。有名なデパートの専属で仕事をしている。夫との価値観の違いから先月、家を出た。

・生活状況：住居はY駅から徒歩15分の一戸建て、収入は年収1,000万円以上。
・世帯と近所の関係：隣家の森田さんは子ども同士が同級生で、母親とは毎日行き来していた。別居も事前に知っており連絡先も把握している。近所の佐々木さんは、母親の学生時代の友人で、家の鍵を預かる仲である。この地域には、自治会があるが高齢化が進み、近所の関係は全般的に希薄化している。

3．プランニング（支援計画の作成）

フォーマルなサービスとインフォーマルなサポート
ファミリーサポートセンター

父子家庭を支えるフォーマルなサービスを探したが見当たらず、日頃連携しているファミリーサポートセンターでは長期間にわたる支援は難しく、シルバー人材センターでは夕方できる人がいないとの情報を父親に伝えた。父親としては、家政婦は費用がかかるので検討していないとのこと。

よって、住民参加型の在宅福祉サービスである「住民参加型在宅福祉サービス協力員」（以下、協力員）を派遣し、家事をしながら子どもたちの様子を見ることにした。派遣は月曜日から金曜日の夕方5時から8時半までで、不在の時は近所の佐々木さんから鍵を預かり入室する。夜間の派遣なので社協の緊急連絡先を父親と子ども、協力員に伝える。

民生・児童委員

また、父親に了承を得て民生・児童委員（以下、民生委員）に連絡し、見守りと定期的な訪問を依頼する。

4．インターベンション（支援の実施）

カンファレンス

平成23年　協力員によって子どもたちの生活は落ち着き始めた
8月1日　カンファレンスを開催
出席者：民生委員、協力員3名（A・B・Cさん）、CSW

派遣予定の3名の協力員と民生委員でカンファレンス（支援会議）を開催するが、父親は仕事で欠席。

家庭の状況と支援内容を確認。協力員からは「かわいそう」「お父さんが問題よね」「大丈夫かしら」などの声が出たが、民生委員は子どもが落ち着いて学校に行けるために支援するとし、協力員も同意。カンファレンスの内容を主任児童委員にも連絡した。

主任児童委員

8月2日、CSWとA協力員が訪問すると、家族3人で迎えてくれた。加奈子は落ち着かない様子。修一が小声で「僕の部屋は入らないで」と言った。父親が「漫画本ばかりだからな」と言うと、「中学生だもの、入られたくないのが普通だよ」とのA協力員の言葉に修一はほっとした様子。

8月3日、昨日の加奈子のことが気にかかったためCSWが訪問。花柄ワンピースを「よく似合うね」と言うと大きな声で泣き出した。母親の手作りだが父に捨てるように言われていること、兄にいじめられること、母に会いたいことを訴えた。しばらく受容して聴いていると落ち着いて、「関西におじいちゃんおばあち

受容

2 父子家庭の子どもたちへの地域支援

ゃんがいて、お母さんの行き先を知っているはずなのに、教えてくれない」と話し始めた。そこにA協力員が「ごはんは何にする？」と声をかけたので、加奈子はキッチンに走って行った。

9月　カンファレンスを開催

1カ月経過し協力員から疑問点が出たため、協力員3名とCSWで開催した。

子どもたちとの関係づくりはできているが、サービス終了が9時半になることもあり、続けられるか不安。修一が加奈子をいじめており、加奈子も修一に付きまとっては気を引こうとしている。いじめが始まったのは3年前で、父親は気づいていないことなどが話された。加奈子は母からの電話で会う約束をしたが父に反対され、修一は祖父母に連絡を取り、祖父母の家までの交通費を要求して親子喧嘩になり、加奈子が警察を呼んだ。CSWから「心配もあるだろうが、何とか協力してほしい」と依頼し、この内容を民生委員、近所の森田さんと佐々木さんにも連絡した。CSWは、この話に不安感が広がったが、このような家庭のためにも地域の見守り体制が必要であると感じた。

平成24年　離婚により子どもたちの生活が不安定に

2月　両親の離婚が成立

親権は父親となり、母親と子どもたちが会えることで合意。数日後、加奈子から「学校から帰ると、お母さんのミシンがなくなっていた」と連絡がある。CSWが訪問したが、がらんとした部屋で泣いていた加奈子を慰めるしかなかった。

3月　カンファレンスを開催

出席者：協力員3名、民生委員、主任児童委員、CSW

協力員各自の考えや家族観があるために、支援の方法や考えが一致しないとのことで開催した。様々な意見が出たが、しつけや教育といったことではなく、今、子どもたちに伝えたいことは何かで整理した。CSWから父親に、時には早く帰宅するよう打診する。子どもの状況いかんでサービス延長もあろうが、父親と連絡を取り8時半で区切りをつけることにした。父親の緊急連絡先を確保するとともに、隣の森田さんにも見守りをお願いすると伝えた。民生委員は名刺を電話のそばに貼ってくれた。

4月　父親と面接

カンファレンスの内容を報告し、緊急連絡先を聞く。修一の遅い帰宅について父は「誰もいない家に帰宅するより、遊びたい気持ちが強いようだ」と解釈していた。兄は妹に対して、片付けをしないことや嘘をつくことなどでカッとなり手も足も出てしまうらしいと話したが、「子どもの喧嘩ですから」との答えだった。

7月　加奈子から、修一が乱暴したとの訴え

C協力員が訪問すると、加奈子が父親の車の中にいた。ここが安全というが、食事を持ってくるよう、いつになく乱暴な言葉を使う。

11月　協力員の辞任

B・C協力員より「支援に自信がない」「辞めたい」との申し出がある。CSWは今までカンファレンスを通して支援方法を模索してきたが、かえって住民の協力に頼りすぎたのではないかと反省した。父親には「再度協力できる人を探す」

地域	NPO法人	と連絡したが、NPOなどもあたったものの、よい返事はもらえなかった。以後、A協力員による週3日の派遣になる。

12月　修一が補導される

　Y警察署少年課から「喫煙していた高校生と一緒にいた」とCSWに電話があったので警察署に出向いた。「父親と連絡がつかないので、来署してくれるよう伝えてほしい」と依頼された。修一は神妙な顔をして「ごめんなさい」と。やはり見守りが必要だと感じた。

　翌日、中学校からも父親と連絡がつかないと電話があり。夕方になって母親から、昨夜のお礼と修一を引き取るつもりだという旨の電話があり、連絡先を教えてくれた。

平成25年　修一の加奈子への虐待がしだいに表面化する

児童相談所

1月　民生委員から児童相談所に連絡

　民生委員のところに関西にいる祖母から3回電話があり、父親がきちんと子どもを養育しておらず、児童相談所に相談してほしいと依頼された。しかし児童相談所に電話してもすぐに結論が出なかったので、主任児童委員と相談する旨を小学校長に話し、様子を見ることにしたとのこと。

2月　状況確認のため訪問、父親は不在

　加奈子から「母親が再婚するらしい」「協力員が週3回では寂しい」「施設に入れ」と父に言われたと。修一は自分のことをわかろうとしない父に不満がある様子であった。CSWから、週3回から週4〜5回にしたいが、子どもたちもできることはやってくれないかと提案し、修一は買い物と居間の掃除、加奈子は協力員と食事の支度、洗濯物をたたむなどをやると約束した。

　数日後、父親から「修一が友達を殴り眼鏡を壊し、学校と友達の家に謝りに行く」と連絡があった。すぐに訪問すると、修一は「友達の母親自慢にキレたけど、眼鏡は友達が自分で投げて壊した」と説明。CSWが「そうだったのか」とうなずくと、「自分の言っていることを信じているのか」と聞いてきたので、信じていると伝えると素直に謝った。今までのことを反省しているように見えた。その後、A協力員からは「2人は約束を守り頑張って生活している」と報告がある。

7月　父親からCSWに連絡

　父親から電話があり「加奈子が学校をずっと休んでいる。何のために福祉の人を入れたのか。しっかり子どもたちを見ていただきたい」とだけ言って一方的に電話が切られた。

9月　同級生の母親からCSWに連絡

　加奈子が夜中に外を歩き回っているので、2晩泊めたと連絡あり。加奈子は「兄にいじめられて怖い」と。

11月　Y市福祉事務所・子ども支援課のワーカーと訪問

虐待通告

　近所の住民から子ども支援課に「加奈子が虐待されているようだ」と通告があり、支援課のワーカーとともに訪問した。双方に言い分があり、母親が兄妹と個別に連絡を取り2人の気持ちが乱れていること、2人とも母親の傍で暮らしたいが母は再婚して同居できないことなどが、2人の精神的な乱れに通じているように思えた。CSWは母親に電話をしないでほしいともいえず、父とは連絡もとれず、

2 父子家庭の子どもたちへの地域支援

今後の支援のために児童相談所の児童福祉司（以下、福祉司）に支援のメンバーに入ってくれるように依頼した。

12月　児童相談所の福祉司が2人に面接

福祉司が加奈子と修一それぞれに会い面接。小児医療センターの精神科医師に連絡をとり連携を依頼した。年末年始について心配だったが、修一は祖父母宅に、加奈子は母親の所に行く予定とのことで少し安心した。

平成26年　加奈子の不安定は1年間続いた

修一は4月、念願の県立高校に入学し柔道部に所属。加奈子は中学校に入学したが休みがちだった。修一は夏休みも部活に精を出して元気に登校していたが、加奈子は不登校となり、一日中パジャマで過ごし、唯一の外出は近くのコンビニだった。それ以外は部屋に閉じこもりがちで、協力員とも会話が途絶えがちになった。食事をすると吐き気がすることも多く、不安定のため学校の担任と連絡を取り定期的に関わってもらうことにした。

平成27年　加奈子がようやく医療とつながる
3月　加奈子からCSWに連絡

加奈子から突然「家にいるのがつらい」と電話があった。差し迫った声に危機感を感じた。父親に連絡をしたがつながらず、児童相談所の福祉司に電話をし「小児医療センターとつないでくれないか」と依頼し、翌日受診できることになった。隣の森田さんに相談し、一晩加奈子を泊めてもらうことにした。

夜遅く父親に事情を話し、受診同行を依頼するも「明日は大切な会議なので」とのこと。今まで加奈子が出したサインの中で一番切羽詰まったものであることを伝えたが、父親には届かなかった。CSWはがっかりした気持ちと自分の力のなさを感じた。

翌日、加奈子の小児医療センターの受診に同行した。担当医師から、兄からの暴力・支配からのPTSD（心的外傷後ストレス障害）と診断。抑うつ状態、心身症も疑われる。今では兄だけでなく、父親とも同じ屋根の下にいることに不安があり、環境を変えた方がよいと言われた。

医師を通じて児童相談所に相談するが、一時保護は難しいとのこと。その場で父にも連絡したがつながらず母親に連絡。母親は驚いていたが「どうして受診する前に相談してくれなかったのか。現夫が医師なのでよい医師を紹介してもらえたのに」など長々と話した。CSWは怒りさえ感じたが、平常心を保ちつつ批判的な態度にならないように話を進めた。結果として、当面は母親が加奈子を預かることになり、1週間後の受診には母親も同行するように依頼した。電話を終えると医師は「よく頑張って調整してくれました。なかなかよい方法がないけれど、子どもの人権がかかっているのだから、お互い頑張りましょう」と言われた。CSWは先ほどまでイライラしていた自分を恥ずかしく思った。

夕方、加奈子を隣県の母親のところに送って行った。荷物を半分持つと、加奈子は最近見せなかった笑顔を見せてくれた。母親からは、近々修一を引き取る予定なので、しばらくしたら加奈子が自宅に帰るための調整をするよう依頼された。

その後、修一は母親の近くに引っ越し、加奈子は落ち着きを取り戻し始めてい

側注：
- 児童福祉司
- PTSD（心的外傷後ストレス障害）
- 抑うつ状態
- 心身症
- 一時保護
- 子どもの人権
- 地域

た。学校へは相談室登校だが通っていた。小児医療センターの受診は、父親と母親が交代しながら一緒に行くことに決めた。また、今後は協力員を週2回派遣して様子を見ることにした。

7月上旬　加奈子が体調不良のため訪問

　医師から「加奈子が通院予定だが体調悪く休みたいと電話があった」と連絡を受けたので自宅を訪問した。事情を聴くと朝から3回吐き、熱はないが頭痛薬を飲むとよくなったという。隣の森田さんに見守りを依頼し、父親と医師に連絡を取った。

　夕方、児童相談所の福祉司から電話がある。医師とも相談し、精神科病院に入院させた方がいいので、受診を勧めてもらえないかとのこと。「どうして急に」と疑問に思ったので、カンファレンスで検討したいと福祉司に話した。

7月中旬　カンファレンスを開催

出席者：医師、児童相談所福祉司、民生委員、主任児童委員、子ども支援課ワーカー、中学校担任、スクールソーシャルワーカー、CSW

　支援経過や子どもたちの状況、中長期的計画や危機への対応などについて協議した。結論として、加奈子を兄と分離させ、開放病棟がある精神科病院に入院とする。当面の支援としては、父親と母親に医師から連絡する。入院の支度は、加奈子が望んでいるCSWと協力員が行う。児童相談所は入院先の予約と受診に同行する。担任教員とスクールソーシャルワーカーは、退院後の受け入れ方法を医師から聞き、学校として対応を決めるなどの役割分担をした。また、民生委員と主任児童委員については、引き続き何かあれば連絡してほしいと児童相談所から要請された。

7月下旬　加奈子が入院

9月中旬　加奈子が退院

　少しやせたように見えたが穏やかな顔をしていた。今後は協力員、近所の森田さん、民生委員のいずれかが1日に1回様子を見に行くことで調整した。父との関係は、すぐに好転するものではないので、医師が父親を定期的に呼び対処方法を助言する。母親には医師から現夫（医師）に医学的見地からの対応を依頼する。

5．終結とアフターケア

　その後、加奈子は少しずつ学校へ足を向け高校進学を考えていた。父親は相変わらず「金のかからない学校にしろ、どうせ行けないかもしれないが」と言っていたが、翌年、県立の通信制高校の願書を取り寄せて無事合格した。高校入学後も3カ月支援を続けたが通院も徐々に落ち着き、近所のクリニックでカウンセリングを受けながら快方に向かっていった。現在高校2年生の加奈子は、保育士になる夢を持ち、自分で父親を説得している。最近「皆さんのおかげで、頑張っています」と社協へ笑顔のメールが送られてきた。協力員や関係者に加奈子の笑顔を届けた。

▶ 主訴などに対する支援の評価

　インテーク時の主訴は「子どもたちの夕食や学校の準備を手伝ってくれる人がほしい」という家

事支援であり、父子家庭を支えるフォーマルなサービスやインフォーマルなサポートを検討した結果、派遣時間や利用料金等から「住民参加型在宅福祉サービス」での家事支援とした。

　母親が欠けるとすぐに困るのは家事だと父親は考えていたようだ。衣食住が足りていれば人は生活できるが、実際には人間味のある温かな関わりの中で成長をしていくと実感した。また、母親の代わりはできないと協力員や地域の人は悩み、話し合いながら支援に取り組んだが、住民の支援には専門職のバックアップが不可欠であると感じられた。

▶ ソーシャルワーク実践を通して

①どこで福祉から医療につなげていくのか
　もう少し早く医療につなげられなかったかという反省も含め、医療関係者とは情報交換をするような支援を心がけることが大切と感じた。医師から「連携と一口で言うが、それぞれの職責を全うしなければ連携は考えられない」と言われ、CSWとしての守備範囲を明らかにし、すべきことを全うすることの大切さを感じている。
②子どもたちの悲しみや怒り、ストレスに添った支援をする
　子どもたちから出されるSOSをキャッチできる観察力と柔軟性、即応性が求められる。また子どもたち自らが生きていく力をつけていく支援（エンパワメント）を心がけた。
③父親に対する支援の必要性
　事例では父親の悪い点ばかり目立つが、実は父親自身が家族を守るためには収入を得ること、がんばる姿をみせることが一番と考えていたものと思われる。父親にも子育てに対する心のケアが必要だったのではないだろうか。
④地域と接点がない中で、地域に頼らざるを得ない現状と支え合いの仕組みづくり
　この家庭には、母親の近所づきあいがもとで支援してくれる人がおり、父子家庭になってインフォーマルなサポートを利用してさらに輪が広がった。しかし、サポートが入った途端に、今まで築いてきた近所の関係を分断するようなことなく支援していくために、たびたびカンファレンスを開きみんなで知恵を出し合った。近所づきあいの大切さが災害などがあるたびに報じられるが、実際にはいざという時に支援し合えるような日ごろからの地域の関係づくりが必要なことを学んだ。

▶ 演習のポイント

1．CSWは何回もカンファレンスを開いて対応しているが、インフォーマルサポートを柱にした支援を実施する場合、コーディネートするCSWが留意すべきことを考えてみよう。
2．福祉と医療の連携と一口に言うが、連携をする上での留意点は何があるのか、また、どうしたら効果ある連携が築けるか考えてみよう。
3．ひとり親世帯に対する公的なサービスは少ないが、どのような施策や制度があればよいのだろうか。また、地域住民同士の支援体制にはどのようなものが望ましいか考えてみよう。

地域生活を送る上で様々な生活課題がある家族への支援——日常生活自立支援事業を利用して

●ソーシャルワーカーの所属機関：社会福祉協議会

キーワード

権利擁護、ネットワーク構築、自己決定、契約

▶ 事例の概要

社会福祉協議会で実施されている日常生活自立支援事業を活用しての地域実践。世帯内に複数の生活課題を抱えるクライエントがいる中で、本人の自己決定をもとに、様々な社会資源を導入しながら自立支援を行った。

▶ 事例の経過

大切な用語

民生・児童委員
福祉事務所

1. 相談に至る経過

9月1日、地域の民生委員より担当地域にある公営団地に住んでいる山口ハツさんのことで、X市福祉事務所の高齢者福祉課に相談が寄せられた。民生委員によると、同じ階の住民より、ゴミが捨てられずベランダに放置されて悪臭がひどい、またセールスマンとみられる会社員風の男性が頻回に訪問しているなどの情報が寄せられている。以前も電気料金の滞納で電気が止められた経緯があり、その際に訪問したところ「私は別に困っていない」と訪問を拒否されたことがある。「市役所にも関わってもらえないだろうか」と依頼されたため、高齢者福祉課のソーシャルワーカー（以下、高齢担当ワーカー）が訪問した。

本人は次男との二人暮らしで、認知症のためか日常生活上での様々な支障があるようである。自宅には公共料金の督促状がいくつか来ている他、通信販売と思われるものの請求書もあり、「通帳と印鑑をどこにしまったか思い出せない」と言う。また知人が金を無心に来ることもあるという。

社会福祉協議会
日常生活自立支援事業
居宅介護支援事業所
訪問介護

高齢担当ワーカーは介護保険も未申請なこと、日常の金銭管理が必要なことなどから、今後支援が必要なこともあると判断し社会福祉協議会（以下、社協）へ日常生活自立支援事業による支援を依頼した。

次に、高齢担当ワーカーが介護保険制度申請手続きを行ったところ「要介護1」となり、居宅介護支援事業所のケアマネジャーが担当となった。さっそく週2回の訪問介護を利用し、掃除と食事づくりなどの生活援助を行うことになった。

福祉活動専門員

訪問介護が軌道にのってきたところで、ケアマネジャーから本人に対して日常生活自立支援事業の利用が提案された。本人は「お金のことでは別に困っていません」との返事だったが、担当職員の説明だけでも聞いてみてはどうかという誘いに、しぶしぶではあるが承諾され、社協の福祉活動専門員（以下、ワーカー）が訪問することになった。

2．インテーク（初回面接）

　9月20日、ワーカーは居宅介護支援事業所のケアマネジャーと訪問した。自宅には本人が居間に座っており、次男は奥の部屋にいるようだが姿は見えない。ワーカーはケアマネジャーとともに部屋に入った。

・面接の様子

ワーカー：はじめまして、山口さん。さきほどケアマネジャーの○○さんから紹介されました◇◇です。ケアマネジャーのお話ですと、山口さんは公共料金などの支払いや日常生活に必要なお金の引き出しなどのことでお困りだとお聞きしましたので、本日訪問させていただきました。私はX市社会福祉協議会で、日常生活自立支援事業というサービスを担当している◇◇といいます。実際にどんなお手伝いをしているのかをご説明させていただくために本日はお伺いしました。

本人：こんにちは。○○さんからも少し話は聞いています。でもね、私はお金のことでは別にそんなに困っていませんよ。

ケアマネジャー：でも山口さん、以前、通帳と印鑑の場所がわからなくて、ヘルパーさんと一緒に探していたじゃないですか。それにこの前は電気料金の支払いが遅れて、電気が止まりそうになったじゃないですか。そういったことがないように◇◇さんがこれからお手伝いしてくれるんですよ。

本人：そうですか。どうしましょうかね。

ワーカー：このお手伝いは他人様のお金のことなので、今日すぐに使いますというお返事はいただかなくてもいいのですよ。これから何度かお話をさせていただきに伺わせていただけたらと思います。山口さんができるところはご自分でしていただいて、できないところをお手伝いしたいと思います。どんなところで、私どもがお手伝いをしたら山口さんが安心して暮らせていけるのかを一緒に考えていきたいと思いますが、いかがでしょう。

本人：わかりました。

　初回訪問は毎回とても気を遣うことが多い。クライエントの生活課題などをケアマネジャーなどの関係者が把握していても、本人がこのように「私は別に困っていません」と拒否することもあるからだ。

3．アセスメント（事前評価）

・世帯構成

　世帯主：山口守（85歳）　特別養護老人ホームに入所。要介護5。

　妻（本人）：山口ハツ（77歳）　高校卒業後、県内の工場に勤務後、30歳で結婚。翌年に長男が出生するが、幼少時に病没。36歳時に次男の学を出生。結婚後は専業主婦。40歳代でうつ病を発症し、現在まで定期通院を続けている。7年前に軽い脳梗塞を発症。その頃より物忘れなどの症状が見られるようになる。

　次男：山口学（41歳）　高校卒業後は市内の自動車部品工場に勤務していたが、同僚との関係がうまくいかなくなり3年で退社。以後、アルバイトなどを時々や

る程度で、ここ数年は自宅にほとんど閉じこもっている状態。
・経済状況
　山口守とハツの老齢年金を合計すると、月額 200,000 円程度。
・住宅
　公営住宅（5 階建て）の 3 階に居住。2DK。1 室（4 畳半）に次男は閉じこもっている。

4．プランニング（支援計画の作成）

①ケアマネジャーと連携をとりながら、本人が安心して生活できるように、福祉サービスの利用援助などの相談と支援にあたっていく。
②日常的な金銭管理支援を行う。通帳と印鑑は社協で保管し、月 2 回ハツさん同行のもと金融機関に行き、生活費の払い戻しや公共料金の支払いなどを行う。
③知人の金銭搾取、訪問販売などの被害防止のための見守りネットワークを活用する。
④次男へのアプローチの必要も考えられるので、他機関と連携をとっていく。

5．インターベンション（支援の実施）

日常生活自立支援事業の契約と知人への対応
10 月 5 日　ワーカーが訪問
　9 月 20 日の初回訪問後、契約までにワーカーは 4 回の訪問を実施した。通帳が長い間未記帳のため銀行で記帳する。さらに、公共料金の滞納額などの確認、領収書の整理などを行う中で、本人はワーカーに信頼を感じ始めた。今まで本人に代わり金融機関で生活費などを払い戻してくれていたのは知人の鈴木さんだが、これまでに数万円の借金を本人からしていたことがわかった。
　本人は「鈴木さんは昔からの友だちで、足腰が痛くて銀行に行けない私に代わって生活費の払い戻しや支払いなどをやってくれていたんだよ。3 年前位だったかな、5 万円おろしてきてくれと頼むと、『今月は冠婚葬祭などが重なって生活費がちょっと足りない』とかで 1 万円貸してくれって。あたしも生活は厳しいけれど、昔からの付き合いじゃしょうがないからねえ」と話してくれた。
　ワーカーは鈴木さんが本人宅に来ていた時に、「これからはお金のお手伝いは社協で行います。ハツさんは鈴木さんのことを大切な友人だとおっしゃっています。これまで通り、見守りはしてあげてください」と鈴木さんをさりげなく牽制した。
　本人はワーカーを信用してくれるようになり、「あんたのところなら通帳を預けてもいいかな」とサービス利用に同意し、契約を締結することになった。

契約を締結

10 月 12 日　生活支援員によるサービスの開始
　生活支援員（日常生活自立支援事業を実際に地域で行う支援者）は社協の事務所から本人の通帳と印鑑を受け取り、本人宅を訪問した。手持ちの現金の残額、請求書やその他の書類の確認などを行い、本人と近くの銀行に同行する。払い戻し額は 1 日あたり 1,500 円を目安に 2 週間分としているが、なにか必要なものがあればその都度本人と話し合って決めている。本事業は金銭管理サービスではある

| 自己決定 | が、お金の使い方を管理したり、指導したりすることではない。本人の自己決定のもとに支援を行っていくことが大切であるといえる。

11月5日　ゴミ出しについてコミュニティソーシャルワーカーに相談

| コミュニティソーシャルワーカー（CSW） | 　ワーカーは支援が軌道にのってきたので、本人宅のゴミ出しについて同じ社協内のコミュニティソーシャルワーカー（以下、CSW）に相談した。
　CSWはX市の中学校区に一人ずつ配属された、地域をベースに様々な相談・支援活動を行う専門職である。市内の地域組織や社会資源とも連携を図り、地域の様々な問題解決にあたっている。
　ちょうど、同じ地域の小学校がボランティア推進校であり、団地内ですでに一人暮らしのお年寄りに対して、朝の登校時にゴミを受け取り集積場に出すという活動を行っており、本人についてもボランティアの支援をCSWが調整した。10日後、団地内に住む小学校5年生の3人が行ってくれることになった。子どもたちは週2回ゴミを本人から受け取り、最近は朝の挨拶以外にもいろいろな話をするようになり、本人も子どもたちとの交流が楽しみになっているようだ。

次男へのアプローチと民生委員との連携
11月10日　本人より連絡があり訪問

　次男は母親（本人）の応対が気に入らなかったようで、「息子が暴れて壁の一部を壊した」との連絡が入った。ワーカーは訪問し、次男と初めて会うことができた。
　次男は勤務先を退社後しばらく、夜眠れない、何もやる気が起きないといったことがあり、精神科の通院をしていたこと（現在は中断）、働く意欲はあるのだが、どうしたらいいのか情報がないことなどをワーカーに訴えた。ワーカーはハローワークや福祉事務所（障害福祉課）などの相談機関の情報提供を行い、また必要に応じて同行なども行うことを話した。
　ワーカーにとって次男は直接の支援の対象者ではないが、この世帯にとっては誰か一人を支援するだけでは事態は前進しないと判断し、この機会を次へのアプローチの機会としてとらえた。

11月25日　民生委員と協議

　この地区を担当する民生委員が所属するブロックの「民生・児童委員の地区連絡会」が開催されたので、ワーカーは出席した。本人の近況や支援経過を民生委員に報告し、見守りの継続の支援を依頼した。最近、別の棟でも高齢者の孤独死があったことから、団地の自治会が中心となって、週1回、団地の集会所を利用

| サロン活動 | したサロン活動が企画されていることが連絡会で伝えられた。民生委員や社協にも協力してほしいとの依頼があり、今後実現に向けて動いていくことになった。ワーカーとしては本人にも参加を呼びかけていくつもりだ。

12月2日　状況確認のため訪問

　ワーカーは生活支援員のサービス提供日に同行した。支援を開始してから3カ月が過ぎ、支援計画の確認を行うためだ。本人は「あんたらに来てもらって助か

ったよ」と支援の継続を希望している。次男も就労移行支援事業所に通いながら、就労のトレーニングを開始した。

▶ 主訴などに対する支援の評価

　社会福祉サービスの利用は本人と事業者との契約という形で行われる。クライエント本人が「困った」「助けて欲しい」いうSOSを発することもあるが、この日常生活自立支援事業の場合は大概、周囲の関係者（ケアマネジャー、ホームヘルパー、民生委員など）から相談が寄せられ、ワーカーが初回相談に臨むという場合が多い。日常生活での課題以上に、金銭管理という面は、本人もあまり他人には触れてもらいたくないというデリケートな側面を持っていることを理解して支援者は相談にあたる必要がある。同時に現在、クライエントがどのような状況におかれているのかをアセスメントし、「あなたのおかれている状況をこのように理解した」ということを丁寧に伝えること、一緒に解決に向かっての手だてを考えていくというスタンスを示していくことが大切なことであろう。

▶ ソーシャルワーク実践を通して

①クライエントの力に依拠した支援を行うこと
　本人は自分で金融機関に徒歩で行くことができるので、生活支援員は同行という方法での支援を行った。同行ができない場合は、代行や代理権といった方法での支援も可能であるが、自分のできることは自分で行うという、自立支援の理念に沿った支援を行うことが大切である。
②インフォーマルな資源の活用や小地域でのネットワークの形成
　近隣との交流もなく孤立した状態の中で、見守りの支援を行っていくための方策をどう考えていくのかは大切である。クライエントの問題はクライエント自身の解決だけではなく、地域社会の中でどう支援していくか、介護保険サービスなどの既存のサービスだけでなくインフォーマルな支援につないでいくことも考える必要があろう。事例で取り上げたようにボランティアを利用しての支援であるが、ボランティアはたんに「やってあげる－やってもらう」の一方的な関係ではなく、双方向の関係であることに十分配慮した支援を行うことが大切である。

▶ 演習のポイント

1．援助関係を構築していく際にワーカーとして留意すべき点について考えてみよう。「私は困っていません」というクライエントに対して、どのようにアプローチを試みていけばよいだろうか。
2．判断能力が低下した（契約能力のない）クライエントに対しては、福祉サービスでなく別の手段（たとえば成年後見制度など）が必要となってくるが、その際の判断基準について考えてみよう。
3．インフォーマルなサポートの持つメリットとデメリットを考えてみよう。

生活が困難になりつつある独居高齢者への支援

●ソーシャルワーカーの所属機関：居宅介護支援事業所

キーワード

多問題家族と経済問題、ネットワーク構築、介護保険制度

▶ 事例の概要

体調の悪化をはじめとして、生活全般が困難になりつつある独居の高齢者に対し、第一の希望である在宅生活を支えられるように関わり、自立・エンパワメント・環境調整を意識しながら、現在も平行線をたどってお互いを避けている本人と家族との関係調整を行っている。

▶ 事例の経過

大切な用語

1．相談・申請に至る経過

5月12日、A県B市福祉事務所の高齢者福祉担当ワーカーから、ある家庭についての介護保険申請と居宅介護支援の協力依頼の電話があり、ケアマネジャー（以下、ワーカー）は聴取した。

民生・児童委員

過去にも様子を心配していた民生委員から、幾度も介護保険申請の話が出たが「死んだ方がましだ。まだ、その必要はない」と本人は拒否している様子。遠慮がちな本人を時々訪宅している近所の住民に対し、「生活が大変になってきている」と話す場面が多くなってきた。

アウトリーチ

5月22日、介護保険申請についてワーカーが訪問。民生委員、B市保健センターの保健師と高齢者福祉担当ワーカーに同行を依頼し、本人と長男に対し、居宅介護支援の役割と業務について説明を行う。説明後に、本人と長男に現在の生活状況を確認し、要介護認定の必要性を話す。

介護保険の申請

介護保険の申請を行いたいと本人より話があり、長男も了承する。介護保険認定申請書の記載方法を説明し、相談終了後、ワーカーはB市に介護保険認定申請書の申請代行をした。

5月28日に介護認定調査が実施され、その結果、6月20日にB市より「要介護1」の認定結果が通知された。

居宅介護支援契約

6月28日、本人より居宅介護支援事業所に電話があり、ケアプラン作成の依頼を受けたので、ワーカーが担当することになった。

2．インテーク（初期面接）

7月1日 ケアプラン作成のために本人宅を訪問

信頼の熟成を目的に守秘義務の徹底を説明して理解を求め、一人暮らしで生活が大変になっていること、援助を希望していることを傾聴した。長年住んできた

ストレングス	家で生活し、贅沢をせず地道に生活してきたことをワーカーは言葉で伝えた。今後も自宅で生活を続ける意向を確認し、ワーカーは本人と一緒に目標を立て、具体化に向けて支援を始めることを確認した。また、経済・精神状態の安定を目指して自身が努力すること、ワーカーなど支援機関は、そのために援助することを約束をした。最後に、居宅介護支援契約と重要事項説明書について説明し締結した。
契約	

3. アセスメント（事前評価）

生活状況の把握
・居住地：A県B市、住居は借家（家賃月額60,000円）
・世帯状況
世帯主：鈴木勝治（75歳）　戦前の小学校高等科卒業後、会社員として工場に勤め、1日も休まず定年まで勤める。24歳の時に結婚。本人は兄弟なく、近い親族は全員死亡。
妻：7年前に病気で死亡。
・近親者について
長男：鈴木勝也（50歳）　妻の前夫との子、会社員で多忙なために朝早くから出勤し、帰りは深夜の帰宅が続いている。本人の自宅から少し離れているが月に1回程度、様子を見に自宅に出向いている。
長男の妻：鈴木ゆかり（50歳）　パートをしながら、自宅で主婦をしている。最近は体調の不調を訴えている様子。

　親族は長男のみだが、本人と長男は互いに遠慮がある様子。また、長男夫婦はアパートに暮らしていて、過去の仕事での連帯保証で多額の借金を抱えており、経済状況は厳しいようだ。
・本人と近所の関係
　もともと会話が少なく、生活は仕事一筋で、近所とは支障がない程度の関係だった。現在は会話の時間は多くなりつつある。本人の生活が少しずつ大変になっている様子を心配して、食事の差し入れや言葉かけを行っている。
　民生委員は「日に日に生活において大変な部分が増えている。自宅内は掃除が十分に行えず、食事も不定期に摂っている。入浴は風呂が故障している様子でシャワーを時々使っているようだが心配である。これから、もっと援助が必要」と関わりの中での問題点を話している。
・健康状態について

主治医	かかりつけ医（主治医）へ本人の健康状態の確認に行く。体重が減少し、腰痛・膝痛は徐々に悪化している。さらに物忘れも始まっており、在宅で生活する上では介護サービス利用が不可欠と意見を受ける。また、受診の間隔が開いていることを心配していた。続いて、病院の医療ソーシャルワーカー（MSW）を訪れ、2カ月以上受診がなく近日中の受診が必要であること、医療費の自己負担分の滞納があること、経済的困難を考慮し生活保護申請の検討が不可欠であるとの意見である。
医療ソーシャルワーカー（MSW）	

・主訴
①思うように体が動かない。身の回りが大変になりつつあるが自宅で暮らしたい。

②お金の心配がある。安心して医療機関にかかりたい。
③「人の世話になりたくない」と話しているが、本人は生活を維持するには、他人の援助が必要な状態になっていると認識している。

・生活課題

① 年金加入年数や標準報酬額により、老齢基礎・厚生年金収入は月12万円程度。介護保険料や後期高齢者医療制度の保険料の天引き（特別徴収）で手取りが少なく、医療機関の受診を控えている。特に今後、介護保険サービスの利用が始まり、利用料の負担増加を心配している。
② もの忘れが始まり、急に腹を立てたり急に優しくなるなど、感情の起伏が大きくなってきている。生活を営む面で支障が出ている。
③ 長男家族とは以前から疎遠で、本人はできるだけ関わりを持たないでいる。
④ 近所との関係に消極的な姿勢である。第三者の援助を希望する部分と他人には介入を望まない部分が交錯し、悩んでいる様子である。
⑤ シャワー浴が不定期で入浴できていない。掃除が何カ月もできないなど自宅内外が不衛生状態で、保健センターの保健師が訪問し指導中である。
⑥ 長時間の立位が困難で食事の支度もままならず、1日1回しか食事をとらない日があり、近所の差し入れを受けている。経済面でも物価の高騰を意識しているため、買い物も控えている様子。

4．プランニング（支援計画[ケアプラン]の作成）

支援計画および問題解決のための「優先順位」について家族を交え相談する。
① 自宅での生活維持を最優先に考え、買い物や食事準備、清掃として訪問介護を受けて、栄養の確保と衛生面の改善で生活環境を整える。支援を行う際は保健師や栄養士のアドバイスを受ける。
② 腰痛・膝痛で生活に支障をきたしているが、通院を控えている状況。また、思い出せないことが多く、少しずつ自宅での生活が困難になっている。本人への経済面の支援と財産管理の支援を進める。
③ 長男夫婦に対しては、本人との関係、今後の考え、身の回りの対応、長男夫婦の経済面の課題などについて、対処能力や問題意識の確認をしていく。

5．インターベンション（支援の実施）

家族に対して、主訴の解決を優先し、信頼関係を構築する

7月5日、ケアプラン原案を説明するために自宅を訪問する。ケアプランを提示するが、最終的にはワーカーの考えた長期・短期目標の支援計画、優先順位、目標達成に向けた役割を書面で確認する。

7月10日、本人が在宅であることを事前に確認して訪問を行う。B市の保健センター保健師と栄養士、および訪問介護で派遣予定のヘルパーと同行し、生活環境の改善を促す。

部屋は片づけが行き届かず雑然としている。畳がすり減り穴が開いている。浴室は、風呂釜の故障で浴槽にお湯を張れない状況で、トイレや廊下なども不衛生である。

本人の状態を確認し、清掃や買い物などについて訪問介護の利用確認を行う。

特に食事の支度については栄養士からアドバイスを受けながら栄養面に配慮し、本人も参加して調理を行うことを説明する。家庭の良質な生活環境へ配慮を試みる目的を丁寧に説明したが、本人はあまり積極的な様子でなかった。

7月15日、民生委員を訪問し、訪問介護を開始する方向に決定したことを報告した。今後、本人のさらなる課題が予測されるとの意見を受ける。今後も積極的にアプローチを行い、本人・長男夫婦に対し信頼が得られるように努力することにした。

また、今後の生活支援について、本人とともに生活設計を考え、ワーカーが中心となって働きかけることとし、民生委員がその実施状況を確認し、温かな見守りと家族からの働きだけでなく、地域の関わりや長男夫婦の役割など、地域や家族と「環境の相互作用」の必要性に対する計らいを依頼した。

本人のサービス提供拒否とワーカーのジレンマ

7月20日、今回のサービス実施については「在宅での生活維持」を目標に計画してきたが、サービスの実行状況の確認のために家庭訪問を行う。

ヘルパーに「気分が悪いから」と当日になって休止の連絡を行うことがあったが、実際には「思うようにいかない」という理由でキャンセルしていた。制度による計画の重要性を説明し、在宅での生活の維持・向上のために努力するよう話すと、「自分の生活は自分で決める」と腹を立てる。言動の意図を確認する目的で傾聴を行ったところ、他人が自宅に入る不安、今後の生活の変化への心配を話した。本人の心境を確認し、理解を示す態度をとることで不安が軽減し、本人の表情に柔らかさが出るようになる。

長男も同席していて、ワーカーの言動を理解した様子。「時間がかかるかもしれないが、本人にできる限りヘルパーを利用するように話をする」とのこと。ワーカーは長男を信頼し、今後も計画の通りに利用するように依頼する。内容に結論は出なかったが、最後に本人に今後も訪問することを約束した。

7月27日、ヘルパーから電話で「利用は予定通りになった」と報告を受ける。ヘルパーの利用時間に訪問を行い、提供の様子をうかがう。

本人は「自分は人の世話を受けている。よいことではない」と言うが、長所を聞くうちに、「やっぱり利用してよくなっている気がする」と話す。ヘルパーも「急な休みがなくなり、利用が安定してきている」と答える。自宅内の常時使用しているところも開始当時は不衛生状態であったが、保健師のアドバイスを受けながら徐々に改善されてきた。食事の支度は、体重減少傾向の本人に対して、主治医のアドバイスをもとに栄養士の指導を受け、栄養面を考慮した調理内容に変化してきている。買い物は指導内容を踏まえサービス提供されている。

経済状態改善への支援

8月1日　民生委員に同行を依頼して訪問を行う。経済状態の改善に向け、生活保護の申請について説明を行う。年金収入のみの生計が困難になりつつあるが、本人は「他人のお世話になりたくない」と繰り返し話していた。このままでは、自宅での生活維持が難しい現状が明らかであることを話し、民生委員からも「自宅での生活継続には、何らかの制度の援助が不可欠」と意見が出る。本人は「今

スティグマ

4　生活が困難になりつつある独居高齢者への支援

のままでもいい」と繰り返し、相談は平行線をたどる。

傾聴
受容

　8月2日、再度ワーカーが訪問。本人が語るこれまでの生活歴を傾聴し、限られた収入で慎ましく生活してきたことに「大変でしたね」と言葉をかけると、「わかった、お願いする」と了解を得る。ワーカーはB市の福祉事務所に行き、生活保護の申請について依頼を行う。

　8月3日、生活保護担当ワーカーより生活状況の確認および生活保護の受給要件の話し合いを行う旨の連絡が入る。本人の生活困難な状況から迅速な対応が必要と判断し、その直後連絡をした結果、B市の生活保護担当ワーカー、保健センターの担当保健師、民生委員、ワーカーによる即日の訪問を調整した。

　その日の午後に訪問する。生活状況や生活保護受給要件の説明があり、関係者から受給が必要との意見が出る。本人から保護の申請をしたい旨の申し出があり、必要書類の説明が行われた。

疎遠な関係の長男夫婦への関係調整

申請保護

　8月4日、本人が長男の同行で福祉事務所に行き、生活保護の申請を行う。8月6日、生活保護担当ワーカーによる訪問調査があり、8月18日に生活保護開始の決定通知が郵送された。

　唯一の近親者の長男夫妻と本人との関係は、互いに言葉も手も出さない関係が続き、本人も援助を長男夫婦に求めず、長男夫婦も関係に消極的である。本人の生活が大変な様子でも「自分たちは時間も経済状況にも余裕はない。自分のことで精一杯で父のことまで手が回らない。本人の思うように生活してもらいたい」と話している。

　関係疎遠の中、本人は長男の多額債務返済を心配している。多額の借金の返済で長男は朝早くから夜遅くまで働き、妻も勤めているが返済の対応で生活維持に困難を極めていた。長男夫婦は夜も眠れない様子で、特に妻は、精神的に弱っている様子である。

司法書士
多重債務

　8月10日、本人の様子を確認するために訪問を行う。その際に長男へ、多額の返済については司法書士の多重債務相談を勧め、妻には通院などの精神的サポートを受けることを勧めた。

　後日、長男は多重債務相談へ行き、債務整理の見通しとなる。長男の妻は、病院の精神科に受診して治療が開始され、医療サポートを受けることになる。

長男の付き添いで本人の通院を実施

　9月10日、一人での通院が困難な状態なので、長男の付き添いを電話で要請する。「仕事が忙しい」と言うが、体重が低下し、腰・膝の痛みで思うように動けず、現在通院も控えていることを説明する。会話の中で「債務相談が始まり、自分たちも生活がよくなる気がする」と長男は現在の心境を話し、付き添いも了解する。

　その日の午後、訪問して長男との通院の話を行う。最初は、「一人で病院に絶対行ける」と言っていたが、現在の状態を説明されると、長男の付き添いでの通院を了承した。

　9月11日、初めて長男の付き添いで主治医にかかり、本人が不安に感じてい

る物忘れについて専門医の診察を勧められる。主治医の診察ののちに整形外科で腰・膝の診察を受けて継続治療となった。

午後に自宅へ訪問すると、本人はとても安心した様子で、今後通院を継続することを本人・長男とも了解する。基本的に長男が付き添い、長男の多忙時には、必要によりヘルパーの付き添いで通院することを確認した。

6. 終結とアフターケア

支援当初は本人の多様な生活課題で、一時は在宅での生活が大変困難と近所や民生委員が危惧したが、現在は本人にも余裕ができてきている。また、長男や近所、関係機関やその他の関わりができつつある。

「誰でもいいから話がしたい。いや、よく考えると話しやすい人がいい」と本人が希望したので、B市社会福祉協議会のボランティアセンターに登録している「傾聴ボランティア」のグループに要請を行う。

また、本人の生活状況から財産管理が困難になりつつある。今後の財産管理について、長男が行うのかが課題となるが、成年後見制度の活用も必要になる状態にある。長男は司法書士との多重債務の整理が進み、生活全般に少しずつであるが余裕が出てきた。長男の妻は精神的な医療サポートの効果が出てきた。借入金返済の負担軽減が進み、言葉に張りが戻り、長男世帯の安心感が広がってきた。通院付き添いが継続されれば、本人の長男への信頼も向上し、長男のキーパーソンとしての信頼性も高まると予測される。

傾聴ボランティア

成年後見制度

▶ 主訴などに対する支援への評価

①生活環境改善について

訪問介護サービスにより少しずつ生活面が改善されている。掃除、食事の支度、買い物支援を受けているが、清掃では自宅内の衛生面が格段に向上している。食事の支度は、開始当初はヘルパーにすべて任せていたが、エンパワメントを心がけた結果、現在は本人も参加するようになった。食事も栄養士の指導を受け、栄養内容が改善し食事回数も増え、本人の活力が出てきた。また、買い物を依頼するなど、買いたい物への意欲も出てきた。残された課題は入浴であり、設備面の改善や介助の必要性など今後の検討が必要である。

②経済的困難に対して

以前から「人に頼れない」と思い続けてきた。支援に入り関係者の連携で生活保護の申請が行われ、結果、保護が開始されて最低限度の生活保障が受けられるようになった。

③健康状態について

本人・長男夫婦をはじめ、民生委員や保健師からも健康状態の情報を得て、主治医や医療ソーシャルワーカーと支援について連携を行った。生活環境・経済的困難・長男との関係改善で、医療受診が進んだ。物忘れに対する専門医の受診への支援が残された課題である。

④家族および地域との関係について

疎遠であった長男夫婦に対し経過の確認、長男夫婦の本人への考えの確認から始まる。人に触れられたくない部分が多いために言葉を選び対応した。専門家への相談を勧め、課題の改善に向かう。結果、長男夫婦に安心感・余裕が生まれ、本人との関係も改善への方向となる。生活環境、長男夫婦との関係、経済的困難の改善で本人にも安心感・余裕が生まれ、地域との関係、関係者への信頼

も向上した。支援開始から幾度の対応によりワーカーと本人の信頼関係が築けた。

▶ ソーシャルワーク実践を通して

①思いを大切にすること
　本人との信頼形成で受容と傾聴・共感の基本姿勢は重要である。関係を通して本人の言葉に傾聴し、本人のできる力を一緒に考えて引き出した。また、疎遠関係の長男へも傾聴を心がけ、一緒に問題点の整理を行い、長男の課題解決につなげた。

②生活環境の改善を心がける
　インテークの段階から保健師や栄養士、ヘルパーの協力をもとに生活改善に努め、栄養面を配慮した食事支度・自宅内の使用部分の清掃サービスの提供を受け、衛生面の向上が実現した。

③医療費・公共料金未納問題、経済的問題
　生活保護の開始により医療費や公共料金の未納問題の改善が始まった。身体面・精神面の安定が実現し、本人の生活全般は向上している。

④地域・関係者からの孤立を改善
　本人のADLの低下により、もともと少ない近隣の交流がほとんどなくなる寸前まできていた。困難な本人を見かねての食事の差し入れなどがつながりを維持していた。民生委員・保健師、そして関係が改善の方向となる長男夫婦の本人への訪問が増え、さらに生活環境の改善により本人の表情に明るさが戻ったため、近隣も訪宅しやすくなった。

▶ 演習のポイント

1．生活保護により経済的問題の解決を図ったが、その他にも経済的支援の施策がある。フォーマル、インフォーマルな支援策としては何があるかを考えてみよう。
2．介護保険サービスの訪問介護サービス以外に、近い将来、必要になると考えられるサービスはあるのか、あるとすればどのようなサービスであるかを考えてみよう。
3．成年後見制度の活用を今後の課題としたが、その他、本人の権利を擁護する方法としてどのようなものがあるかを考えてみよう。

第Ⅲ部　展開事例

引きこもり高齢者とその対応に苦慮する家族への支援

●ソーシャルワーカーの所属機関：地域包括支援センター

キーワード

セルフネグレクト、アドボカシー、エンパワメント、バイステック7原則、ラポール

▶ 事例の概要

夫の死後、自暴自棄に陥ってしまった妻が息子達と疎遠になり、自宅へ引きこもりセルフネグレクトになっていたケースである。地域住民や地域包括支援センター、他業種の人々が多面的に関わることで次第に心を開くようになった。その結果、通院や介護保険サービスを受け入れて、人間らしい生活を取り戻して行き、最終的に特別養護老人ホームへ入所となった後、家族関係が良好になっていった。

▶ 事例の経過

大切な用語

地域包括支援センター
福祉事務所

民生・児童委員

町内会

1. 相談に至る経過

4月20日、A市内にある公営住宅の住民から「1階の2号室から悪臭がし、ネズミも出てくる。そこには70歳代の女性が住んでいるはずだが、ここしばらく顔を見かけない。心配なので訪問して欲しい」と地域包括支援センター（以下、包括センター）に通報がある。時を同じくし、A市福祉事務所の高齢福祉課からも同様の連絡を受けたため、総合相談ケースとして受理し、包括センターのソーシャルワーカー（以下、ワーカー）が関わることとした。

公営住宅担当の民生委員へ確認すると、本人は5年前に夫を亡くし、それが原因で精神的に落ち込み、以来引きこもり状態が続いているとのことであった。隣町に住む長男が、仕事帰りの21時頃にスーパーで買った3食分の弁当等を届けている以外は、外部との交流は全くなく、民生委員の訪問にも全く応じないとのこと。民生委員は、部屋の電気が付くことで安否を確認していたようで、いずれは包括センターに相談しようと思っていたと話がある。

2. インテーク（初回面接）

ワーカーは民生委員や町内会長より更に詳しい情報を聞き、本人に会うべく電話をする。しかし、全く応答がなかったため訪問することとした。

4月22日初回訪問。声かけするも応答なし。名刺に「電話をください」とメモを残し、ドアポストに投函してくる。翌日も再び訪問するが昨日と同様。以後、その週は毎日訪問や電話をするが一切応答なし。そのため、長男に一度会うこととした。長男の連絡先は誰もわからなかったので、本人宅前で長男を待つこととした。

4月27日の21時頃、本人宅前で長男に会う。近隣住民よりの苦情相談受付の

5 引きこもり高齢者とその対応に苦慮する家族への支援

経緯を説明し、今後本人への支援を進めていくにあたり、家族の協力は必要不可欠であることを伝え、支援に協力してもらうことを了解してもらう。

その後、長男同席のもと、本人と面会することができた。本人は素っ気無い態度であったが、ワーカーが訪問していたことは把握していた。情報収集をしようと問いかけるも「もう2度と来るな」と言われたので、あまり刺激してはいけないと思い、その場は引き上げた。

本人はボロボロの服を身にまとい、髪や爪はかなり伸びていた。しかし、顔色は良く足取りもしっかりとしており元気そうであった。部屋の中は悪臭が凄く不衛生な環境で、いわゆるセルフネグレクト状態であった。

翌日の28日午後に訪問するも応答なし。祝日明けの30日にも訪問したが応答なし。そのため、再度長男に会い、本人についてのアセスメントをすることとした。

5月1日、長男宅を訪問。長男より本人の生活状況を伺う。

3. アセスメント（事前評価）

・家族関係

　木村八重さん（71歳）は亡夫との間に3男をもうける。同じ市内に住む長男（45歳：独身）は弁当やトイレットペーパー等の生活用品を毎日仕事帰りに届けている。長男は合鍵を所持しており、解錠しそのまま弁当等を置き、一声かけて帰るようである。隣町に住む次男（42歳：独身）は関わりを拒否し、他県に婿養子へ出た三男（38歳：既婚）は長男と連絡は取っているが、婿養子へ出た都合上あまり深く本人へ関わることができないでいる。長男がキーパーソンである。

・地域との関係性

　同じ公営住宅に住む主婦仲間が数名いたが、夫が亡くなった5年前から交流なし。あまり社交的な性格ではなく、町内会等への関わりは積極的ではなかったそうで、知り合いも少ないとのこと。引きこもりを心配している民生委員が5年前より訪問を続けている。また、住民からの苦情を得て住宅公社の職員が都度訪問している。町内会長や近隣住民は安否を心配している。

・経済状況

　遺族年金（年額120万円）を受給。年金等の金銭管理は全て長男がしており、預貯金は約50万円ある。通院はしておらず医療費が全くかからないため、家賃や生活費等を含めて年金の範囲内で生活は成り立っている。

・既往歴

　長男の話では、30年位前に精神科へ通院していたそうだが、詳しい病名はわからないとのこと。その他、内科的な疾患はなかったと話あり。

・現在の生活

　引きこもり状態で殆ど外出はしていない。生活のリズムも把握できていない。家の中はゴミで溢れ、悪臭を放っている。また、ネズミの糞が周囲に散乱しており、不衛生な住環境である。食事は3食全てが弁当かカップラーメンで、栄養の偏りが心配される。身なりも不潔であり、髪は腰まで伸びている。

・主訴と家族の思い

　本人との面接ができないため主訴は確認できず。そのため、長男に家族として

欄外：
- セルフネグレクト
- 婿養子
- キーパーソン
- 遺族年金
- 既往歴

の思いを確認する。
①父親の存命中は家族仲は良かったが、父親が亡くなってから別人のようになってしまった。
②長男は本人に同居しようと話をしているが拒否されている。
③周囲の方々に迷惑をかけているのは承知しているが、本人の生活がここまで荒れ果ててしまうと、どうしたらよいかわからない。
④自分も朝早くから夜遅くまで働いて頑張って生活している。その中で、長男としてできる範囲で母親の世話をしている。
⑤町内会長や民生委員、近隣住民、住宅公社に「ゴミやネズミを何とかしてほしい」と言われ、自分が全て対応しなければならない状況になっている。「もうどうしたらよいかわからない」と落胆している。

4．プランニング（支援計画の作成）

ラポール

初期段階としては、長男のフォローと本人とのラポール構築を目指す。
　①長男の思いを尊重し、様々な悩みや相談に対応する。
　②長男と連携し、本人へ包括センターの存在と役割を説明してもらう。
　③本人と面会できるようこまめに訪問を続ける。
　④民生委員や町内会長、近隣住民等の協力を得て安否確認や声かけを継続する。

5．インターベンション（支援の実施）

5月6日

　長男より電話がある。連休中は2日ほど休みが取れ、その間に訪問して本人へ包括センターの役割や業務を説明したとのこと。「なるべくわかりやすいように伝えた。しかし、本人は何かされると警戒している」と。また、本人の生活パターンは夜遅くに寝て、昼頃起きて食事をするということがわかった。そのため、訪問時間を午後2時頃に絞ることとした。

アドボカシー

　以上の件を、民生委員や町内会長等へ報告する。特に長男が人知れず母親を思い、同居を念頭に入れて一人で頑張っていることを代弁した。それにより長男に対する周囲の誤解は解け、周囲の人々が長男をフォローするようになった。

5月7日～31日

　5月7日、当初の予定通り、午後2時頃に訪問するも応答なし。刺激をしないよう呼び鈴やノッキング、呼名による声かけも2回までとしたが応答なし。そのため、名刺裏に本日訪問したことを残し、ドアポストに投函してきた。

　5月8日、前日と同じ時間、同じ対応で訪問するも応答なし。同じく名刺を投函してきた。以降、土日を除き平日の午後2時に毎日訪問するも応答なし。その旨、毎日長男の携帯電話に報告を入れる。それを受けて長男が本人に「包括センターの職員と会ってみたら」と勧めるも、やはり警戒心からか「会いたくない」と話があったとのこと。

　5月31日、初回訪問以来、土日を除く毎日同じ時間に訪問するが全く応答がなかった。長男も「もう無理ですね。私にはどうすることもできません」と話があり、本人への声かけを拒否してきた。長男の協力が得られなくなって以降も、

訪問を継続していくことにした。

6月14日
　この日もいつもと同じように訪問する。そうするとドア越しに「どちら様ですか？」と応答がある。包括センターの職員であることを伝えると「いつも来てくれる方ですか？」と聞かれたので「そうです」と返答する。「いつも心配してくれてありがとう」という労いの言葉をいただいた。続けて「こんな生活、自分でもなんとかしなきゃと思っているんだけどね……」と話がある。それを受けて、訪問している趣旨や今後の関わりのあり方を提案する。ドア越しではあったが、それはまさに、傾聴と共感、受容、個別化等、バイステックの原則を駆使した面接でもあった。
　「また明日以降も来ますから」と伝えて訪問を終える。エンパワメントが重要と感じた訪問であった。長男へその旨を報告し、再び協力してもらうこととなった。その際、長男より感謝の言葉をいただく。本人及び長男からの、思いもよらない言葉に救われる思いであった。

6月15日から6月27日まで
　この13日間もほぼ毎日訪問し、ドア越しで話を続けていきラポールの構築を図る。日に日に本人の声のトーンが穏やかになり、笑い声も聞かれるくらいにまでなっていった。一番驚いたのはワーカーの名前を呼ぶようになり、信頼を寄せるような言葉が聞かれたことであった。
　この期間の関わりを通して、どんな困難なケースでも、誠実に向き合い、そして社会福祉士の専門性を発揮すれば、自ずと道は開けるのだと感じた。

6月28日
　ついにドアを開けてくれる。4月に会った時よりも顔色不良で痩せこけていたため、通院の提案をするも病院嫌いを理由に拒否される。代替案として、明日保健師を同行させてバイタルチェックをしてもよいかと問うと「それならよい」と了解をいただく。4月後半の初対面時からは想像できないような本人の応対に、今後の支援への手応えを感じた。

6月29日
　包括センターの保健師と同行訪問する。検温と血圧測定、簡単な問診等を行うが拒否なく応じてくれる。風邪症状で若干の呼吸苦があるということであった。状態が良くないので医療機関受診を勧めると、「長男に相談してみる」と返答があったので、その場から長男の携帯電話に電話し、長男から通院の必要性を説明してもらう。

7月2日
　長男と近所の医院を受診。レントゲン検査の結果、肺炎ということで、市内の総合病院へ緊急入院となった。

（欄外）
バイステックの原則
エンパワメント

ラポール

保健師
バイタルチェック

7月4日

　状況確認のため入院先の病院へ行く。病室には長男がおり「精密検査の結果、不衛生な環境に長年いたことが原因で重度の細菌感染を引き起こしており、主治医から約2カ月の入院加療を伝えられた」と。本人は見舞ってくれたことに感謝しており、今後の支援の継続を懇願していた。

　その後、退院後の支援のあり方を病院の医療ソーシャルワーカー（以下、MSW）と話し合った。体力も低下し、認知症も疑われるので介護保険申請をすることになった。手続き等はMSWが中心となって行うことになる。

8月20日

　サービス担当者会議のため病院を訪れる。主治医より「元々、統合失調症を患っていたが、検査の結果アルツハイマー型認知症を確認した」と説明がある。要介護3の認定も出ており、退院後このまま不衛生な環境に戻ることは現実的ではないという意見が多数を占める。

　結果として、特別養護老人ホーム（以下、特養ホーム）への入所を目指すこととなった。本人も自宅に戻りたい気持はあるようだが、自分一人では生活していけないとの思いが強くなっており、特養入所に理解を示した。それを受けて、担当ケアマネジャーを選任し今後の支援を依頼する。包括センターとしては、長男と一緒に公営住宅の引き払いや特養ホーム入所申請についてそれぞれ担当した。

6. 終結とアフターケア

　8月21日、市内の特養ホームに入所申請をする。9月10日退院。その日のうちに特養ホームのショートステイ利用開始。10月1日に2回目の精密検査のため入院。その後、10月20日に退院し、そのままショートステイへ戻る。11月末に空床が出たということで、12月1日付で特養ホームに入所となる。なお、公営住宅の引き払いは長男の頑張りもあり9月末で完了した。

　このようにワーカーが誠実に本人や長男と向き合い、その専門性を駆使し支援を継続したことで、不衛生な環境を脱し、本人にとっては不本意かもしれなかったが特養ホームへの入所につながった。それにより人間としての尊厳が守られ、本人の特養ホームでの生活は豊かなものとなった。家族関係も回復の兆しが見え、長男に加え三男との関係も良好となり、後は次男からの連絡を待つのみとなった。

　特養ホームの長期入所であるため、アフターケアについては特養ホームの生活相談員へ引継ぐこととし、長男に対してもその旨を伝え了承を得た。

　経過をふり返り、長男から「包括センターの方々の熱心さや諦めない気持ちには頭が下がります。皆さんのおかげです。本当にありがとうございました」と感謝の言葉をもらい、こちらも長男の協力があったからこその結果であることを伝える。その後、生活相談員への引継ぎを行い、包括センターとしての業務を終えた。

▶ 主訴などに対する支援への評価

①本人と長男への関わりに対して

　ワーカーが、本人や長男に対し、個別化・受容・傾聴・共感し誠実に向き合った結果、ラポール

が構築され支援の展開が可能となった。また、アドボカシーやエンパワメントを行うことで、自立に向けての支援が可能となった。

②本人の人間性の回復

　包括センターのソーシャルワーカー（社会福祉士）が中心となり、長男や地域住民、民生委員等が関わり、見守っていったことで、本人の孤立感が緩和された。その結果、他者との関わりを受け入れることができ、医療や介護保険サービスへとつながっていった。また、不衛生な環境を改善することができた。

▶ ソーシャルワーク実践を通して

①面接技術の重要性

　ソーシャルワーカーは面接等においてバイステックの原則を活用し支援した。その結果、本人と信頼関係を構築することができ、以後の支援がスムーズに展開した。

②医療との連携

　医療機関で的確な診断と治療をしてもらうことで、人間として当たり前の生活が可能となった。以後も特養ホームの嘱託医や看護師等の見守りのもと、穏やかに生活を送っている。

▶ 演習のポイント

1．セルフネグレクト状態になった要因はどこにあるのかを考えてみよう。
2．支援を拒絶するクライエントに対し、どのように関わっていったらよいかを考えてみよう。
3．福祉ニーズを抱える高齢者を地域で支えるには、どうしたらよいかを考えてみよう。

高齢者 6 認知症高齢者を介護する家族が意図せず犯す家庭内の暴力に対処する支援

●ソーシャルワーカーの所属機関：地域包括支援センター（市町村直営）

キーワード

高齢者虐待、社会的排除、アウトリーチ、連携

▶ 事例の概要

閉じこもる息子の生活を支えてきた母に認知症の症状が顕著になった。息子は母の状況が理解できず生活困難を抱える。しかし、疎遠な兄弟に支援を求められないため、気持ちと裏腹に虐待が生じる。対応するソーシャルワーカーはアウトリーチの手法や危機介入理論をもとに、専門職が連携して家族のエンパワメントを導く支援を行う。家族は母の介護を行うことで過去のあつれきを修復し、社会との関係を取り戻す。

▶ 事例の経過

大切な用語

地域包括支援センター

民生・児童委員

アウトリーチ

1．相談に至る経過

7月15日、X市が直営で運営している地域包括支援センター（以下、包括センター）に、民生委員から「担当地域に住む田中キヨさんのことで相談したい」と連絡が入る。民生委員が訪問をすると、昨年までキヨさんが玄関に出てきたのに、今年は息子の四郎さんが「母は元気がなく買い物にも出ない。自分も体調が悪いので、生活が大変」と言っていた。市役所に相談したらと勧めたら、「来てくれたら相談したい」と話していたとのこと。

2．インテーク（初期面接）

7月17日、包括センターのソーシャルワーカー（以下、ワーカー）が民生委員と訪問した。チャイムを鳴らすと、ドアが開きチェーン越しに小柄の女性が「何か御用ですか」と低い声で話す。顔見知りの民生委員が「お体の具合はいかがですか」と聞くと、「どこも悪いところはない。お引き取りください」と声を荒らげてくる。「息子さんはいかがですか」と聞くと、「寝ている」とのこと。耳が遠いようなので、大きな声のやり取りに奥から、息子らしい声で「元気になったからもういい、帰ってくれ」と言う。ドアの隙間から包括センターのパンフレットを手渡した。今後、民生委員は見守りを継続して、ワーカーは次回の準備を整えることにした。

7月20日、包括センターに交番から電話が入る。「家がわからないおばあさんを保護した。名前は"タナカキヨ"と言っている。心当たりがないか」と問い合わせがある。状況からキヨさんらしいのでワーカーが交番へ行くと、キヨさんは買い物に出かけたらしく、財布を入れた袋を持っている。半袖の上腕に、紫色のあざのようなものが数カ所見られる。ワーカー2名で自宅まで送る。家では息子

の四郎さんが心配していたらしく、「ありがたい」と丁寧に礼を言う。ワーカーはお母さんのことで心配なことがあったら手伝いたいと申し出る。

了解を得て、居室で面接を開始する。キヨさんは「何だ、あんたの知り合いなの」と言いながら座り込み、財布のお札を数え始める。四郎さんはワーカーに背を向けて座り、キヨさんの変化を話し始める。「頼んだ物を買えない。そのくせ同じ物ばかり買ってくる。親の年金で暮らしているから文句も言えないけど、最近は訳のわからないことを言うので困っている」「先日は指を嚙まれた。まったく面倒みきれない」と話す。

身体的虐待

四郎さんは「以前、車関係の仕事をしていた。20年前に頭を打って入院したが、その後、視力も低下して仕事をやめた。医者は当てにならない。今も右足と右手に力が入らないから外に出られない。買い物は、すぐ上の兄が週1回来てくれるが、他の兄弟は全然当てにならない」と怒りを込めて語るが、自身の受診については全く取り合わない。キヨさんは「掃除は毎日やってます。困ったことはないですよ」というが、掃除を行った様子はない。会話の意図が伝わりにくく、耳元で大声を出さないと聞こえない。

手元に可愛い手提げ袋があるので聞くと、長女の京子さんが以前に送ってきた物で、キヨさんは買い物やおしゃれが好きだとの話が四郎さんよりある。

共感
介護保険料

ワーカーは四郎さんの努力と苦労に共感する。キヨさんは介護保険料を納めているので、介護保険サービスを利用する権利があり、そのための介護保険の申請を家族が代行できることを説明する。最近、キヨさんは受診したことがなく、医療保険は三男の三郎さんの扶養になっているため、申請に関しては三郎さんに問い合わせて、来宅時に説明することにした。

3. アセスメント

- 居住地：首都圏X市　55年前に建築の団地
- 世帯構成：

　　田中キヨ（87歳）　四男一女を育て、夫は12年前に死亡。
　　田中四郎（四男、58歳）　体調が悪く、無職。
　　その他の家族
　　田中三郎（三男、61歳）　関東のY県居住で妻と子どもがいる。昨年定年退職。
　　山田京子（長女、59歳）　中部地方のZ町に家族と暮らす。年に数回、キヨさんへ物を送ってくる。
　　長男・二男　疎遠なため詳細不明。

遺族年金

- 経済状況：遺族年金を受給。四郎さんは無収入。
- 医療保険：三郎さんの扶養。四郎さんは無保険。
- 住居：賃貸住宅5階に居住（階段利用）。
- 生活：キヨさんがゴミ出しや近所の買い物を行う。物忘れがあり十分に行えない。最近は、煮炊きを四郎さんが行う。
- 健康：キヨさんの上腕にあざが見られる。痛みなどの訴えはない。最近受診した様子がない。物忘れがあり、認知症の疑いがある。
- 近所との関係：キヨさんは挨拶を返すが、コミュニケーションは取れない。

〈主訴〉

①キヨさんと四郎さんは、2人で暮らし続けたい。
②困った時に相談したい。
〈生活課題〉
①キヨさんの現在の状態を、家族は理解できていない。
②キヨさんの受診には三郎さんの同意を要する。
③キヨさんは物忘れが進み家事を行えないが、四郎さんが支援している。
④四郎さんは体調悪化を訴えているが、医療不信で受診していない。

4. プランニング

・長期計画：キヨさんが安全に生活を継続する。
・短期計画：キヨさんの受診を促し、介護保険認定申請を支援する。

5. インターベンション（支援の実施）

介護保険サービスの利用に向けて
7月25日　介護保険認定申請書作成と受理

　三郎さんが来宅時に訪問。介護保険の認定申請の経過を説明し、三郎さんは申請書に記入した。

8月10日　キヨさんの受診

　三郎さんが同行して受診。内科医は血圧が少し高く、長谷川式簡易知能評価スケールで中度の認知症だが治療の必要なしと診断。主治医意見書を作成する。

8月20日　介護保険認定調査の実施

　認定調査員が訪問し、三郎さん同席で認定調査を実施する。キヨさんは何でも「はい、できますよ」と答える。三郎さんが答えられないと、四郎さんに確認しながら進める。三郎さんはキヨさんの状況を知って、調査を受けながら驚いている様子である。今後も書類などに関しては三郎さんが対応することを了解した。四郎さんも同意するが、「おれは収入がないから何も言えないよ」とつぶやく。その後キヨさんは「要介護2」と認定され、介護保険サービスを利用するために居宅介護支援事業所へ引き継ぐ。

9月10日　居宅介護支援事業所のケアマネジャーを紹介

　自宅を訪問。本人、四郎さん、三郎さんが在室。ワーカーは、今後の介護保険サービスのマネジメントを担当する居宅介護支援事業所のケアマネジャーを紹介する。ケアマネジャーから居宅介護支援事業所の事業内容について説明を行う。四郎さん、三郎さんとも説明内容に同意し、居宅介護支援契約を結ぶ。キヨさんの相談や支援についてはケアマネジャーが引き継ぎ、四郎さんについては包括センターのワーカーが継続すると伝えた。

9月10日　ケアマネジャーによる訪問。ワーカーも同行。

　キヨさんは訪問時にいつも服が同じである。四郎さんは「風呂に入れと言うんだけど入らない。半年くらい前からかな」とのこと。浴室は最近使った形跡がない。四郎さんは利用料の支払いが心配だというので、事前に説明して了解をしてから実施することで納得し、ケアプラン（居宅支援計画）の作成に同意する。

	〈ケアマネジャーによるアセスメント〉
①キヨさんは必要な買い物を一人で行えない。歩いて階段を昇降できる。
②着替えを行っていないので、入浴等の機会を提供する。
③キヨさんや四郎さんは介護サービスに慣れるまでに時間がかかると思われるが、包括センターのワーカーのことを受け入れた実績がある。
④キヨさんは日常品の買い物を自分で行い、四郎さんと暮らし続けたい。
〈ケアプランの方針〉
訪問介護	①訪問介護のヘルパー同行の支援で買い物を行う。また、居室内の掃除や調理も協働作業を試みる。
通所介護	②通所介護を利用し、血圧測定と介助で入浴する。
③生活環境を急激に変えることで支障が生じる可能性があるため、段階を踏んで進めることを三郎さんと四郎さんに説明し了解を得る。
④認知症の悪化防止と家族の認知症理解のため、専門医を受診する。
	介護保険サービスの利用開始（以下はケアマネジャーによる支援）
サービス担当者会議	9月15日　サービス担当者会議
ケアマネジャーはケアプラン（居宅支援計画）を作成し、担当する通所介護と訪問介護事業所のサービス責任者を招集して、家族も含めて自宅でサービス担当者会議を実施する。ワーカーも同席。
9月17日　訪問介護サービス開始
キヨさんはヘルパーと一緒に、買い物へ出かける。また、掃除や調理等の家事を協働で行う。
9月19日　通所介護での入浴を行う
認知症対応の通所介護を利用する。血圧等の体調管理を行いながら入浴を介助し、送迎は5階の玄関まで行う。入浴を拒否する時は無理をせず、再度促す。
10月20日　通所介護から帰宅すると表情が明るいと四郎さんから報告
認知症対応の通所介護を継続して表情が落ち着き、折り紙を好むことがわかる。童謡が始まると声を出し唱和する。入浴は毎回恥ずかしがり「遠慮しときます」と言うが、再度誘うと介助で入浴する。
	四郎さんによる身体的虐待（以下はケアマネジャーによる支援）
身体的虐待	11月19日　「四郎が財布を取った」と言う
四郎さんがキヨさんの認知症による症状を理解できず、怒りを爆発させた。ヘルパーの報告では、キヨさんの言葉に逆上して、手を出してしまったことを後悔していると言うが、特段の外傷はなくキヨさんも忘れている。
通所介護の入浴時に、上腕の周囲と両下肢の外側を中心に、紫色のあざが生じている。看護師の所見では血管が弱くなり生じることもあるが、どこかに強くあたることで生じた可能性もあると報告がある。ケアマネジャーは高齢者虐待の疑いがあるので包括センターのワーカーに報告した。
危機介入	11月20日　京子さんへキヨさんの状況を報告する
ケアマネジャーは緊急性があると判断し、四郎さんにキヨさんの体力低下を説明して、長女の京子さんと介護のことで相談する了解をとり、電話で京子さんに

報告する。京子さんは近日中にキヨさんを見舞う意向があることを確認する。

12月1日　四郎さんの気持ちの変化

キヨさんの失禁が続くようになる。キヨさんの体力低下に伴い、身体的虐待を防止するためにケアマネジャーはケアプランの変更を提案する。訪問介護の身体介護を拒んでいたキヨさんがヘルパーの介護を受けるようになり、四郎さんはキヨさんのため訪問介護の支援を増やすことに同意する。しかし他人が入ることに抵抗のある四郎さんが、その他のサービスの導入を拒否する。

12月10日　京子さんが来宅し専門医受診

京子さんが来宅して受診を行う。医師は身体的には異常はなく、高齢による体力低下と認知症・重度と診断する。京子さんはキヨさんを自宅へ一時的に引き取ることを主治医に相談すると、現在なら転居可能と医師は判断した。

長女の京子さんとの同居に向けて

12月13日　自宅で個別ケースの地域ケア会議を実施する

参加者はキヨさん、京子さん、四郎さんと、訪問介護事業所のサービス責任者、通所介護事業所のサービス責任者、居宅介護支援事業所のケアマネジャー、包括センターのワーカーである。

キヨさんの現状を共通に理解し、今後の支援について家族の意向とサービス担当者の意見を交換する。ケアマネジャーは、福祉用具などを利用しない状況で在宅生活を継続するのは、キヨさんと介護者の負担が大きいことを具体的に話した。訪問入浴などの他のサービスについて紹介するが、四郎さんはヘルパー以外のサービスが自宅へ入ることを強く拒否している。

12月21日　京子さんと家族・兄弟が話し合い

キヨさんの介護を行ってきた四郎さんの努力を認めて、今後は兄弟で協力する。5階の居住は困難が多いので、しばらくの間、京子さんの家で介護を行う決断をし、四郎さんも了解した。

12月22日　京子さん宅への一時転居の準備

ワーカーは一時転居先の京子さん居住地（Z町）の地域包括支援センターに電話で状況を確認し、近隣の居宅介護支援事業所の紹介を受ける。京子さんの意向で事業所を決定し、住所地を移さずX市に居宅変更届けを提出する。

12月24日　しばらく京子さんの元で介護を受けるために転居する

6．終結とアフターケア

その後もキヨさんは、京子さん家族と暮らしている。ワーカーが四郎さんに電話すると、「電話で話すと泣けちゃうよ」と言いながらも安堵の様子は隠せない。今後の四郎さんの生活に関しては、包括センターをはじめ、福祉事務所内の各部署と連携し、四郎さん本人の意向をもとに支援していく予定である。

▶ 主訴などに対する支援への評価

①在宅生活の継続について

疎遠であった家族が、介護を契機に兄弟の関係を修復し、協力してキヨさんの安定した在宅生活

を導き出した。

②四郎さんの生活

　その後、四郎さんは国民健康保険に加入し受診。特に異常はなく、福祉事務所内の各ソーシャルワーカーと相談しながら、他機関連携も視野に入れて自立した生活を模索する。

▶ ソーシャルワーク実践を通して

①アウトリーチの対応について

　社会的排除を受けやすい高齢者の在宅生活を支援するために有効な方法である。しかし、介入には人権侵害をもたらす可能性があることを認識しなくてはならない。

②家庭内の虐待について

　高齢者を取り巻く環境は徐々に力関係が変化する。虐待は相互に意識されずに進行し、見過ごされると大きな禍根を残す。ソーシャルワーカーはまず具体的事実を発見し、気付いた時点で適切な対応を行う必要がある。事例のような行為に関しては、力関係が微妙に変化していく過程で生じる現象であることをとらえ、そのような事態に至る変化のプロセスを把握する必要がある。

③高齢者の生活について

　日々の生活の中で、その方のできている部分を尊重して継続できるような支援が求められる。特に高齢者に対しては、それぞれ長年培った価値観を大切にすることから支援を開始する。失いつつある行動様式をどのように保持するか、利用者自身がもつ答えに耳を傾けることが大切である。

▶ 演習のポイント

1．事例では京子さん宅への一時転居となったが、そのまま自宅での在宅介護であった場合、今後どのような支援を行ったらよいか考えてみよう。
2．事例では今後の四郎さんへの支援を、地域包括支援センターを始めとするX市福祉事務所の各部署が担当としているが、経済的問題が進展した場合、第一にどこの機関が、どのように対応したらよいか考えてみよう。
3．事例の地域包括支援センターはX市の直営型であるが、直営型と委託型でのソーシャルワーカーの業務や役割の違いについて考えてみよう。

高齢者 7 高齢精神障害者への在宅復帰支援
── 母と娘ともに統合失調症を抱えて

●ソーシャルワーカーの所属機関：介護老人保健施設

キーワード

統合失調症、他職種協働、在宅復帰、チームアプローチ、地域ケア

▶ 事例の概要

　統合失調症により精神科に入院していた母と娘。先に娘（長女）が自宅へ退院し、ひとり暮らしを始めたことにより、一日も早く長女と一緒に生活したいと願う母親と、母親の退院と自分の体調に強い不安を感じながらも母親と一緒に暮らしたいと願う長女。お互いの「思い」に寄り添い、2人の願いを尊重しながら他職種協働・地域ケアによるサポートの充実を図り、生活の基盤を「自宅」とした支援である。

▶ 事例の経過

大切な用語

1．入所に至る経過

　9月29日、生活保護担当のソーシャルワーカー（以下、生保ワーカー）より「精神科に入院中である母親を、娘（長女）と2人で生活できるように体力をつけるため、リハビリのできる施設を探している」との電話相談を受けた。母親の入院先の精神科医療ソーシャルワーカーから「自宅に戻るにはリハビリと在宅に戻る準備が必要なため、認知症専門病棟のある介護老人保健施設がよい」とアドバイスされたとのことであった。相談を受けた支援相談員（以下、ワーカー）は母親の病状を聞き取り、施設への来所可能な日時を調整した。

精神科医療ソーシャルワーカー

介護老人保健施設

2．インテーク（初回面接）

10月10日　長女と生保ワーカーが来所

　これまでの経緯や生活歴、長女の病状や家庭環境などの話を傾聴する。1年半前までは統合失調症をともに持つ母娘2人で生活してきたが、2人同時期に精神科へ入院することになった。1年以上の入院生活を経て、長女が先月退院し自宅で生活しているが、母と長女の思いとしては「以前のように2人でまた生活したい」という主訴であった。

　統合失調症の長女に対しては開かれた質問を用いて、母親に対しての思いや不安、心配事などを、できる限り伝えてもらえるよう、話しやすい雰囲気作りを心がけながら傾聴した。介護老人保健施設は病院と自宅の「中間施設」としての役割があり、在宅復帰に向けてリハビリを行う施設であることを丁寧に説明した。

　長女は現在ひとりで暮らしているが、生活リズムや食生活も乱れているため長女のサポートも必要であり、長女自身も「母親と以前のように2人で仲良く生活をしたいが、不安もたくさんあるので、もう少し時間をかけて準備していきた

統合失調症
開かれた質問

い」との意向を確認することができた。母親は入院が長期化したことにより筋力低下や廃用症候群が進行しているため、体力の回復が必要であることに加え、アルツハイマー型認知症と統合失調症により、認知機能の低下と精神面でのサポートが必要な状況である。

3. アセスメント（事前評価）

生活状況の把握
・世帯構成

世帯主：山下久子（80歳）　要介護3。専業主婦として家事・育児をこなしてきたが、40歳時に交通事故に遭い頭部外傷（身体障害者手帳5級）。50歳頃より幻覚・妄想が見られるようになり精神科に約1年入院し統合失調症と診断。

70歳の頃より足腰の衰えもあり、訪問介護や短期入所生活介護などの介護保険サービスの利用でしばらく安定して過ごしていた。4年前に夫が他界してから生活保護を受給。78歳時から見当識障害・徘徊などが目立つようになり、現在は入院が長引き車イスでの生活。

娘（長女）：山下由美（45歳）　統合失調症により就労経験なく、結婚歴はなし。買い物や簡単な日常生活はできるが、訪問介護サービスも受けている。週に3回、病院のディケアに通っており、ディケアのない日は午後に起床することが多い。食事は訪問介護員が調理してくれた物や弁当・外食がほとんど。掃除や片付けもできないため訪問介護員に任せている。

息子（長男）：山下英樹（43歳）　結婚し他県に在住。普段は関わりなく協力的ではないが、連絡は取れ緊急時には駆けつけてくれるとの約束。

・住居：都営アパートの4階（エレベーターあり）
・経済状況：収入は老齢基礎年金のみ。生活保護受給中。

主訴
①母親にリハビリを行い、在宅生活に戻れるよう体力をつけてほしい
②長女としては自身の生活自体が落ち着いてから、母親を受け入れたい

アセスメント
①在宅生活を送るためにADLの改善がどこまでできるか
②退院して間もない長女の生活の安定と家庭環境の整備
③母親と生活したい気持ちがあるも、不安の残る長女に対しての精神的支援
④在宅復帰後のサポート体制の確立

4. プランニング（支援計画の作成）

長期目標：在宅生活に戻れるための体力をつけて、安定した生活が送れるよう在宅復帰支援をする。

短期目標
①精神的な意思・意欲に波があり、認知症による短期記憶の低下もあるため、本人の意欲を引き出しながらリハビリを実施する。
②精神的安定を図り、不穏行動や危険行動の減少に努める。
③施設内での他職種が協働してチームアプローチを行い、情報共有しながら介入することで多角的な視点を取り入れて問題解決をしていく。

| | ④ケアマネジャーを決めて、地域とのネットワークの構築をしながら在宅復帰できるか検討を行い、早い段階で情報の共有と具体的な支援を行う。
⑤関係機関とカンファレンスを行いながら、フォーマル・インフォーマルサービスを取り入れた社会資源の活用をし、地域の支援を受けることにより、不安なく在宅に戻れるよう提供するサービスの調整をする。|
|---|---|
| ケアマネジャー
ネットワークの構築
社会資源 | |

5. インターベンション（支援の実施）

10月24日　精神科病院より転院し施設入所

　長女と長男、生保ワーカーに付き添われ入所。ほとんど関わりのなかった長男に対してねぎらいの言葉をかけ、「在宅復帰にあたり今後は家族の協力が必要になるため、母親に対しての関わりをもう少し持って頂きたい」とお願いした。

11月1日　不穏行動や落ち着かない言動

　施設入所後一週間経つも、繰り返しの言葉や同じ訴えが何度も続き、車イスから立ち上がり転倒。介護拒否、食事・水分摂取の拒否など不穏行動が続く。本人との信頼関係を築けぬまま一週間が経ち、不安が強く対応困難となっていた。

　ワーカーは施設フロアーで、主治医、看護師、介護士、ワーカーによるミニ・カンファレンスを実施。対応に悩んでいた介護士は「認知症の対応には慣れているが統合失調症の方との関わりに戸惑いがある」と話してくれ、まずは本人の話をゆっくりと傾聴して、意にそぐわないことは行わないことにした。

カンファレンス

傾聴

ラポール
ケアプラン

11月15日　ラポールの確立

　本人の主張をできる限り尊重し望みを聞きながら対応することで、少しずつ心を開き始めてくれる。お互いのラポールが築き始めてきた頃より、自ら進んで食事・水分を摂るようになり、同時に不穏行動も減り、落ち着いた生活を送れるようになる。また、頻繁に面会に来る長女に、母親の状態を報告しながら、長女自身の生活の様子も伺い、不安な事などを話してもらうよう努めた。

11月23日　カンファレンス実施
出席：主治医、看護師、介護士、理学療法士、管理栄養士、ワーカー

アドボカシー

　ワーカーは各担当者に、2人の生活歴や社会的背景を伝え、情報の統一を図るために、これまでの経緯や本人と長女の想いを改めて説明した。

　そして現在の病状や日常生活の様子、リハビリの経過、栄養状態などが各担当者から報告される。食欲はあり体調は落ち着いているが、認知症と統合失調症により指示理解が乏しく、精神状態によりその日の状態が左右されることが多い。介護抵抗や不穏言動、短期記憶の低下、転倒による怪我のリスクが高いため注意が必要。

　入所後より献身的に面会に来る長女との信頼関係が深まり始めており、在宅復帰に対しての不安は多くあるが、少しずつ外出・外泊をしていき、在宅生活に慣れていくよう促すことで方針が一致した。

11月28日　自宅に訪問（外泊に向けての状況把握のため）

7　高齢精神障害者への在宅復帰支援

本人が自宅に外出。ワーカー、介護士、理学療法士が同行する。自宅環境の把握、生活動作の確認をして、住宅改修・福祉用具貸与、自宅退所に向けてのリハビリプログラムの変更、介助内容の変更などの検討を行った。

自宅での長女の生活環境の確認と、母親の帰宅時の動線やベッド位置の確認等、実際の環境を把握することで長女の話だけでは見えなかった課題を把握した。

12月10日～12月11日　自宅への外泊訓練

介護タクシーを手配して長女と生保ワーカーの同行で自宅へ向かう。ワーカーから長女には「夕食の食事や翌日の朝食をあらかじめ買い物し、心配なことがあればすぐに連絡をするように」と伝えて送り出した。

翌日外泊より戻ると「思ったよりも母親の体力がついて排泄動作もできていた」と長女は語り、本人は久しぶりに自宅で過ごせ喜んでいた。

12月29日～1月3日　年末年始の長期外泊

12月31日夜に施設の電話が鳴る。長女より「ご飯を詰まらせた」との報告。幸いすぐに取り除けた様子であったが、水分を摂らずに食事をたくさん食べているようで下痢も続いているとのこと。無理せず施設に戻るよう長女に伝えるも、「大丈夫です」とのことで外泊継続とする。

帰所後、長女に食べさせすぎていることや水分をたくさん摂るよう穏やかに説明し、次回は長男にも協力してもらうよう伝える。

1月7日　家族との調整（本人、長女、長男。生保ワーカー、保健師、ワーカー）

今後のことについて相談の機会を設けた。これまでの状況をもう一度説明し、在宅へ戻った際の不安要素はあるが、外泊ができたことの評価をしながら話す。その上で再度母親と長女の意向を確認したところ、「自宅に戻りたい」との希望であった。

長男・生保ワーカー・保健師は不安要素が強く、在宅復帰はできないとの思いが強かったのだが、2人の意思を尊重し地域での協力体制を整えることで在宅復帰できる可能性はあるとワーカーは説明した。まずは担当ケアマネジャーを決めるため、以前母親と関わりのあった地域包括支援センターに協力依頼することにした。

1月13日　担当ケアマネジャーと調整

長女、地域包括支援センターの社会福祉士（以下、包括ワーカー）、担当ケアマネジャー、ワーカーによる退所に向けてのカンファレンスを行う。

退所後の在宅サービスの希望を長女に聞くと、「栄養・医療面でのサポートをしてほしい」とのことであったが、同時に長女の体調や精神面をサポートできるサービスの調整を行うことにした。

3月2日　退所前のカンファレンス

出席：本人、長女、長男。ケアマネジャー、包括ワーカー、生保ワーカー、訪問介護事業所のサービス責任者、訪問看護ステーションの看護師、通所介護サー

訪問看護	ビスの生活相談員、福祉用具専門相談員、施設の看護師、介護士、理学療法士、ワーカー
	健康状態や服薬管理など含めて訪問看護を週1回とし、日々の食事は訪問介護員が長女と一緒に調理することにした。デイサービスは「行きたくない」と言い張っていた本人も、長女とワーカーからの説明に渋々納得した様子であったため、入浴も兼ねて認知症対応型デイサービスを週3回利用。朝の弱い長女のために、送迎ヘルパーを利用することで長女の体調面を考慮した。ベッドと車イス、褥瘡防止用マットレスをレンタル。そして、毎月7～10日間は当施設の短期入所療
短期入所療養介護	養介護を利用して、長女の介護負担軽減と本人のリハビリを定期的に行うことで、身体機能の維持と在宅生活の継続ができることを目的にした。在宅生活を支えていくチームが組まれ、チームアプローチにより多くの人たちが関わり情報共有することで、困った時には助け合い2人を支えていくと約束した。

6. 終結とアフターケア

　3月15日、周囲の不安が残る中、在宅介護サービスの事業所や派遣曜日等も決まり退所。18日の午後、ワーカーは理学療法士と退所後訪問に行き、福祉用具や生活状況の確認をした。長女は「皆さんのおかげで自宅に戻ることができて嬉しい」と笑顔で話してくれた。

　4月上旬、在宅復帰後初めての短期入所療養介護を利用。母親からは長女のことを心配する声が多く聞かれるが、顔色も良く穏やかな様子が見られた。長女からは「朝早く起きる日もあって大変だが、母親がいないことで生活リズムが乱れてしまうため一緒に暮らせて良かった」とのこと。在宅復帰後もワーカーは繋がり続けること、そして困った時には寄り添い、安心感を与えられる存在として相談に応じていきたい。

▶ 主訴などに対する支援への評価

①在宅生活が送れるまでのADLの改善について

　在宅生活を目標としたADLの改善をすることができた。主に理学療法士と共に情報共有しながら、身体機能の回復状況を随時長女に報告。実際のリハビリ訓練場面を長女に見ていただきながら介護指導も行い、母親の向上心を維持し精神面でのサポートができたことによりADL向上につながった。また、自宅に訪問して、在宅環境の整備や福祉用具を活用して安全な動作の確保を図った。

②長女の受け入れ体制について（心のケア）

　長女とは面会時やカンファレンスにより情報共有しながら信頼関係を築くことができた。そして他機関・事業所との横のつながりを確立しながら、ケアマネジャーや生保ワーカー、保健師などと何度も顔を合わせることで、一つずつ不安を解消しながら対応することにより、長女の不安の解消と在宅介護サービスの確保を行うことができた。

▶ ソーシャルワーク実践を通して

①「思い」を尊重したケア

　在宅介護の場面では介護者が主役となったサービスが提供されることがある。介護者が倒れてし

まっては困るので仕方のないことだが、本事例では母と娘（長女）が主役であることを念頭に置いて関わりを続けた。ただ長女と関わる際の距離感が難しく、気持ちを素直に表現されることが多いなか、ワーカーへの不信感もあった。しかし2人の「思い」を尊重しながら寄り添うことで信頼関係を築き支援することができた。

②ストレングスの活用

統合失調症の母と娘（長女）との理由だけで「在宅生活は困難ではないか」という固定概念をもっていた。それはできないことばかりに目を向けていたからであり、2人のストレングスに目を向けることで意欲を引き出し、自立した行動につなげることができた。

③他職種協働によるチームワークの重要性

医師や理学療法士、管理栄養士などの他職種がいることが介護老人保健施設の特徴であり強みである。専門職スタッフがそれぞれ関わることで、多方面からの視点で意見交換をしてサポートすることができる。それぞれが違った意見を伝えては利用者が混乱するばかりである。全員が情報共有し他職種協働することで、より効果的で円滑な支援を行うことができた。

▶ 演習のポイント

1．これまで関係の少なかった長男だが、今後長男は母と姉に対して、どのような協力ができるか考えてみよう。
2．今後、この母と娘が抱える可能性がある生活問題には、どのようなことがあるか考えてみよう。
3．各専門職がチームで利用者を支援していく際に、注意すべきことは何か考えてみよう。

障害者（身体） 8 地域で生活を希望する身体障害者への支援

●ソーシャルワーカーの所属機関：生活介護施設

キーワード

障害者にとっての自立、当事者主体、地域生活、エンパワメント、ネットワーク

▶ 事例の概要

　母親と2人暮らしをしていた身体に障害のある女性が、母親の急逝によって環境が大きく変わることを余儀なくされる。生活の場を失う危機に直面した障害者が、住み慣れた地域においてどのようにして希望する自立生活を実現することができるのか。そのためにソーシャルワーカーは何を大切にして、どのような視点・技法を用いるとよいのかを考える。

▶ 事例の経過

大切な用語

生活介護施設
自立生活訓練
グループホーム
重度訪問介護

1. 相談に至る経過

　石川智子さんは身体に障害があり母親の介助で生活し、毎日自宅から送迎バスで15分程のところにある生活介護施設に通所していた。今年になって将来に向けた自立生活訓練として、同じ地域にあるグループホーム（以下、ホーム）で体験入居（2カ月）を行っていた。体験入居を通じて「自分にとっての自立生活」について考えるようになり、母親の体も心配なため、今後は重度訪問介護を利用しながら生活していくことを考え始めたところであった。

　体験入居がもうすぐ終了という6月下旬、「母親が自宅で倒れ入院した」という連絡が妹から入った。本人はホームの職員と病院へ駆けつけたが間に合わなかった。医師の話では脳梗塞とのことだったが、その日ホームに戻った本人は悲しくて眠れなかった。

　翌朝、ホームから生活介護施設の生活相談員（以下、ワーカー）に母親のことが伝えられ、しばらく通所を休むことになった。ワーカーはすぐにホームへ行ったが、布団に横になり混乱して泣くばかりで、前夜から食事も摂っていないとのこと。ワーカーはホーム職員に様子を知らせてほしいと依頼した。

緊急一時保護

　次回の体験入居は翌年2月であり、ホームでは緊急一時保護の利用はできないため、早急に体験終了後の支援を検討する必要がある。本人の様子と今後について施設長へ報告したところ、施設長からは「施設全体として本人を支援していくこと。それには本人から信頼の厚いワーカーであるあなたが中心的に関わるのがよいだろう」という話があった。

相談支援事業所

　本人の状況は施設長から市の相談支援事業所のワーカーに伝えた。事業所のワーカーは緊急性を考慮し、翌月の体験入居利用者に利用月変更について話をしてくれた結果、快諾してもらえたので、本人は引き続き7月までの利用が可能と

なったが、同じ方法は何度も使えない。

母親の葬儀は急逝から3日後、妹夫妻が中心となり、本人が喪主で行われた。葬儀には市の障害者団体代表の小山さんらも参列してくれた。この団体は本人が15歳の時、市内で暮らす障害児を守ろうと親たちが設立したもので、本人も母親と共に設立当時から参加していた。しかし、25歳の時、会の活動への参加が億劫になり退会し、それ以来は団体と関わりがなかった。

ワーカーは葬儀の席で初めて妹に会った。妹は自分が姉の面倒をみられないことを何度もワーカーに詫び、「姉をよろしく頼みます」と涙ぐんだ。

2. アセスメント（事前評価）

[本人の障害状況と生活環境]

- 石川智子さんは手動車椅子を使用する38歳の女性。障害名は脳性麻痺（アテトーゼ型）による四肢体幹機能障害（身体障害者手帳1種1級）で障害支援区分は「6」である。言語障害はあるが、言葉でのコミュニケーションは問題ない。積極的ではないが、自分の考えや意見を言うことができる。
- 日常的には手すりや介助があれば、立位はとれるが歩行は困難で、日常生活場面（食事・入浴・排泄・衣服の着脱・移動・代筆など）では介助が必要である。これまで母親が一人で行っていた。「元気なうちはできるだけ娘の世話をしたい」「家に他人が入ってくることには抵抗感がある」というのが理由。その時点では、本人は月1回程度、週末に社会福祉協議会からの紹介のボランティアと外出を楽しんでおり、今後のヘルパー利用も問題ないと思われる。
- 月〜金曜日は生活介護施設に通所して陶芸に取り組み、通所してくる他利用者や施設の職員と話をすることが楽しみになっている。
- 金銭面は、財布からのお金の出し入れは介助を要するが、収支の管理はできる。
- 年金および手当は、障害基礎年金（1級）、特別障害者手当等である。

[今後予想される住居の問題]

- 賃貸住宅で母親と2人暮らしであった。家主は日頃から「母親が一緒に住めなくなるようなら、本人のみに家を貸すことは難しい」と言い、別の方法で住居を確保する必要がある。
- 父親は5年前に他界。妹（34歳）は結婚して夫の自営を手伝い、姑の介護をしている。妹の家に同居することは難しい。

3. プランニング（支援計画の作成）

今後のことを早急に決めなければいけない状況だが、本人は悲しみのあまり途方に暮れるばかりであった。そこで落ち着くのを見守り、ホームの職員と連絡を取り合いながら、何度も気持ちを聞く機会を作った。住まいについては「可能であれば今の家に住み続けたいが、難しければ部屋を探して一人暮らしがしたい」「遠くの障害者支援施設へは入りたくない。生活介護施設に通い続けたいし、住み慣れた町から離れたくない」と。本人の気持ちを尊重し、早急に地域での自立生活実現に向けた支援が必要と判断し、生活介護施設全体でサポートすることを伝えると「とても心強い。よろしくお願いします」とのこと。

「この地域で一人暮らしをしたい」との希望があること、支援計画作成依頼が

支援計画策定会議	あったことを施設長に報告し、翌日夕方、相談支援事業所の担当ワーカーに連絡をとり、緊急の個別支援計画策定会議を開催した。出席者は生活介護施設職員全員、相談支援事業所担当ワーカー、グループホーム職員。 　会議では以下の点を計画に入れることを確認した。 ①地域での自立生活実現のための支援をしていく。住居問題の解決とサービス利用申請手続きなど、生活環境の整備は7月中を目処に行う。 ②自分で判断・行動する能力を持っているので、その力を引き出すよう関わる。 ③本人自身が中心になってネットワーク作りができるように支援する。
ネットワークの構築	④必要な支援がスムーズに行えるよう、あらかじめ必要な情報はワーカーより関係機関に伝えておく。また、ネットワーク間で情報共有を行い、連携を図れるよう調整する。 ⑤母親を失ったことで身体面だけでなく、精神面のケアにも留意する。

4. インターベンション（支援の実施）

施設通所の再開―生活の場の確保と周りの激励

　会議後、短期個別支援計画を作成し、本人に内容を説明した上で了解を得た。
　母親の急逝から2週間が過ぎ、気持ちが少し落ち着いてきた様子だった。「施設のみんなに会いたい」と話があり、生活介護施設への通所を再開した。ホームの職員からも「まだつらそうだが、食欲も出てきたし、通所している方が表情もいいみたい」と報告があった。

ネットワークの中心に

社会資源	住居問題の解決とサービス利用申請手続きが急がれているため、相談支援事業所の担当ワーカーと外出ボランティアで関わりがある社会福祉協議会のワーカーに本人自身が連絡をして「困った時は手伝ってほしい」と伝えた。どちらからも「何かあったらいつでも相談に来て下さい」と言われ勇気づけられた。
フォーマルなサービスとインフォーマルなサポート	妹からは「あまり時間の余裕はないが、できることは何でもする」と言われ、逆に本人は「妹には負担をかけないよう、いろんな人に助けてもらいながら、自分の力でやろう」と決意したようだ。一人暮らしで必要な生活費について本人と計算したところ、家賃は5万円台に抑えたいとの結論になる。

サービスの利用申請に行く

障害者受給者証	重度訪問介護の申請手続きのためワーカーが同行。市役所の障害福祉課の相談窓口では受付職員がよく話を聞いてくれた。本人はとても緊張した様子だったが、「緊急性があると判断されるので早急に支給決定をします。近日中に新しい受給者証が発行されます」と言われると、ホッとした顔になった。

本人自身による一人暮らしについての情報収集

　すでに一人暮らしをしている友人の2人に実際の生活について聞くことにした。2人とも「始める前は不安が大きかったが、始めてみたら自分らしい生活ができ、贅沢はできないがやってみてよかった」との意見だった。
　一人暮らし2年目の友人は「全部自分で考えなければいけないが、困ったこ

とがあれば施設職員や相談支援事業所の担当者も相談にのってくれる」と話し、「大丈夫だよ。心配しないで」とも言ってくれた。同じアテトーゼ型の脳性麻痺を持っている友人から大丈夫と言われて嬉しかったとのこと。また一人暮らし歴4年になる友人は「部屋探しが大変だった。申し込みたいと話すと障害者ということで断られたり、バリアだらけで改修しても無理というところもあった」と話してくれたとのこと。

本腰を入れて部屋探しを始める

　重度訪問介護の利用により日常生活はできる見通しが立ったので、本人は妹に連絡をし、「家主へ一緒に会いに行ってほしい」と頼み、妹も了承した。家主からは、「一人だと危なくて、貸せない」と断られてしまった。そして取り壊しの話も出ていると聞かされた。本人は今の家での生活は諦め、部屋を探す決意をした。

　2人の友人が利用した不動産業者を教えてもらい連絡をとったところ、「探してみるので一度店に来てほしい」ということだった。

本人の積極的活動でヘルパーを利用する

　重度訪問介護事業所から「ヘルパーの派遣は可能」というので、事業所の担当者に翌日の夕方、ホームに来てもらうことになった。丁寧に話を聞いてくれる担当者に好感を持ち、本人はその場で利用契約をすることにした。

　ホームの体験入居中から週末にヘルパーを派遣してもらえることになったので、ヘルパーと部屋探しを始めた。ヘルパーと出かけるのは初めてで多少緊張はしたが、困ることはなかった。不動産業者には友人からあらかじめ電話しておいたが、なかなか見つからない。別の不動産業者にもあたってみると、障害者ということで紹介してもらえないことがあり憤りを感じた。体験入居の終了までに部屋を見つけることを目標にしていた本人は、だんだん焦ってイライラしたり、逆に「自分に住める部屋はもうないから、遠くても入所施設に申し込んでおくべきだった」と弱音を吐いた。

思いがけない協力者

　あと5日で体験入居が終わるという7月下旬、本人を訪ねて市の障害者団体の小山さんがやって来た。「古いが大家さんも了解済みのよい物件がある。今日なら一緒に行ってあげられるがどうか」と言ってくれた。本人は実は小山さんが苦手であったが、時間も限られているため、夕方一緒に部屋を見に行くことにした。

　本人からの依頼がありワーカーも同行。部屋に行くと家主らしき人が玄関で待っていてくれた。古いマンションで築30年は過ぎていると思われたが、家族で暮らした家に似た雰囲気があり「住みたい」と思った。どこに手すりをつけても構わないとの話だったので、玄関にはスロープと手すり、風呂場とトイレも手すりが必要であることを家主に話すと快諾してくれ、改修費用も出してくれるという。契約は3日後に決まった。家賃は5万3千円で月末までに銀行振込とのこと。

　小山さんは涙ぐみ「よかった、これでお母さんも安心だね」と繰り返した。母親はいつも「自分に何かあったら娘の相談にのってあげてほしい。自分のわがま

まで一人で面倒を見てきたが、そろそろヘルパーの利用も考えてなくてはいけない」と言っていたと小山さんから聞かされ、本人は泣いていた。ワーカーは生活介護施設とホームへ部屋が見つかったことを報告した。

翌日、通所した本人は仲間や職員に部屋が見つかったことを嬉しそうに話していた。

契約を済ませる

2日後、ワーカーと小山さんも同席し部屋の契約を済ませた。そのあと妹と一緒に自分や母親の荷物の整理と引っ越しの準備をした。久しぶりに姉妹で父母のことや昔の思い出話をして泣いたり笑ったりした。

7月末にホームでの体験が終了し、新しい部屋への引っ越しまでは2週間ほどあった。家主には「必ず誰か一緒にいるようにするので、2週間は家にいたい」と話し、了承をもらった。その間は、何人かの顔見知りのボランティアに泊まりに来てもらい、朝・夕はヘルパーが来てくれることになった。

引っ越しの日、家主に挨拶に行くと「本当ならずっと貸してあげたいと思っていたのだが、息子夫婦が反対していて申し訳ないことをしてしまった」と何度も謝っていた。意外な事情を知り本人は心から今までのお礼を言うことができた。

自己実現が叶った──あこがれの地域生活が始まる

社会福祉協議会のボランティアコーディネーター、ボランティア、小山さん、ワーカーの手伝いで8月中旬に新しい部屋に引っ越し、一人暮らしを始めた。母親のおかげで料理も含めてひと通りの家事を理解してはいたが、ヘルパーに対してもやってほしいことを依頼し、やり方を指示することは本人にとっては嬉しかった。

▶ 主訴などに対する支援の評価

本人は一人暮らしを楽しみ、もうすぐ5カ月になる。寂しい時もあるが、改めて親のありがたみを痛感し、また今回のことで周囲の人との関係も深くよいものになったと感じている。周囲のサポートの中、自分自身で考え、選択し、行動する経験は自信にもつながったようだ。

毎月年金と手当の中から、家賃、光熱費、施設への利用料、食費などを払うと、生活は必ずしも楽ではないが、自分の力で生活している充実感は大きい。すでに一人暮らしをしている2人の友人とは時々家で食事会を開くようになった。

担当ワーカーをはじめとして周囲の人にとっても、親の急逝という悲しい事実から発生したことではあったが、本人の持つ力を信じて、時には見守り、時には介入をする機会を得たことは、ワーカーとして貴重な体験であった。

▶ ソーシャルワーク実践を通して

障害者の場合、誰かに相談したいと思った時に「誰が中心になって支援を展開するのか」が課題になる。相談相手に、障害者が日頃利用している施設・団体・顔見知りのソーシャルワーカーなどが選ばれるケースが多いが、これは相談支援事業所の存在が十分ではないことと、個別性を大事に

する障害者福祉では、本人とソーシャルワーカー間の信頼関係が最重要視されてきたことから考えれば当然である。しかし、一人のワーカーがすべてを担うことは無理である。

この事例のように、ワーカーの所属機関で施設として取り組むことが確認され、上司や同僚の理解、自治体や地域の協力が得られるとは限らない。また、ワーカー自身の業務内容と当事者や家族のニーズにズレが生じる場合もありうる。そうなると、ワーカーはジレンマを抱えながら個別的に支援をする、もしくは中途半端な支援になってしまう危険性も高い。こうした問題を解消するためには、まずワーカー自身のネットワーク構築力・活用力が不可欠であろう。

ネットワーク構築という点では、今回エンパワメントとストレングスの視点を大切にし、本人自身がサポートされているネットワークを感じられるよう支援したつもりである。しかし、実際には本人はもとより、支援を展開する中ではワーカー自身もネットワークによってサポートされ、エンパワメントされていくのではないかと感じている。ソーシャルワーカーは日々の実践の中でこそ専門性を育める。そして専門性を支え、ソーシャルワーカーが拠り所とするものは「ソーシャルワーカーの倫理綱領」であることを常に忘れずにいたいと思っている。

▶ 演習のポイント

1. 身体障害だけでなく、他の障害（知的・精神）も重複していた場合は、どのような対応があったのか考えてみよう。
2. 今回は無事に一人暮らしができたが、7月中に部屋が見つからなかった場合は、どのような支援があるか考えてみよう。
3. 障害者が地域で生活するにはどのような社会資源が必要で、どこが（市区町村・都道府県・国）どの法律に基づいて行っているか。あなたの住んでいる地域を中心に整理してみよう。

第Ⅲ部　展開事例

障害者（重複） 9　軽度知的障害と中途視覚障害を重複する方への相談支援

●ソーシャルワーカーの所属機関：障害者相談支援事業所

キーワード

知的障害、視覚障害、糖尿病性網膜症、就労支援、権利擁護

▶事例の概要

　高齢の母親と暮らす女性で知的障害の疑いがある。糖尿病による網膜症を発症し、レーザー治療により視力の回復をみたが、視覚障害の再発の危険が伴う。高齢の母親との生活、親なきあと単身での生活は厳しいが、障害福祉サービスの活用やグループホームでの生活等を支援した。

▶事例の経過

大切な用語

民生・児童委員

1．相談に至る経過

　4月1日、X市福祉事務所の障害福祉課のソーシャルワーカー（以下、市のワーカー）のところに、民生委員から「母親と一緒に暮らす前田明美さんという女性が近所にいるが知的障害が疑われる。母親は高齢のため娘さんの将来が心配である」との電話相談があった。

　4月3日、市のワーカーは民生委員と一緒に前田さん親子の自宅に訪問した。中学校時代は特別支援学級に在籍し、卒業後は数年仕事をしたが、それからは家事手伝いをしてきたと。療育手帳もなく、これまで福祉サービスの利用もしてこなかったようだ。市のワーカーは、障害福祉サービスの説明をし、療育手帳の申請に必要な判定を知的障害者更生相談所に依頼した。

　市のワーカーは、前田さん親子には様々なニーズがあり、包括的に支援する必要があること。また、居住地がX市が委託している障害者相談支援事業所の担当エリアであることから、Y事業所に支援を依頼することにした。

2．インテーク（初期面接）

　4月5日、市のワーカーからY障害者相談支援事業所（以下、事業所）に、前田さんの計画相談に向けての支援を依頼された。市のワーカーからの情報提供は次の通りである。

知的障害

糖尿病性網膜症

①知的障害が疑われる49歳の女性で、82歳の母親と2人暮らし。40歳の時に糖尿病が発見され、現在、月2回通院し服薬治療をしている。2年前に糖尿病性網膜症を発症しており、レーザーの治療により視力は回復し、再発はないが、将来、視覚障害が悪化するかもしれないと母親は心配をしている。

②母親は高齢であり、親なきあとのことが心配なので就労等に結びつけた支援を検討して欲しい。なお、前田さんは自宅で単身生活することは難しい。

③視覚障害について眼科医に相談したところ、内科医から糖尿病は安定しているとの報告を受けており、眼底に異常なく視力低下もないので、今のところ身体障害者手帳を取得するには至っていない。

相談支援専門員

　4月17日、事業所の相談支援専門員（以下、ワーカー）は、市のワーカーと一緒に家庭訪問をした。市のワーカーより「これから各種相談を担当してもらうことになった」と紹介され、本人と母親の生活状況等を確認した。

　本人は平易な言葉での会話はでき、性格も穏やかである。糖尿病のコントロールも安定しており、隔週、総合病院の内科に受診。視力も安定しており、眼科への受診は3カ月に一度、通院は公共交通機関を利用して一人で行くことができる。現在は、家事手伝いをしており、毎朝夕、飼い犬と一緒に近所の散歩等をして運動をしている。主食は茶碗一杯と決めており、病識については本人自身が認識していることがわかった。さらに、ご飯を炊くことと簡単なおかずも数点だが自分で作ることができるとのことであった。

3. アセスメント（事前評価）

　前田明美さんは49歳で2人姉妹。姉は52歳で3人の子どもがおり隣町に住んでいる。月1回程度だが、母親の様子を見ながら遊びに来てくれる。姉妹は仲が良いとのこと。本人は父親は5年前に病気で他界している。

　本人は25年以上、家事手伝いや病院への通院のみの生活であり、社会性は著しく乏しいために、母親から「娘が家から出ての生活経験が少ないために混乱することも予想される」との心配事を聴くことができた。よって、環境の変化には徐々に慣らしていく必要があるものと思われる。

　母親の前田寿子さんは82歳と高齢であり、親なきあとの生活を考えた時に、明美さん一人での生活は厳しい状況にあると思われる。その理由として、糖尿病がありカロリーを計算してバランスのとれた食生活をすることは困難であり、単身での生活をした場合は糖尿病性網膜症の再発が予想されるからだ。

4. プランニング（支援計画の作成）

日中一時支援事業

①日中一時支援事業の目的でもある「日中において監護する者がいないため、一時的に見守り等の支援が必要な障害者等の日中における活動の場を確保し、障害者等の家族の就労支援及び障害者等を日常的に介護している家族の一時的な休息を図る」ことから支援する。

短期入所（ショートステイ）

②1泊2日の短期入所（ショートステイ）を利用するといったスモールステップで支援する。現時点では食事のコントロールがされ、糖尿病は上手くコントロールされており安定している。また、施設での食事は糖尿病食の対応も可能なので、本人にとって健康維持の面でも最良である。したがって、こうした機会を通して、本人の状況を配慮してゆっくりと丁寧な対応が望まれるものと思われる。本人自身は積極的とは言わないまでも、確認すると少しずつ「施設での生活を体験したい」と話している。

障害者支援施設

③家庭での生活が困難となることに備えて、高齢の親が病気等で入院した際には、市内の障害者支援施設の日中一時支援事業の利用や短期入所の利用を検討する。

就労継続支援B型事業所 グループホーム 権利擁護	また、就労継続支援B型事業所への通所を検討する。 ④親なきあとのことを考えると、居住支援はグループホームを利用する。併せて、経済的な支援及び権利擁護の制度についても検討する。 **5．インターベンション（支援の実施）** 　4月19日、ワーカーは当面の生活基盤を確実なものとするために、医療費補助や障害基礎年金受給などの申請手続きを始めた。また、一足先に手続きを進めていた療育手帳は5月には取得できる予定である。 　5月15日、まずは体験入所として、障害者支援施設の日中一時支援事業の利用と、1泊2日の短期入所の体験利用を行った。この体験利用では混乱することもなく、服薬の管理もでき、特に問題となることはなかった。 　7月1日、就労継続支援B型事業所（以下、B型事業所）と調整を図り、日中活動の場として市内のB型事業所へ通所するようになった。 　この事業所は自宅近くまで送迎バスが来てくれるため、毎日通うことができる。通院の時には市内の中心部に出るので、母親は本人の社会性を高めるために買い物を依頼することもあった。B型事業所への通所は混乱もみられずに、自分のもっている能力を最大限に生かすことができた。B型事業所では園芸班に所属して花づくりと土づくりをしているが、長年の母親との畑仕事が生かされているようだ。
体験入所	10月10日、ワーカーは本人と母親と話し合い、本人のグループホームへの入所を目指して、体験入所の申請を行うことが話された。 　グループホームは「指定共同生活援助及び外部サービス利用型指定共同生活援助を各々体験的に利用する場合、各々、連続30日以内かつ年間50日以内で利用することができる」となっているが、「各々、連続30日以内かつ年50日以内の算定が可能であるが、市町村においては、支給決定に際し、必要性等を十分に勘案して判断されたい」と規定されているので市のワーカーと調整をした。本人にとっては親なきあとの問題があるので、まずは体験入所の申請をしたところ承認された。同時にタイミングよくグループホームの空きがあった。 　12月1日、グループホームの体験入所を試みた。当面、週末に帰省する方法から始めて様子をみることにした。隔週の通院もグループホームから公共交通機関を使って病院に行くこともできた。本人は穏やかな人柄ということもあり、グループホームの入所者からも受け入れられ、少しずつだが生活に慣れて来ている。特に、混乱や不安もなく過ごすことができている。 **6．終結とアフターケア** 　短期入所等の体験入所を通して、順調に障害福祉サービスの利用もできている。また、B型事業所への通所も順調に過ごしている。また、親なきあとの課題も視野に入れたグループホームへの体験入所も順調にできた。

　その後、市のワーカーと前田さん親子の話し合う場を設けた。グループホームの正式入所について話したところ、本人も「グループホームで生活したい」との希望が出された。それを受け、2月1日より同グループホームへ正式入所することができた。今後の課題は、親なきあとの生活費や財産管理といった権利擁護に関する課題もあるが、ひとまず終結することができた。

▶ 主訴などに対する支援の評価

①生活基盤に対して
　障害者福祉サービスを受けるために療育手帳が交付され、医療費補助や障害基礎年金受給などにより、生活基盤を確実にすることができた。
②障害者福祉サービスの活用
　障害者支援施設の日中一時支援事業の利用や短期入所の利用、親なきあとの課題としてのグループホームの体験入所から正式入所することができた。

▶ ソーシャルワーク実践を通して

①福祉事務所のワーカーとの連絡調整の重要性
　本事例では市のワーカーからの依頼で前田さんへの支援がはじまった。支援に関する情報の共有化は不可欠である。連絡調整をする中で、前田さんの権利擁護のことを考え、代弁者としてのワーカーは、前田さんの近況等を市のワーカーに伝えていくことも大切な支援である。
②前田さんの生活に広がりが出てきた
　前田さんには本来持っている「力」がある。それを引き出す支援が相談支援専門員の腕前である。スモールステップによる段階を踏んだ支援の効果により、安心して新しい環境にも馴染んでいったものと思われる。障害者支援施設の日中一時支援事業の利用や短期入所の利用、親なきあとの課題としてのグループホームの体験入所から正式入所することができた。この経験は前田さんにとっても大きな成長になったものと思え、同時に生活にも広がりが出たと思われる。

▶ 演習のポイント

1．母親に対しては、今後どのような支援が必要かを考えてみよう。
2．グループホームでの食事療法には、どのような支援が必要かを考えてみよう。
3．親なきあとの支援には、どのような支援があるかを考えてみよう。

障害者（知的） 10 保護施設に入所している知的障害者への地域移行と就労移行支援

●ソーシャルワーカーの所属機関：多機能型就労支援事業所

キーワード

福祉的就労、就労移行支援事業、就労継続支援事業、企業就労（一般就労）

▶ 事例の概要

　救護施設に入所していた知的障害のある方への地域移行支援と就労移行支援。企業就労を目指し、暮らしの場を地域に移して、ヘルパーによる支援を受けながら生活し、就労継続支援事業所で体験実習に取り組んだ。その後、福祉的就労の場である就労移行支援事業所に移り、デイケアセンター（介護保険事業所）での調理補助実習を行っていたが、老人保健施設から正式に介護助手の求人があったため、トライアル雇用を活用して企業就労を果たした。

▶ 事例の経過

大切な用語

福祉事務所
救護施設

1．相談に至る経過

　平成26年9月10日、X市福祉事務所の障害福祉課より「働ける力を十分持っている知的障害をもつ人が救護施設に入所している。就労支援事業所からも近いので、企業就労できるよう支援してもらえないか」との相談が入った。事業所内で検討の上、とりあえず担当の生活支援員（以下、ワーカー）が入所先の救護施設に連絡をとり、一度訪問をして必要な情報を収集することにした。

2．インテーク（初回面接）

就労支援事業所

　9月13日、ワーカーが救護施設を訪問。最初に施設の生活指導員から情報収集する。本人にも面会し、就労への意思についての確認を行った。イメージがわかないようなので、就労支援事業所（施設）を実際に見学するよう促すと、本人は同意し改めて日程を調整することになった。

　9月20日、本人、障害福祉課ワーカー、生活保護課の担当ワーカー、救護施設の生活指導員が見学のため来所。事業所の概要についての説明をする。就労についてはやや楽観的ではあるが意欲的なため、とりあえず就労継続支援事業所で体験実習を行うことにした。

3．アセスメント（事前評価）

療育手帳
知的障害者更生相談所

プロフィール：石井麻美　女性　27歳　療育手帳所持
〔障害者更生相談所での判定結果〕田中ビネー検査　IQ51　障害程度B
（職能的判定）差し込み検査70(中)　差し替え検査68(中)　タッピング336(普上)

田中ビネー検査

（総合判定）知的障害（中度）

家族構成：父親（54歳）失踪中
　　　　　母親（53歳）本人と同じ救護施設に入所中
　　　　　妹　（25歳）転居して県外在住
　　　　　妹　（23歳）転居して県外在住

両親はともに知的障害があり、X市内の弁当屋で住込みで働いていた。本人も幼少時から発達が遅れていたようで、小学校、中学校は特別支援学級に通っており、中学校からは両親の仕事を手伝い卒業と同時に弁当屋に就職した。

5年前に母親が脳動脈瘤破裂にて入院。就労困難になって救護施設へ入所。翌年父親が失踪した。残された本人と妹たちは引き続き弁当屋で働いていたが、部屋にはストーブもなく、風呂は週1回、給料ももらえない等の劣悪な環境に耐えきれず、3人で相談して、雑誌で夜間クラブのホステスの子どもたちの保育をする住込みの仕事を見つけ、逃げ出すように隣県のY市へ移った。

しかし、きちんと働けずに子どもと一緒に寝てしまったり、退勤後は街に出て遊び回っていたようで、雇用主が本人の生活態度や環境等を心配し、母親が入居している救護施設に相談した。これを受けて転居先であるY市の福祉事務所と出身地のX市福祉事務所が協議した結果、これまでの経緯や実情を勘案して、出身地のX市が措置機関となることになり、母親と同じX市内の救護施設に入所（母親と同室）することになった。

出身地へ戻った後、本人には知的障害があるようなので、将来の障害福祉サービス利用のため知的障害者更生相談所の巡回相談を受けることになった。その後、知的障害との判定を受けている。

4．プランニング（支援計画の作成）

10月24日　就労継続支援事業所にて体験実習開始（通所）
週4回からスタートで時間帯は10:00～15:00。通勤は事業所の送迎バスを利用。実習中は珍味の袋詰めや計量作業に従事。終日立ち仕事で、食品を扱うため白衣・帽子を着用。実習中の様子としては、作業中、話始めると止まらないことがあり声かけを受けることもあったが、作業ペースはよく正確にできていた。意欲的に取り組んでおり、精神的にも落ち着いて参加した。

平成27年1月10日　体験実習終了後の方針について連絡会議を開催
出席：福祉事務所にて、生活保護担当ワーカー、障害福祉課担当ワーカー、救護施設生活指導員、ワーカー
1）実習結果をふまえて企業就労を目指す。
2）方針として、生活の場を救護施設から地域に移し、就労移行支援事業所に所属して企業就労を目指す。具体的には、2月中旬には救護施設を退所して住宅扶助の範囲内で下宿を確保する。就労移行支援事業所で受け入れ体制を整え、職場実習に取り組めるよう準備を進める。
3）居宅介護（ホームヘルプ）は家事援助中心で月30時間、1日2時間として週3回実施。移動支援は月15時間の支給で週1日実施とする。

2月17日　救護施設を退所して地域での暮らしが始まる

生保ワーカーの紹介で下宿（二食付き）を確保できた。身の回りの整理などの支援を行うため、ヘルパーの派遣を受けることになる。

就労移行支援事業所での職場実習については、事業所に依頼があったデイケアセンターの調理補助業務（昼食のみ）に4月から従事することになる。

金銭管理は、当面は就労継続支援事業所と契約を結んで委任することとし、将来は権利擁護を図るため成年後見制度（法定後見）の利用も検討する。

<!-- 権利擁護　成年後見制度 -->

3月10日　連絡会議を開催

出席者は本人及び1月10日開催のメンバー。

1) 事業所利用への本人の意向
   ① 職場実習を開始し、将来企業就労して自立した生活を送りたい。
   ② 家族との同居を希望しており、そのための生活技術を学びたい。

2) 総合的な支援の方針
   職場補助実習を開始し、就職に向けて作業技術の向上や生活面での技能を習得できるよう支援していく。

3) 具体的な支援計画
   ①「企業就労したい」というニーズについては、長期目標（2年）を「職場実習を継続し、企業就労を目指す」とし、短期目標（3カ月）を「作業の流れを覚え、簡単な調理業務を確実にできるようになる」と設定した。具体的な援助方法では、支援者が「見本の提示、説明と確認」により支援を行う。
   ②「生活面でできることを増やしたい」というニーズについては、「生活技術を身につける」「実習先等での対人関係を改善する」という2つの長期目標を設定した。短期目標では、身の回り品の整理、掃除、洗濯、入浴などのスキルの習得と習慣化、対人関係では、挨拶や場に応じた言葉遣いができるように、声かけや説明、見守り等により支援していく。いずれも訪問介護事業所のヘルパーと連携して進めていくことになった。

5．インターベンション（支援の実施）

4月1日　職場（調理補助）実習開始

多機能型就労支援事業所のなかの就労移行支援事業所に所属し、近隣のデイケアセンターで調理補助実習を開始。職員1名との補助的業務からスタートする。

調理補助実習では、炊飯の準備、食器洗浄、盛り付けなどを行い、一人で出できるところが増やせるよう支援を行う。当面一連の作業に慣れてもらうことからスタートするが、確実性に欠けるため常に確認を必要としていた。

また、就労移行支援事業所への所属意識を持つために、月に2回、事業所内の作業（清掃、珍味計量作業）に取り組んでもらうことにした。

6月1日　2カ月後の様子

生活面については清潔に対する意識が薄く、部屋の整理整頓ができないため、ヘルパーの訪問時に声かけと見守りを受けることが多い。入浴については習慣化されていなかったが、声がけをうけながらも丁寧にできるようになった。

対人関係に関しては、面識のある利用者や職員とのみ接し、きちんと挨拶はできているが、状況に応じた丁寧な言葉遣いができないことが多い。

職場実習では炊飯準備、おかず盛り付け、野菜茹で、野菜切りなどをやっていたが、加減が理解できず、確認が必要な状態が続いていた。

<u>収入申告</u>　実習手当（工賃）は平均25,000円であり、福祉事務所へ毎月収入申告をする。

10月1日　6カ月後の様子

実習先での野菜切りや茹で加減など、自分ができる工程については確実性が増してきている。下宿の自室の清掃は、改善はされてきてはいるが確認が必要である。挨拶や言葉遣いに関して、まだ乱暴な言葉遣いをすることがあるが、実習先ではきちんと受け答えができてきた。

10月9日　老人保健施設より求人依頼

市内の老人保健施設より介護助手を探しているとの連絡がある。本人は、救護施設で介護の手伝いをしたこともあるのでやってみたいとのことであった。

10月14日　採用面接

採用面接実施。面接者の質問には適切に応答ができた様子。時給は<u>最低賃金</u>以上の700円支給と言われた。また、ジョブコーチの支援を受けながら、<u>トライアル雇用制度</u>を使うことを確認する。その他、雇用保険加入（トライアル雇用終了後）、交通費支給、制服（白衣、エプロン）貸与、IDカードによるタイムカード使用等についての説明を受けた。雇用関係は1年毎の契約・更新となる。

<u>ハローワーク（職業安定所）</u>の担当者と打ち合わせを行い、障害者雇用に係る制度・助成をうけるために事前に求職票を提出することになる。

10月20日　トライアル雇用開始。

勤務初日から3日間は、<u>就労支援員</u>による化粧指導、通勤のための交通機関の確認を行うことになった。以降は<u>ジョブコーチ</u>が随時職場を訪問し、<u>職業指導</u>と見回りを行うことになる。

6. 終結とアフターケア

3カ月間のトライアル雇用を経て、前述の条件で正式雇用となった。就労先の老人保健施設とは随時連絡ができるよう体制を整え、就労を継続できるよう支援していくことになった。仕事上の問題については原則職場で対処することとし、生活面などの問題については引き続きバックアップ施設である就労移行支援事業所、訪問介護事業所が中心となって対応することになった。今後、生活面での支援が重要なポイントになるので、引き続きヘルパーを派遣して見守り続けることになる。

また、金銭管理は、本人の同意を得て成年後見人等選任の申立てを行うことになった。

▶ 主訴などに対する支援の評価

①企業就労したいというニーズについては、体験実習、就労移行支援事業の職場（調理補助）実習を経て、分野は全く異なるが介護・福祉分野での一般就労を果たすことができた。
②ヘルパー派遣を継続することにより、就労継続のために必要な生活面での支援を確保することができた。いつまで続けるのか、身の回りの自立に向けてどう対応すべきか今後の課題である。
③家族と同居したいというニーズについては、さらなる生活技術の習得が必要となろう。

▶ ソーシャルワーク実践を通して

　雇用主が知的障害者を雇用する時に重視するのは、難しい機械を操作できたり、特別な技能や知識があることではなく、「作業意欲がある」「身辺処理が一人でできる」「持続性がある」など、作業能力の高さだけではなく、生活習慣の確立が鍵を握っている。そのためにワーカーは、企業就労を目指すクライエントが次のことを身に付けるための支援を行う必要がある。
　①基本的生活習慣＝身辺処理の確立。
　②働くことに耐えることのできる体力づくりの必要性。
　③事業所内、家庭内で役割を持って活動すること。
　④他の従業員とコミュニケーションができるように、言葉で表現する機会を設けることのためには、幼いころから「就労」を意識した備えをしておく必要がある。家庭内でも「働く」練習をする機会はたくさんあるので、様々な場面で経験を積み重ねていくことができる。

　また、「働く力」は総合的なものなので、就労移行支援事業では職業支援や訓練を、ある決まった環境のなかで、特定の技能や知識を育てることとしてとらえるのではなく、「本物に近い働く場」で「できること・できないこと」を認識しながら、仕事と遊びの区別、他の人とのチームワーク、仕事の流れやリズム、忙しい時と忙しくない時のけじめ、良品と不良品の選別、作業を持続する力、安全に対する注意力など、現実に働くことを意識して行われる職業支援や訓練が必要である。

　さらに、就労支援の基本的な考え方として
　①「暮らし」全体に着目しながら、制度上の問題点があればその解決にあたる。
　②他の専門職との連携を図り、社会資源が利用できるよう調整する。
　③知的障害のある人たちの自己決定を尊重する。
　④現実に利用できない支援策は、論理的に正しくとも社会的支援としては無意味なので、現実的な解決を意識する。

▶ 演習のポイント

1．「働くことの意味」と知的障害者の就労支援の必要性について考えてみよう。
2．企業就労を目指す知的障害者への支援では、どのような点に配慮すればよいか考えてみよう。
3．知的障害者の就労支援と生活支援の繋がりについて考えてみよう。

知的障害者が自立した地域生活をめざすことへの支援

●ソーシャルワーカーの所属機関：特定相談支援事業所

キーワード

ひとり親家庭、生活介護、共同生活援助、特定相談支援事業所

▶ 事例の概要

　ひとり親家庭で、母の介護により生活が保障されていた知的障害者が、母の入院を機に家庭と離れた生活を送ることを決意する。障害支援区分が重度の判定が出ていても、地域で生活し、かつ本人が自分で自立をしていることを実感できるような地域生活支援を、特定相談支援事業所、生活介護事業所、共同生活援助事業所、福祉事務所が連携をとり行った。

▶ 事例の経過

大切な用語

特定相談支援事業所
相談支援専門員
生活介護事業所
サービス管理責任者
短期入所
サービス利用計画

個人情報開示承諾書

1. 相談に至る経過

　平成26年4月5日、特定相談支援事業所の相談支援専門員（以下、ワーカー）あてに、生活介護事業所のサービス管理責任者を通して、生活介護事業所（以下、事業所）に通所している知的障害者の、短期入所事業を利用するためのサービス利用計画の作成依頼がある。事業所を利用している中島翔さん（22歳）が短期入所事業の利用を希望しており、このための作成依頼である。

　3月中旬より、本人の介護者である母が脳内出血のため入院しており、その間の本人の介護と今後の生活を検討せざるを得ない状況とのこと。

2. インテーク（初回面接）

　4月10日、短期入所事業を利用することを主訴としたサービス利用計画を作成するため、本人宅を訪問し、本人と祖母に対して、事業所のサービス管理責任者が同席しワーカーが面接を実施する。

　最初にワーカーの自己紹介をし、今後情報を関係機関に開示する場合の説明を行い、個人情報開示承諾書に署名・押印をもらう。

　本人との面接終了後に、祖母とサービス管理責任者に本人の要望を代弁してもらうように依頼する。本人は二語文程度の言語は可能であるものの、生活歴等は生活介護事業所で面談をしている。

　家庭の状況は、母が不在であることから物が散乱しており、カップめん等のインスタント食品のごみがテーブルの上に食べたままの状態で置かれている。掃除がされていない状況にあることは、一目瞭然であった。

3. アセスメント（事前評価）

・本人
中島 翔さん（22歳）

・家族構成
母（52歳）、祖母（78歳）、兄（別居 27歳）

・生活歴
　3歳児健診において知的障害の疑いありと診断される。地域の特別支援学級を経て特別支援学校高等部に進学。医療機関で脳波検査を行い、てんかん波を確認する。発作は服薬調整により落ち着き、高等部卒業時にはほとんど抑止になる。高等部入学と同時期に父が病死。一家の生計を支えるため母が働き、本人の介護も母によるところが大きい。高等部時代は大きな不快音に敏感に反応し、暴れることが週に一度程度みられた。

　平成23年3月に特別支援学校を卒業。卒業後は母の希望から実習体験のある社会福祉法人の生活介護事業所に通所する。事業所では、本人の自己選択により、園芸活動と簡単な建築部材の組み立て作業を行う。高等部卒業後も母が一人で生計を支えていることから母の負担が大きい。高収入を得るために、早朝から出勤する職種を選択し、本人とはすれ違いになる勤務体制になる。母が不在の間は祖母が本人の養育を行っているが、高齢であり、本人は祖母の言動には暴力で抵抗しようとして、母不在時の家庭内では暴れることが多い。

・ADL
　生活全般において見守り程度。母の不在時には、インスタント食品程度であれば本人が作ることは可能。掃除・洗濯・食事作り全般は、単独では不可。

・病状
　てんかん発作は抑止しているが、抗てんかん薬の服用あり。高等部2年生以降はてんかん発作はなし。

・障害の程度
　療育手帳を取得。障害支援区分は区分4の判定。

・生活のしづらさ
　二語文までの発語は可能だが、言語は不明瞭。不明瞭さにより自分の意思を言語で伝えることは困難であると本人自身が思い込んでいる。日々の日常生活の内容は理解することができる。聴覚が敏感で、特定の利用者の声や工事現場などの音に反応し、不快感を粗暴な行動で代償しようとする。

・生活状況
　20歳時に障害基礎年金の受給の手続きは行っており、支給を受けている。事業所の生活支援員から以前、生活保護を受給してはどうかと提案しているが、母は生活保護には頼りたくないと固辞している。祖母は高齢で、膝関節痛などの痛みがあり、通院もしている。

　本人は母不在中に夜遅くまで起きていることで朝起きられず、事業所も休みがちになっている。一時的に利用した短期入所事業は、長期にわたっての利用は不可との回答を得ている。

　平成26年3月、母の入院により、その間の本人の介護だけではなく、今後の

生活を考える機会となる。遠方に住んでいる5歳年上の兄は、年に1回帰省する程度の関わりであり、母の入院に際しても本人の介護は不可との回答がある。

・生活課題

① 本人自身の問題として、就寝する時間が遅くなり、起床できないことから事業所を休むことが多い。生活リズムを整えていくことと並行して日中活動にも生きがいを持てるようになることが課題である。

② 本人は継続的に事業所に通所することを希望している。しかし、事業所において他の利用者との関わり方に問題が生じ、現状のままでは集団の中で孤立してしまう。社会で生活を営むためには、不快な音や他利用者の声と共存しながら、セルフコントロールしていくことも必要になる。

③ 母が入院中に、本人は祖母と2人きりで家庭で過ごすことは困難である。他のサービスを活用しながら、本人が地域で生活する選択をした場合には、利用につなげられる支援を行う。

④ 本人が描けているか否かは不明であるが、本人からグループホーム（共同生活援助）の名称が出ており、興味を持っている様子が見受けられる。

4．プランニング（支援計画の作成）

・利用者及びその家族の生活に対する意向（希望する生活）

本人：母の入院中であっても本人は事業所に通い作業をしたい。

母・祖母：母の入院中は、祖母と本人2人での生活は難しい。他のサービスを利用しながら、本人が事業所に通うことが望ましい。

・総合的な援助の方針

　他のサービス（居宅介護事業、短期入所事業）を利用しながら、本人がサービスを利用できるように支援し、将来的には自立できるような支援を考える。

　事業所では、本人が音に対して敏感に反応するため、他利用者との距離や活動に配慮が必要である。本人が我慢する力を引き出していきながら、母が不在の家庭において、生活リズムを整えたり、将来的には自立をし、グループホームでの生活も体験できるように支援する。

・短期目標

　母の入院中、祖母の介護負担の軽減を優先する。本人の希望ではないが、短期入所事業を利用する。母が退院後も職場復帰までの間は、日中一時支援事業、移動支援事業を利用して、母・祖母の負担軽減を図る。

・長期目標

　他のサービスを定期的に利用して、本人の自立につなげる。地域で生活するためには、本人自身が他利用者と関わりをもちながら、穏やかに生活することが望まれる。将来的には、グループホームの生活も選択肢の一つとしてすすめる。

・支援方法

① 母・祖母の介護負担軽減を図るため、本人は事業所に通所しながら、週3回、午後4時半から7時までを日中一時支援事業を利用して事業所で過ごす。この間は本人がリラックスできる空間で過ごす。週2回、移動支援事業も利用する。この事業では帰宅途中に日用品や食品を購入することで、買い物訓練を視野に入れる。

ラポール	②事業所内で穏やかに過ごすことを目指す。生活支援員やサービス管理責任者とラポールを構築しながら、暴力的になることで不快感を代償するのではなく、自らの気持ちをセルフコントロールできることを目指す。
サービス調整会議	以上の内容でサービス利用計画を作成し、サービス調整会議を開催する。 参加者は、本人、生活介護事業所・短期入所事業所・居宅介護事業所・福祉事務所・相談支援事業所の各ワーカー。本人の意向を確認し、支給量を含めて、各事業所がこの内容で支援が可能であるか否かの確認をする。

5. インターベンション（支援の実施）

平成26年5月　短期入所事業を利用

利用契約	短期入所を検討した結果、同一法人内の他事業所での短期入所事業と利用契約を締結する。利用する初日には、自分がどこに連れていかれるのかもわからず、不安そうな顔をしていたものの、サービス管理責任者が付き添うことで短期入所事業所に入ることができた。本人が自宅以外の新たな環境で宿泊することに母と祖母は不安に思っていたが、本人は緊張しながらも2週間の間、椎茸栽培班で原木を運んだり、ウォーキングをしたりと活動にも参加することができた。ただ、夜間はベッドに入ってもなかなか寝付けず、就寝が深夜であったり、偏食で食事がとれなかったりと生活リズムは整わなかった。短期入所先での利用者間のトラブルは、事前に事業所と情報共有ができ回避できた。広大な敷地での活動であったことが功を奏して、本人は不快な音を気にすることもなく過ごすことができた。この経験が、後には本人の自信につながると思われる。

平成26年6月　日中一時支援事業を利用

母が退院するが、左半身に麻痺が残り、10月までは自宅で静養となる。母・祖母の負担を軽減するため、週3回、本人は事業所で日中一時支援事業を午後7時まで利用。

日中一時支援事業では、他利用者が帰宅してから施設を利用できることから、事業所内で本人が好んでいる本をゆったりした空間で見ることができる。生活支援員もこの間に本人と一対一で話をし、本人が思っていることを絵や文字で引き出すことができるメリットがある。

平成26年7月　ボランティアを利用

市町村地域生活支援事業	週2回の移動支援事業（市町村地域生活支援事業）を利用する。居宅介護事業所とも利用契約を締結している。 ヘルパーとともに生活に必要な日用品を購入する。ヘルパー利用の回数を重ねると、母に渡されたメモ書きを見て品物を購入し、ヘルパーの力を借りて代金を支払うことができるようになる。
インフォーマルなサポート	週末は事業所でボランティアをしている男性と、余暇活動として公共施設のプールや近隣の公園に出かけたり、ボウリングに行ったりする。
ボランティア	ボランティアを利用することに母は最初躊躇していたが、日中活動で本人と慣れているボランティアであったため、安心して依頼することができた。休日は母

と自宅で過ごすことが多く、外出できないことがストレスとなっていたようで、ボランティアとの外出により平日に他利用者に対して不快感を示すことが少なくなった。

モニタリング
受給者証

平成26年10月　モニタリング
　サービスを利用後6カ月が経過し、障害福祉サービスの受給者証に記載されているモニタリングの時期を迎える。本人、家族だけではなく、本人が利用している各機関のワーカーからサービス利用時からの様子をうかがい、以下のとおりモニタリング報告書にまとめる。
①この時期に事業所の社会福祉法人で、新規にグループホームを開所することとなり説明会が開催される。法人では5つ目のグループホームとなり、バックアップ体制も整っている。グループホームの場所は、日中活動を行っている事業所から歩いて10分の場所にある。4名の定員を広く法人内事業所利用者から募集している。この情報は事業所から各家庭に流れている。
②母は、本人が慣れない環境で生活すること、本人が自宅から離れて生活することは困難と考えている。
③服薬のため1カ月に一度は医療機関に通院する必要があり、母はこの通院がグループホームでも可能かどうかも心配であるとのこと。
④母が入院してから5カ月間の本人は、事業所でも変化が見られている。以前は、他利用者の声に反応していらだつ様子が日常的に見られていたが、現在は特定の利用者の声に反応し、いらだつことが軽減している。
⑤家庭での生活リズムが整い就寝時刻が早くなったことで、起床時刻も早まり事業所へも休まず通所することができている。また、日中活動に意欲をもって取り組んでいる。

　母の入院以降の本人の変化を、改めてサービス管理責任者から報告がある。以前の生活が母と祖母だけにゆだねられていたことに対し、生活介護事業だけではなく、宿泊を兼ねた短期入所事業を利用することから始まり、他事業や様々な人と関わることで、本人自身の生活が豊かになっていること、そのことでストレスを感じているのではなく、「できること」が自信になっていることを改めて母に伝える機会をもつ。この5カ月を踏まえた上で、グループホームの入居を検討してみてはどうかとワーカーから提案した。

平成26年12月　グループホームを見学
　グループホームを実際に体験するために、本人と母で法人内の他グループホームを見学に行き、世話人からの説明を聞く。母は実際に生活している利用者の家族の話を聞き、少し安心した表情を見せる。
　グループホームのサービス管理責任者が同席し、実際の生活費用は、家賃・食材料費・光熱水費や日用品費などがあり、利用料の説明と居住地の市より家賃補助があることも聞く。これらの費用を合算しても、本人の障害基礎年金だけで入居することができる。また、母が心配していた服薬のため定期的に通院することも、世話人が行うことができることを聞き、母は安心する。

利用料

グループホームに入居することについてサービス管理責任者が本人に質問したところ、自ら「入りたい」との回答を得る。

平成27年3月　新たなサービス利用計画の作成

ワーカーによりモニタリングを実施。本人の意向であるグループホーム利用を含めた新たなサービス利用計画を作成する。サービス利用計画には、グループホームの支援を入れ、短期目標にグループホームの生活に慣れることを加える。

そこで、本人・母、グループホーム・生活介護事業所の両管理責任者、ワーカーでサービス調整会議を開催し、サービス利用計画に沿って内容の確認をする。

4月にグループホームが開所するにあたり、事業所が利用希望者と面談をした上で利用決定する。契約の面談では、グループホームのサービス管理責任者が絵や写真を駆使して、1日の生活の流れを本人に理解できるよう説明する。また、サービス管理責任者から、困った時やいやだと感じるような時には、言葉で伝えたり、文章で書いて「○○がいやだ」と伝えてほしいと本人にお願いする。

最終的な決断を行ったのは本人自身で、「グループホームで他の利用者と一緒にごはんを食べたり、泊まったりできますか？」の問いに「わからないけど、やる」とメモ書きに回答し、利用契約書にも自筆でサインをした。

平成27年4月　グループホームに入居

本人がグループホームへ入居し、日中活動は事業所に継続して通所する。グループホームからは徒歩で通うことができる。

新年度の開始にあたり、信頼関係ができていた生活支援員が異動になり、新しい職員との作業になる。本人にとっては日中活動でも、夜間過ごすことになるグループホームでも、新しい生活のスタートを切ることになった。

スタートして間もなく、特定の利用者の声に反応し、事業所内で大暴れの後、トイレの扉を破壊する。本人には「担当の生活支援員がかわっても、本人がつらいと感じていることは理解する努力をすることを約束する」と伝えたところ、本人は黙ってうなずいていた。

個別支援計画

平成27年5月　個別支援計画の面接を実施

グループホームでは個別支援計画の面接を本人・母同席の上、サービス管理責任者と世話人が行う。ワーカーも同席した。

「困っていることは何ですか？」の質問に対して、メモ帳に「ごはんがいやだ」「テレビがうるさい」と書く。グループホームの食事を残してはいけないことを他利用者から指摘されること、隣の部屋で深夜までテレビを見ている利用者がいることを意味していた。これに対してグループホームのサービス管理責任者が、他利用者との調整を行い「食事を残してもよいこと」「深夜までテレビを見ている利用者には、ヘッドフォンを利用してもらう旨の依頼をしてもらった。

グループホームでの個別支援計画の目標は、グループホームの生活に慣れること、グループホームでの本人の役割に関して確認する。

日中活動担当の生活支援員とグループホームの世話人には、連絡事項をやりとりするために連絡帳の取りかわしを行う。連絡帳では、本人が伝え忘れてしまうことが予測できる範囲の事務連絡をグループホームに持ち帰り、本人に今日あっ

たできごとで評価してほしい内容をクローズアップして記入している。

> 平成27年6月　新しい生活も順調
> 　生活支援員が主催する「余暇支援プログラム」にも本人自身が参加したいと思うようになり、休日に開催されるボウリング大会に参加する。大会では本人がいるグループホームだけではなく、他グループホームの利用者や就労している利用者とも会う機会をもつことができる。
> 　グループホームでは、自分の身辺自立とともに、食事の手伝い・掃除・ゴミ拾いなどが利用者の当番で行われている。本人は4月当初、当番制で行われることに反発し、やらなければならないことに対していらいらして怒ったり、物を投げて壊してしまったりしていた。他の利用者が本人に対して強い言動をとることが本人には不快であったことも、後に本人自ら世話人に伝えていた。このような経験を経て、日を重ねるごとに当番にも参加できる日が増えてきている。

▶ 主訴などに対する支援の評価

①生活リズムを整えて、生活介護事業所を利用する
　母の入院中には、短期入所事業・日中一時支援事業を利用し、生活リズムを整え、母が不在であっても生活をしていくことができるようになる。生活リズムが整えられたことで生活介護事業所にも休まず通うことができ、自信をもった生活ができた。
②地域の中で自立した生活を送ることができる
　日中の生活介護事業に加え、家庭から離れてグループホームの利用にもつながった。地域の中で本人が他利用者と共同生活をし、役割分担をこなすことができつつある。

▶ ソーシャルワーク実践を通して

①相談支援専門員（ワーカー）のキーパーソンとしての役割
　平成24年度から開始された「指定特定相談支援事業」によりサービスを利用される方に対して計画相談を作成することが必須となった。この制度により、都道府県の相談支援従事者研修を修了した相談支援専門員がサービス利用計画を作成し、本人を中心とした様々なサービス利用機関との調整・ケアマネジメントを図るようになる。いかに本人の意向を引き出し、サービスの調整を図るのかは、相談支援専門員の手にかかる部分が大きい。
②本人の自立に向けた支援
　ひとり親家庭が増えており、母の就労で収入を得て、障害者の介護も母が担う家庭では、母が入院するなどの事態に追い込まれると、即、障害者本人の生活すべてに多大な影響が及ぶ。今回のケースでは、この機会を本人が自立する絶好のチャンスととらえ、本人の経験を重ねながら対応した。身辺自立は支援者が見守る程度で可能だったが、意思を伝える手段や本来の「自立」に向けて必要なことをそれまでの生育歴の中では培うことができなかった。
③地域での生活の確立
　障害者が地域の中で生活するためには課題が多い。地域で自立できる受け皿を整備することができれば、地域サービスを利用しながら障害が重度でも地域で生活することが可能になる。
④サービス利用計画と個別支援計画

《異なる点》
【サービス利用計画】
　相談支援専門員が作成する。障害者総合支援法介護給付費受給者証の中に記載されている計画相談は、サービス利用計画（計画相談）を作成依頼する時期、モニタリングを作成する時期が決められている。介護給付費、訓練等給付費の支給決定に際してサービスを利用するためには、計画を作成する段階で週単位での支給量を計算し、アセスメント等とともに計画に記載して市町村に提出する。
【個別支援計画】
　本人が活動する日中活動事業所や入所支援施設のサービス管理責任者が作成する。
《同じ点》
　利用者自らが自分の意思で選択・決定することは、利用者を取り巻く関係者も実感する機会となっている。ソーシャルワークでは障害のある人々が自分の力で判断し、決定していくことが課題となる。どうしたら利用者の気持ちを反映できるのか、どうしたら利用者の希望が表出されるのかは、利用者を受容することからスタートしている。

▶ 演習のポイント

1．本人の希望が反映されるサービス利用計画・個別支援計画に基づいたサービスを提供するためには、支援する側はどのような点に配慮すればよいか考えてみよう。
2．障害者総合支援法における制度だけでなく、本事例が将来的に利用可能なフォーマルなサービスやインフォーマルなサポートを考えてみよう。
3．障害者が住み慣れた地域で生活するためには、本人支援だけではなく、家族への支援も必要になる。家族への支援に対してはどのような人がキーパーソンになるのか考えてみよう。

障害者（精神）

12 精神障害者の「生活のしづらさ」への支援

●ソーシャルワーカーの所属機関：就労移行支援事業所

キーワード

障害者就労支援、相互支援、リカバリー、エンパワメント

▶ 事例の概要

　専門学校在学中に発病したクライエントが医療と福祉のサービスを利用し、潜在的にもっていた能力の活用と人との交流を通して自己肯定感を高め、自信を得て希望に向かって回復（リカバリー）していく過程。本人と向き合ってきた就労移行支援事業所の精神保健福祉士（サービス管理責任者）の関わりである。

▶ 事例の経過

大切な用語

地域障害者職業センター

障害者職業カウンセラー

就労移行支援

職業能力・適性検査

精神保健福祉士
サービス管理責任者

アカウンタビリティ

1．相談に至る経過

　平成26年6月14日、市内の地域障害者職業センター（以下、センター）の障害者職業カウンセラー（以下、カウンセラー）より、当就労移行支援事業所（以下、事業所）への通所希望相談の電話がかかってきた。藤田拓也さん（30歳）は2年前より精神科クリニックに通院中であるが、本人より「働きたい」と希望があったとのこと。主治医からは働くことについて了解を得ている。

　センターには、クリニックの看護師よりセンターの情報をもらい、5月上旬に父と来所された。センターでは就労事前カウンセリングや、職業能力・適性検査を行い、結論として「まずは施設などで体をならして仕事を探してみては」とカウンセラーよりアドバイスがあり、本人も人との関わりに不安を持っていたので、施設等の通所を希望された。クリニックとセンターからも近く、対人関係訓練ともなる喫茶の作業内容がある当事業所の利用希望となったと、カウンセラーより報告された。

　事業所の精神保健福祉士（サービス管理責任者：以下、ワーカー）は、本人に当施設を見学してもらうようカウンセラーに伝えた。しかし、本人ひとりでは不安があるとのことで、本人の希望でカウンセラーも同行、2日後に見学の約束をした。

2．インテーク（初回面接）

　平成26年6月16日、本人は予定より30分早く到着し、その後カウンセラーが到着する。本人は少し硬い表情をした様子で時間を待っていたが、ワーカーは世間話を交えつつ互いに自己紹介した。本人は「施設の活動や建物を実際に見た後で詳しく話を聞きたい」と希望があり、まずは活動を見ることとなった。見学後の話し合いでは、本人の施設に期待することの確認と、施設で提供できるサー

ビスの説明をワーカーが時間をかけて行った。本人は真剣な眼差しで話の内容をメモに取っていた。本人の希望は「早く働きたいが、口下手だし働けるか心配。まずは施設で働いてみたいと思った。話では喫茶店の仕事と聞いていたが、厨房もあって接客の仕事だけではないのが分かり、少し安心した。利用するか具体的に考えてみたい」との感想であった。本人はカウンセラーと振り返りながら、今後どうしたいか詳細を検討することになった。利用を希望する際は本人から連絡をもらうこととなり見学終了。

翌日、カウンセラーより電話が入る。見学後すぐにセンターにて本人と面接を行ったとのこと。本人からは「利用したいが、利用者との関係で作業しているうちに体調が悪くならないか少し心配。考えていたら不安になってきたから、事業所のワーカーに連絡してほしい」と話があったとのこと。ワーカーより、当事業所の利用申込み時はカウンセラーに同行してもらい三者で希望を確認していくことと、その希望に対して施設側が適切なサービス提供ができるのか検討のうえ進めていくことの2点を伝える。

6月20日、本人、カウンセラー、ワーカーの三者にて面接。本人は予定より20分早く到着し緊張の面持ちであった。2回目の面接では、本人の希望や利用を進めていく上での不安、本人の状況について確認を行った。

3. アセスメント（事前評価）

・家族構成

本人：藤田拓也さん（30歳）、父（55歳）公務員、母（54歳）専業主婦、兄（32歳）会社員の4人暮らし。

・生活歴

高校卒業後、一人暮らしを始め、他県の経理関連の専門学校に通い始める。入学と同時に古本屋でのアルバイトも開始し、2年ほど働いて職場の仲間もでき交流もしていた。ある日、職場仲間Aさんより相談を受け、助けたいあまりに極度に頑張りすぎて、昼も夜も電話を受けているうちに、相談されることが苦痛となり、次第に人と会うことすら怖くなってしまった。必要以上に人の顔色をうかがい、人前を歩くのも拒否するようになった。その後、一人で生活できなくなり、専門学校も中退し実家に戻る。家の中で生活する日々が続いたが、父親の勧めで精神科クリニックを受診。現在に至る。

・医療面

「うつ病」と診断される。看護師よりデイケアやSST（社会生活技能訓練）を勧められるが、人と関わるのを避け利用をしたことがない。現在は外来通院のみ。症状は安定しているが、たまに服薬を忘れてしまい眠れないことがある。ストレスがたまると眠れなくなることがある。

・家族関係

両親との関係は良好である。特に父は協力的で、催し物などイベントがあると同伴してくれる。兄との関係は悪く、本人は「自分が働かず、家にいるから嫌われている」と思っている。

・生活状況

家の中で過ごすことが多く、あまり外出はしない。就寝時間も不規則で、昼ま

で寝ていることが時々ある。生活に必要な行動はできるが、身の回りのことはほとんど母に行ってもらっている。

・経済状況

両親から生活費を出してもらっている。

・本人の希望

①カウンセラーとの話し合いで、仕事に対しての体力をつけること、対人関係を学ぶことが必要と感じて、当事業所の利用を希望している。
②対人関係が課題だが、慣れてきたら接客の練習もしてみたい。
③関係機関（クリニック・センター）に近く、サポートしてもらいやすい。

　本人の最大の希望は一般就労だが、以前働いていた時、対人関係で仕事を辞めてしまったので、働きたいが不安も大きく、自宅では何もしておらず体力も心配とのことであった。カウンセラーは、職業能力・適性検査・面談の中で、現時点で本人は対人関係が不得意であり、一般就労に必要な体力や知識が足りないことをアドバイスしたところ、本人も実感している様子であった。そして、一般就労を目的に、施設の就労支援でサポートを受けながら対人関係に慣れていくこと、働くための体力をつけること、センターの就労支援やクリニックの医療的サポートを併用し本人を支えていくことを提案した。本人との話し合いの中では、「ここの喫茶店の接客の仕事で人と関わることを少しでも学びたいが、不安も大きいので困った時にサポートしてほしい」と切実な依頼があった。

・当面の方針

　上記の本人の希望、カウンセラーからの情報提供、面接結果をふまえて、本人の利用の不安を軽減するために、事業所を体験通所し、安心して通えるようであれば正式に通所開始することとなった。体験通所は2回。正式の通所開始時に、具体的な支援計画をワーカーと本人が共に立てることにした。

6月24日　体験通所開始

　本人は緊張した面持ちで初めて会う他の利用者との活動が始まったが、休憩所に一人座っているとベテランの利用者である佐藤さんから「今日から来た人？」と声をかけられ、業務内容や休む場所などについて丁寧に説明された。緊張していた本人も次第に笑顔がみられた。

　本人の希望で1回目は厨房業務を試し、2回目はカウンター業務を体験する。その後2回の体験通所も無事終了し、本人とワーカーが体験通所についての振り返りを行った。

　本人より「思っていたより人との関わりがスムーズにできた。厨房でも利用者とコミュニケーションをとらなくてはいけないが、接客業務よりはやれそうだ。佐藤さんの存在が大きい。まずは週3回一日4時間の勤務をし、接客業務はまだ不安なので、厨房業務からしたい。大丈夫そうなら増やしていきたい」と。

　ワーカーとともに、できたこと、やりにくかったことを振り返り、具体的に当事業所を利用していく目的確認を行った。本人も利用希望のため7月1日付で正式に通所することが決まり、週2回通うことになる。

4. プランニング（支援計画の作成）

　本人は体験通所を通して全体的な流れを知り、目標にあった活動ができるかを確認してもらった。その体験を活かし、以前カウンセラーも交えて話し合った内容を踏まえ、本人との共同作業で以下の項目を目標とした。

長期目標：一般企業へ就職をする。

短期目標：

①就労のために生活リズムの調整（規則的な就寝時間を心掛けていく等）。

②働くための体力・技能の確認と必要な体力・技能の取得。

③継続して働くための職場内での対人関係の対処方法の取得。

④ストレスに対する対処方法の取得。

短期目標に向けた具体的な支援内容：

①就労のための日常生活技術（living skill）を学ぶ。

　自宅では母に身の回りの世話をしてもらっており、就寝・起床時刻も自分のペースで決めていた。まずは、働くために必要な生活リズムをつかむこと。服薬管理もできるようにし、必要であればクリニックの看護師と相談して進めていく。

②就労のための技能（working skill）を学ぶ

　しばらく働いていないことや家にいることが多かったため、働くための体力があるか確認する。また、古本屋のアルバイトの経験があるのでその経験を活かしつつ、仕事上必要な技能があるか確認し、必要な体力・技能を身に着けていく。

③就労による対人関係などの社会的技術（social skill）を学ぶ

　ワーカーが人との関係でどんな時に不安を感じるかを本人に尋ねると「会話をしていない時に、自分がしたことがよかったかわからない時」と答えた。今後、どのようにしたら相手に伝えやすいかワーカーとも確認し、「自分の気持ちを相手に伝えることができること」を短期目標とした。

④就労のためのストレス対処法（coping skill）を学ぶ

　ストレスがたまってくると、体調が悪くなる前ぶれサインとして、「眠れなくなる」とのこと。このサインが出たら体調管理も含めスタッフと確認していく。

　本人了承のもと、これらの支援計画をカウンセラー、主治医、看護師、家族にも伝え、チームでサポートしていくことを確認した。

5. インターベーション（支援の実施）

7月1日　通所開始

　喫茶店での業務は厨房業務を行い、主に調理の補助を担当。佐藤さんも厨房で一緒に仕事を行っているため安心感があり、少しずつ他の利用者とも会話できるようになっていた。仕事を続けている自分に少しずつ自信を持ち、他の利用者への気配りもできるようになっていた。ワーカーと共に、事業所の就労支援員、生活支援員、職業指導員を含め定期的に話し合いを行い、自分ができていること、不得意なことを自ら確認しながら短期ゴールを修正していった。

　8月より定期的に当事業所で行っている「就労学習会」にも参加。ここでの学

習会では、センターからカウンセラーを招き、通所者の中で就職活動をしたことのない人や就職に向けた準備が整っていない人が、具体的に「働くこと」をイメージし、自ら就労に向けたプログラムを的確に捉えることが目的となっている。本人も学習会に参加し、改めて現在の自分にできていることや足りないものを考えるきっかけとなった様子で、日々のプログラムの振り返りについても今まで以上に細かく確認するようになった。

12月20日　新たな業務

6カ月が経ち、喫茶店の厨房業務も週5回こなし、会話ができる仲間が増えていた。本人から「食堂業務に挑戦してみたい」と要望がある。食堂業務は、公共機関の社員食堂で喫茶業務より活動時間が長く、来客数も多く、より一般の仕事に沿った実践的な訓練の場であった。ワーカーからも以前からチャレンジすることを提案していたが、本人は新たな環境に対しての不安が強かった。しかし、就労学習会を通して具体的なイメージを持てることにより、新たな環境でチャレンジすることや、食堂業務は一般の就労とは違い、気の知れた施設のスタッフ・利用者もいるので、安心感もあり決めたようである。週3回4時間の勤務から開始することになった。

平成27年4月5日　1カ月間の自宅療養

社員食堂勤務が4カ月過ぎたころ、本人は以前から仲の良かった利用者の加藤さんに悩みを相談される。はじめは同じ施設の仲間だし関係もよく活動してきたので相談に乗っていたが、加藤さんは昼夜関係なく携帯電話をかけてくるようになった。仲間でもあるためワーカーに相談することもできず、一人で悩み体調を崩してしまい、1カ月間自宅での療養となってしまった。

5月18日　復帰に向けての支援

体調が戻り、人とも話ができるようになった頃、クリニックの看護師が同行し事業所を訪れた。三者で1カ月の自宅療養の確認を行った。

本人より「加藤さんから相談された時、仲間だからと聞いていたら、そのうち断れなくなった。せっかく事業所の活動にも慣れてきたのに、またアルバイト時代のように体調を崩してしまうのではないかと不安だった。家にいる時も早く戻らなくてはと焦ったり、辞めてしまおうかと悩んだりもした。クリニックを受診した際、いつも相談している看護師と話をするうちに、また通いたいと思って看護師さんと来た」との説明があった。

共感
エンパワメント

ワーカーは「そうでしたか。不安の中で自ら努力されていたのですね。相談を受けて体調が悪くなってきた時、断れなかったのが辛かったのですね」と共感の姿勢で対応した。本人は「そうです」と涙を流す。本人が今回直面した問題に対して、周囲のサポーターも共有し、協働で対応していくことになった。

看護師より「主治医からは相談者の利用者との関わり方がうまくいけば、医療面では問題がなく、不安が強い場合は連絡して診察に来てくださいと話がありました。前に話したSSTもよろしかったら利用できますし。何かあれば私も相談にのらせてもらいます」との話があり、本人は安心した様子をみせていた。

本人はしばらく仕事を休んでいたので、仕事内容よりも利用者仲間とのよい関係が崩れてしまっているのではないかと心配の様子。話し合いの結果、2週間ほど佐藤さんが勤務している喫茶店の厨房業務で活動することにした。加藤さんとのやり取りは、加藤さんと話をし、「復帰後体調を調整していることもあり、当事業所での活動時間内とプライベートでも時間を制限して話をする」ことにした。
　さらに、本人から「前に話が出ていたSSTに参加してみたい」と希望があり、相手との関わりにおいて必要なときアサーティブ（自己主張）できるように、クリニックで行っているSSTに参加することになった。

アサーティブ

　5月23日の復帰初日、緊張した面持ちの本人だったが、勤務前から「大丈夫だった？」「今日から復帰か！」と仲間から声かけを受けることで、安心感を持ち、初日の活動を最後まで終了することができた。本人は「みんなと普段通り関われて安心した。また来られそうです」と笑顔で話した。
　ワーカーは不安の中で活動を復帰できたことをねぎらい、「本人が築いてきた『仲間との関係』があるから、みんなサポートしてくれたのですよ」と本人の持っているストレングスと当事業所での役割を再認識することで、徐々に安心の中で活動できる環境を取り戻していった。

ストレングス

6月1日　障害基礎年金受給の決定

障害基礎年金

　ワーカーと相談し以前より申請を進めていた障害基礎年金の受給決定書が届いた。本人より「アルバイトを辞めてから家族の世話になっていて、口には出していなかったが申し訳なかった。友だちはみんな働いているし、少しは家族の負担も軽くしたい。これから仕事に就けるように頑張りたい」と。経済的不安が軽減されることで、当事業所での活動や就労活動もさらに意欲的になった。

6月8日　業務復帰後の振り返り

　復帰後、2週間の喫茶店業務を終了して食堂業務にも復帰。ワーカーは本人と面接し、現在の状況や今後の目標を再度確認した。

① 勤務状況

　復帰直後は緊張があったようだが、他の利用者とも積極的にコミュニケーションをとるよう努力し、協同しながら活動ができている。本人の希望で、食堂業務を週5回に増やすことにした。

② 医療状況

　定期外来通院を行っており、服薬管理もできている。生活に支障が出るほどの不安定な状態も最近はみられない。SSTも積極的に行っており、継続して参加している。時折、診察後に看護師のところに来て近況報告をしている。

③ 生活面

　自宅の食事も自ら「厨房でもできるようになりたい」と味噌汁づくりなど率先して行うようになり、家族も本人の行動にびっくりしながらも温かく見守っている。

10月20日　社会への再挑戦

　事業所での活動が安定し、「そろそろ仕事を探してみたい」と本人から話が出

る。主治医も了承し、ワーカーが同行しセンターにて今後の具体的な支援について話し合いを行った。
①焦らないで、仕事を探していく（本人希望）。
②現在のプログラムを崩さずに就労支援を進めて行く。
③職種条件にこだわらず、幅広く探していく。

上記を短期目標とし、今後はハローワーク利用や職場開拓も行うことにした。

11月10日　企業体験実習から就職へ

カウンセラーよりスーパーのバックヤード仕事の体験（企業体験実習）の紹介があり、本人も「ぜひやってみたい」と申し込んだ。実習前に面接があるため、本人は「うまく話せるか心配です」と言っていたが、事業所の就労支援員と、センターのカウンセラーが面接の練習を行い、事前に練習できたことで安心した様子だった。

面接では企業の面接官は人柄も評価し、「実習をうちでやってみなよ！」と言ってくれた。実習ではセンターのジョブコーチも入り、作業のアドバイスをしてもらうこととなった。

2週間の間に、週2回と週4回の計6回の実習を行ったところ、作業能力的に問題はなかったが、清涼飲料水を箱単位で運ぶことによる肉体労働や客から聞かれる質問による精神的疲労がみえたものの、ジョブコーチが関わってくれることにより無事実習を終える。本人は「最初は職場の雰囲気がどうか心配だったが、ジョブコーチも一緒に来てくれたのでなんとかできた。実際にやってみて自信になったので、職場体験してよかった」との感想だった。

ジョブコーチ

職場体験により仕事を探す意欲も出てきて、ワーカーとともにハローワークへ行き、障害者専門支援員との求職相談を行ったり、自らも求人誌を用意して探すようになった。ハローワークの障害者求職登録の中で、前回と同じようなスーパーのバックヤードの仕事を行う企業での就職面接を行い、就職が決まった。

ハローワーク
障害者専門支援員

6．終結とアフターケア

その後もカウンセラーやジョブコーチのサポートを受け、新しい仕事も続いている。「仕事に就けたことで自信がついた」と嬉しそうに話す反面、時々クリニックの看護師やワーカーに「仕事は慣れてきたけど、人との関わりがやはり疲れてしまう」と愚痴をこぼすことがあった。

ワーカーより「仕事が落ち着いたらOB・OG会にきてみたら」と誘ってみた。OB・OG会は、当事業所から卒業した利用者の会で、参加者同士で仕事に対する話し合いを行い、共感と情報交換し合う憩いの場的存在となっている。

その後、本人も参加し「何度か辞めようと思った」と仲間と話していた。現利用者も参加し、本人に対して仕事に就くためのアドバイスを求めていた。本人は自分の成功例について話をすることができ「ここにきて元気をもらった」と笑顔をのぞかせていた。

▶ 主訴などに対する支援の評価

①就職希望に対して
　就職することにともない職業カウンセラーと確認し合った自分自身の課題を、就労移行支援事業所の活動を通して就労支援を行った。
②生活面と医療面に対して
　就労支援を行うために土台となる生活面と医療面の確認と調整を行い、安心して就労訓練ができる環境を整えた。
③対人関係に対して
　本人の活動前と活動中も含めた対人関係の不安を整理し、調整するための支援を行った。
④関係機関との連携
　本人が就職するために、家族、クリニック、職業センター、ハローワークの関係機関と、本人が就職に向けて共通した「支援計画」を情報共有し、サポートする体制を整えた。

▶ ソーシャルワーク実践を通して

①具体的にイメージができる支援
　今回の事例を通して、本人は様々な想いに対して具体的な体験を「実感」していきながら、自分の望むものを目指していった。本人のニーズを一緒に明確にし、現実的な視点で進めていく。
②安心できる「環境づくり」
　今までの自分の体験や経験が現在の自分を信じられなくし、一歩を踏みだしにくくすることがある。まず私たちは、彼らのペースの中で彼らが「安心できる環境」を一緒につくっていくことが大切である。そして、就労支援を通して新しいことを学び、成長することや、自分の培った経験や体験、持っている力を活かしていけるようになる。

▶ 演習のポイント

1．精神障害者の障害と疾病について、どのような特徴があるか考えてみよう。
2．この事例を通して、藤田さんの強み（ストレングス）はどのような点があるか考えてみよう。
3．精神障害者の就労支援のためのネットワークづくりは何が大切かを考えてみよう。

13 障害者（知的） 罪を犯した知的障害者の社会復帰に向けた支援

●ソーシャルワーカーの所属機関：障害者支援施設

キーワード
ストレングスモデル、施設の役割と機能、社会的排除

▶ 事例の概要

　社会的排除により軽度の知的障害者の社会参加が困難となった事例。施設入所により、本人を取り巻く環境を整備調整し、再び地域で就労を含めた社会生活を営むことができるように支援する。

▶ 事例の経過

大切な用語

社会的排除

1. 相談に至る経過

障害者への人権侵害と理不尽な社会的排除

　和菓子工場で働く遠藤健太さんは時折、作業でミスを犯した。長時間立っていると腰に痛みを感じ、仕事に集中できなくなる。失敗をすると同僚が「健常者と一緒に働くことなんて無理なんだよ」「お前なんか施設にいて一生飯を喰わせてもらえばいいんじゃないの？　そのほうが楽だろうが……」などと本人を罵り馬鹿にした。優しい性格の本人は、悔しい思いをしながらも言い返すことができなかった。社長は「気にするな、お前は十分頑張っているよ」と励ましてくれるが、職場に馴染めないことから、本人はしだいに仕事を休むようになった。

　「仕事はどうしたの？」と昼近くなっても出勤しない本人に母親が尋ねると、「今日は調子が悪いんだよ」と言い返す。「あなたは普通だったら就職なんてできないところを、なんとかお願いして働かせてもらっているの。だから真面目に働いて」と言うと、母親の言葉を遮るように「わかってるよ、そんなこと！」と言い放ち家を飛び出した。行くあてなどない本人はパチンコ店に入り、翌日も翌々日も仕事に行くふりをしてパチンコ店で過ごした。

　金がなくなると母親の財布から金を盗んだ。しばらくして若い女性と知り合い、近くのアパートで同棲するようになった。マージャン、競輪、競馬、競艇……。彼女はあらゆるギャンブルを教え込んだ。勝っては喜び豪勢な食事をし、本人の預金すべてが遊興費に消えていった。金が底をつくと女性はサラ金に連れていき、本人名義で借金をさせ、またギャンブルにつぎ込ませた。資金がなくなると再び借金を重ねた。それでも本人は楽しかった。自分のことを認め、傍にいてくれる女性と過ごす日々の暮らしに幸せを感じていた。

　ある日のこと、パチンコで負けてアパートに戻り扉を開けた。すると彼女の荷物がきれいになくなっていた。残っているのは本人の所持品だけであった。そして、彼女は二度と本人の前に姿を現すことはなかった。残されたのは多額の借金

サラ金・クレジット問題

だった。それから毎日、借金の取り立ての声におびえる日々が始まった。現実を目の当たりにした本人は、母親に打ち明けることもできず震えて過ごした。本人にとって、残された手段はひとつしかなかった。

遂に行き詰まり、強盗未遂を―触法行為

真夜中のコンビニエンスストアに人目を忍ぶように入った。客の姿はなく、店員も商品棚の整理に没頭している。「今だ！」。本人はレジスターを開けた。うまくいくと思った。だが奥の控え室でモニターを見ていた店員が飛び出してきた。「泥棒！」。駆け寄った店員に取り押さえられ警察に連れていかれた。

取調室で警察官に「今度同じことをしたら刑務所行きだぞ」などと散々注意された。窃盗が未遂であったこと、本人に知的障害があること、十分に反省していることを理由に、翌日釈放された。警察署から出ると母親が待っていた。うつむいて顔をあげることのできない本人の肩に、母はそっと手を伸ばした。

借金は母親が肩代わりをしてくれた。母は社長に頼み込んで復職させてもらう了解をとりつけたが、本人は戻ることを拒み自室に引きこもるようになった。自分がこの先どのように生きていけばよいのか、全く見当がつかなかった。ただ、再び他人に罵られ馬鹿にされるのだけは絶対に嫌だった。生きがいを見出せず、八方ふさがりの状態に陥っているわが子を見て、母は涙するしかなかった。

［民生・児童委員］
母が困り果てていることを知って隣に住む老夫婦が、「民生委員に相談するとよい」とアドバイスをしてくれた。数日後、民生委員が本人の家に来た。母親と本人はこれまでの経緯をすべて話した。民生委員はすぐに福祉事務所のワーカーに連絡をとり、母親が相談に行く日時を調整した。

2. インテーク（初回面接）―本人の物語を大切にしたい

［福祉事務所］
遠藤健太さんは、母親と福祉事務所のワーカーとともに当障害者支援施設（以下、施設）を訪れた。

［面接技法］
本人と母親、福祉事務所のワーカーと施設の生活支援員がテーブルを介して席についた。時折、おびえるような表情を見せる本人と心配そうな母親。2人を安心させるように留意して面接が始まった。慣れない場所で初めて出会った人と、これから自分の将来について話し合わなければならない本人の気持ちに配慮して、本人の今の気持ちを尊重し、共感するよう努めながら話を傾聴した。その際に本人の思いや行動を否定して、こちらから代替案や、あるべき姿を提示して促すようなことはせず、まずは本人の経験してきた物語（ストーリー）を本人自身の個別化されたものとして大事にするように心掛けた。

［ナラティブアプローチ］
福祉事務所のワーカーは、一定期間の施設入所で本人の気持ちが前向きになり、再び社会参加が可能になるような支援が必要だと考えている。このままでは再び問題を起こす可能性が多分にあり、もはや母親が本人を支えることも困難になる。母親の心身の状態にも配慮し、家族が安心して生活を維持できる環境をつくりださなければ解決しないと考えていた。生活支援員は本人が再び地域で就労し、普通の暮らしができるように本人と一緒に考えながら支援することを伝えた。また、本人が一定期間の施設生活の後に再び地域に戻る時には、地域の関連機関が連携をとって、本人を支えていくことをワーカーとともに確認した。

［ネットワーク］

3. アセスメント

・本人：遠藤健太さん（20歳）　中学校の頃より学習の遅れが目立ち始め、担任と相談をして療育手帳を取得している。明るく陽気な母親思いの青年で、野球が好きで将来は人の役に立つ仕事に就きたいと希望している。最近の状況は前述のとおり。

・母：遠藤恵子さん（50歳）　夫に先立たれたため、清掃会社で働き生計を立てている。現在、公団住宅に本人とともに生活している。数年前、C型肝炎に罹患していることが判明。疲れやすいうえ今回の本人のことで心労がたまり、精神科病院で精神安定剤を処方してもらっている。

　本人と利用契約を交わして施設に入所することが決まった。また日中の活動については、本人が無理なく作業ができ自信の回復につながると思われる、就労継続支援B型事業所を提案した。施設に隣接しているため、すぐに見学と担当者から説明を受け、本人及び母親も納得し利用契約を交わした。なお、この事業所は施設と同一法人が運営している。

　数日後、本人は母親とともに大きな荷物を抱えて施設を訪れた。最寄りの駅まで車で迎えに行き、本人が「再び地域で生活することができるように一緒に頑張りましょう」と伝えた。最初は不安そうな表情をしていた本人であったが、しだいに緊張がほぐれ、笑顔が出るようになった。

4. プランニング（支援計画の作成）

①施設で生活しながら、生活のリズムを取り戻す。
②仕事のミスはともかく、問題のすべてを本人に帰することなく、本人の努力や頑張りを評価して自信を回復させる。
③母親と継続して連絡をとり、本人の状況を報告する。また母親からも自身の心身状態を報告してもらい、医療機関に定期的に通院しているか、生活費は捻出できているかなどを尋ねて見守り、その回復を支援する。
④近い将来の地域生活を念頭に置き、「人のためになる仕事がしたい」という本人の希望に沿ったかたちで、就労を含めた新たな社会参加が可能となるような環境調整を行う。

5. インターベンション（支援の実施）

　朝は午前6時半起床、洗顔や身の回りの清掃、朝食を終えて、就労継続支援事業所（以下、事業所）にて夕方まで作業を行う。生活のリズムを体得させるために、夜の10時には就寝するようにした。

　事業所では不慣れな作業でたとえミスを犯しても叱りつけることなく、本人が理解できるようにわかりやすく指導をしながら、楽しんで作業ができるように心掛けた。作業がうまくいった時には具体的な言葉で評価をし、「よくできた」と褒める。成功体験により本人が自らを肯定し自信をつけ、仕事が楽しいと思えるような支援を行った。以前の本人は、その気弱な性格から、叱られることを恐れてミスをした時も失敗した上司に告げることができなかった。そこで、これからは臆せず失敗をしたときにはきちんと報告するように伝えた。

| 市町村自立支援協議会

成年後見制度 | 　また、母親と毎週連絡をとり、本人の状態を伝えるとともに母親の心身の状態を把握するように努めた。そして、福祉事務所のワーカーを介して市に設置されている障害者自立支援協議会（以下、協議会）で検討してもらった。協議会では、就労に際して障害者に理解のある企業を斡旋すること、協議会の参加者である学識経験者に成年後見制度利用支援事業を利用して、後見人になってもらうことが検討された。

　入所して1カ月。施設での生活にも慣れ、生活のリズムが身についてきた様子。入所時には心労で痩せていたが、体重も増えて表情にも快活さが戻ってきた。本来、優しい性格の本人は、他の重度の障害をもつ利用者の世話役を自ら買って出た。また、仲良くなった利用者の相談にのったりもしている。この頃から、作業で失敗すると「すみません、失敗しました」と言えるようになった。
　仕事そのものにも自信がつき、表情も明るく作業を楽しく行うことができるようになってきた。仕事を終えた後の本人の表情は、ノルマを達成し、やり遂げた後の充実感がみなぎっていた。

　入所して約3カ月が経過した。母親に連絡をすると心身の状態は良好で、精神安定剤も常時服用するのではなく、頓服（調子の悪いときに飲む）でよいと医師に言われるまで回復したという。
　生活支援員は本人を誰もいない食堂に呼び、施設を出た後どうしたいかを就労支援事業所の担当者とともに尋ねてみることにした。「どんな仕事でもいい。できれば人の役に立つ仕事がいい。そして働いて母親に楽をさせたい。温泉に連れて行きたい」「野球が好きだから、休みの日には野球をしたい」と本人は答えた。
　たとえどんな夢のような話であっても、本人は本人自身の物語（ストーリー）を生きている。人は夢や目標を見据えたときに強くなる。生活支援員は「目標に向かって少しずつ進んでいこう。まずは施設を出て働こう。そのために私たちは協力していくよ」と本人に告げた。
　翌日から本人は自ら起きてきて朝食をとり、そして真剣な眼差しで黙々と作業に没頭するようになっていった。無理をしてオーバーワークにならないよう、本人を支えるように努めた。|

| ハローワーク

地域障害者就労支援事業

社会資源

協働作業（コラボレーション） | 　数日後ハローワークから連絡が入り、老人保健施設での介護補助の仕事を斡旋された。ハローワークでは近年「障害者就労支援チーム」を設置し、「地域障害者就労支援事業」のスキームを全国展開して定着することを目指している。また、協議会に参加している学識経験者（大学教授）に成年後見制度の補助人として本人の金銭管理をしていただけることになった。さらに、本人は職場の職員宿舎を借りて住むことができるようになった。職場には本人のこれまでの情報を開示して本人の状態を理解してもらい、今後、本人が不利益を被ることのないように最善を尽くすことを約束してもらった。万一、本人に問題が生じたときのアフターケアを行うことができるように、施設との関係をつないでおくことで、いつでも一時的に利用して生活を立て直すバックアップとしての役割を継続して今後も担うことになった。 |

6. 終結とアフターケア

本人の前向きな気持ちが回復し、本人を取り巻く環境が整備された時点で本人は施設を退所していった。

先日、本人の様子を見に行ったところ、そこには近隣の野球チームに所属して、最高の笑顔でにこやかに汗を流す本人がいた。本人が母親を連れて温泉旅行に行く日もそう遠くはないだろうと思われる。生活支援員として何ものにもかえがたい大きな達成感を得ることができたひとときであった。

▶ 主訴などに対する支援への評価

①施設で生活しながら、生活のリズムを取り戻す

乱れがちであった一日の生活リズムを適切なリズムに戻し習慣化することで、就労を含む社会生活に適応できるように支援を行った。

②職場の同僚の理解の欠如と権利侵害について

本人の落ち度を非難して、本人を追い込むような対応や周囲の本人に対する理解の欠如が、少なからず事態を悪化させていったことを本人に伝え、就労継続支援事業所の担当者とも連携をして本人に対しサポーティブな支援を行うことで、自信回復へとつなげていった。また、次のステップを踏む際には、周囲の理解と協力を徹底するよう、関係者のあいだで合意の形成を図った。

③母親との関係修復

もともと悪い関係ではないが、本人のことで母親は精神的に不安定な状態になっていた。母親は本人にとってかけがえのない大切な存在である。母親に対して、本人自身を取り巻く環境が本人をおとしめてしまったこと、本人も自立して社会生活を送ろうと努力していることについて、時間をかけてじっくりと話し、母親の信頼を回復させ、双方の関係がよりよくなるように支援した。

④地域生活（就労を含めた社会参加）を念頭に置いた環境調整

民生委員や補助人を名乗り出てくれた学識経験者、協議会による問題発生時のバックアップなど、地域の社会資源を活用しながら各機関との連携を維持し、本人を支える協働作業（コラボレーション）によって環境を整備し調整することで、本人にとって望ましい支援が提供できるようにした。

▶ ソーシャルワーク実践を通して

①罪を犯した知的障害者という実体が最初から存在するわけではないことを理解する

知的障害者に触法・累犯あるいは虞犯という冠がついて語られることがある。最近の統計調査では、受刑者のなかに実は知的障害者が多く含まれているとも言われている。

しかしこのことは、知的障害者あるいは精神障害者が犯罪を犯しやすい人格（パーソナリティ）の持ち主であることを意味するものでは決してない。触法行為を犯してしまうのは福祉が地域において彼らを支えきれなかった結果であるとも言える。その人がもつ個別の障害特性をよく理解し、その人に合った適切な支援が行われていれば事件は起こらなかったかもしれない。ソーシャルワーカーはそのことについて真摯に考える必要がある。

また、何らかの問題を起こしてしまった障害者が、地域で当たり前のように暮らしていくことは簡単なことではない。厚生労働省は、矯正施設を退所した障害者に福祉サービスを提供する「地域生活定着支援センター」を各都道府県に設置した。今日、刑務所や更生保護施設に社会福祉士を配

置して、彼らの更生のための支援を積極的に行うようになってきている。関係機関の内外においてソーシャルワーカーは、彼らを適切な福祉サービスへとつないでいくことが大いに期待されている。

②施設の役割と機能を理解する

　社会福祉基礎構造改革以降、「施設から地域へ」という流れが加速してきた。だが「施設はすべて解体するべきだ」という議論は早計である。障害者が地域で当たり前の暮らしができるように、入所型の施設にはバックアップ、あるいはレスパイトとしての役割と機能を期待したい。

③地域生活を支援するネットワークを確立する

　本事例のような支援困難ケースは、地域で支えることを拒まれてしまう場合も多い。だが、困難ケースほどソーシャルワーク実践としてやりがいのあるものはない。想像力を働かせて、社会資源（人的資源を含む）をつなぎ、支援環境を整備・調整しながら、本人が気持ちよく生活できる支援体制を確立することは、ソーシャルワーク実践の醍醐味でもある。

④「当事者の人生」という物語に介入する仕事

　ソーシャルワーカーは「他人の人生」という舞台を支える仕事である。名脇役として主役である当事者を支え、主役が舞台で成功を収めることができるかどうかは、脇役あるいは黒子・裏方であるソーシャルワーカーにかかっている。もし、あなたが関わった舞台のひと幕が成功すれば、それはまさにソーシャルワーカー冥利に尽きるというものである。

⑤本人を中心とした関係性の支援

　障害があろうとなかろうと、人は人として生まれ、他者と関わる過程のなかで人間になっていく。人間とはその意味で本来的に関係的存在である。生きにくさゆえに通常の社会生活を営むのが困難な知的障害のある人は、本来あるべき関係性（間柄）から排除されてきた人である。罪を犯してしまう知的障害者もまたそのひとりである。

　私たちはその人と正面から向かい合い、人間らしい関係性（間柄）のありようを再構築していく。その営みは、私たちの理論で彼らをねじ伏せ、社会に適応するように仕立て上げる営みではない。それは本人の真の思いや希望を中心とした営みである。本人の思いを理解し、支援者である私たちもまた彼らから理解される。それを関係性の支援という。私たちの支援とはそのような関係性の支援であり続けなければならない。

▶ 演習のポイント

1．「重度の知的障害のある人」の生きにくさと、「軽度の知的障害のある人」の生きにくさを比較して、その共通点と相違点について考えてみよう。
2．本人を中心とした「関係性の支援」と、「再犯防止」を念頭に置いたアプローチとの違いについて考えてみよう
3．今日、わが国の施設は障害者支援のなかで、どのような役割と機能を担っているのかについて考えてみよう。

子ども・家庭 14

多問題家族・国籍・自己探求への支援課題に直面したワーカーの葛藤

●ソーシャルワーカーの所属機関：自立援助ホーム附設の相談室

キーワード

多問題家族、外国籍、アイデンティティ、社会的養護、自立援助ホーム

▶ 事例の概要

過酷な養育環境にあり、外国籍問題も抱え、自己のアイデンティティに苦悩し続けた青年への相談支援。この国の社会的養護（施設養護に限定）のすべて（乳児院、児童養護施設、児童自立支援施設、自立援助ホーム、中等少年院）を体験し、さまざまな葛藤を抱えながら、時に周囲を巻き込み、ついに自らの命を断った青年と、これに対応したソーシャルワーカーである。

▶ 事例の経過

大切な用語

自立援助ホーム
児童養護施設
児童相談所

第2種社会福祉事業

利用契約
措置制度

1．入所に至る経過

5月6日、自立援助ホームに附設された相談室に他県の児童養護施設から後藤一輝君（中卒男子・15歳）の入所相談があった。児童福祉法では児童福祉施設への入所手続きには原則児童相談所が関わることになっているが、自立援助ホームは施設や関係機関から直接入所相談を受けることもある。また、自立援助ホームは社会福祉法第2条第3項（第2種社会福祉事業）に位置づけられ、主に相談事業としての児童自立生活援助事業とされている。その前身は義務教育修了後の青少年のアフターケア事業である。

相談の主訴は、児童養護施設に入所していた後藤君は中学卒業後、住み込み就職を希望していたが地方では適切な職場が得られず、都会で求職活動をしたい。家族の支援は全く期待できず、就職と住居確保を同時に満たす必要がある。すでに中学を卒業しているが5月になっても就職が決まらないため、入所と同時に求職活動をお願いしたいとのことであった。

ホームの空き状況を検討し、入所の方向で家族状況や生育歴、施設生活の概要や本人の希望などを確認した。自立援助ホームへの入所条件は、①働くこと、②寮費月額30,000円を納めること、③スタッフと相談の上で貯金し自立をめざすことなどである。入所に当たってはこうした条件を納得した上で本人と利用契約を結び、本人自身が自己決定することを重視している。この利用契約のシステムが、措置施設である児童養護施設との大きな違いである。さらに①自ら選び、②自ら決め、③そして決めたことに責任をもつという、自己決定の三原則を体験的に学ぶ場でもある。

171

2. インテーク（入所面接）

5月10日、児童養護施設の児童指導員に伴われて来所。相談室のワーカーが入所面接をする。筋肉質で15歳にしては体格がいい。丁寧な言葉遣いではあるが、時折見せる鋭い視線がどこか社会や大人への不信感を感じさせる。頭部の若白髪や首回りのアトピー性の皮膚炎などがあり、神経質で繊細な内面の葛藤の深さ、養育環境の苛酷さを象徴しているようにみえる。

ワーカーが自立援助ホームの3つの基本的入所条件を説明したところ、同意が得られたので入所契約手続きをした。自立援助ホームでは過去の問題行動は基本的には問わない。児童指導員から、本人が中学2年の時、担任教師に暴力を振るって問題になり児童自立支援施設へ措置変更になった経緯は事前確認していたが、こうした問題も基本的には本人から話が出ない限り、できるだけ詮索しない方針をとる。過去の出来事にこだわるのではなく、これからの人生を切り拓いていくことを重要視しているからだ。

3. アセスメント（事前評価）

児童指導員からの事前情報と入所面接での聴取内容をもとに、以下のようなアセスメントを実施した。

［入所目的］
①住み込みの求職活動、②社会的自立、③児童自立支援施設を経由しているが、年齢や家族の支援が期待できないことから養護的ケアが必要と判断した。

［家族状況］
・実父：在日外国籍。建築現場での日雇い労働に従事していたが、アルコール依存症で暴力的であった。本人が小学生5年時に病死。
・実母：在日外国籍。身体障害者手帳3級を取得。小学生2年時に事故死。
・兄：在日外国籍。19歳のとき神経症が原因で自殺した。
・弟：本人が1歳6カ月時に誕生。生後3カ月で養子に出された。詳細不明。
・妹：本人より4歳下。小学校5年生。本人と共に同じ児童養護施設に入所。

［施設経路］
乳児院→児童養護施設→児童自立支援施設→児童養護施設→自立援助ホーム

［生育歴］
実母は身体障害者で、弟の出産後の肥立ちが悪く、健康を害し（てんかん発作併発）養育困難になった。本人は1歳6カ月の時、短期間ではあったが乳児院に預けられたことがある。実父は実母の代わりに家事全般を手助けし、実母の障害を支えたが、実母の事故死後は本人を妹と共に児童養護施設に預けた。実母や兄、本人も、酒乱の実父からの暴力・虐待を受けて育った。

本人は繊細で几帳面・神経質な反面、エネルギーに溢れ、やや自己中心的で短気な性格行動がみられた。中学2年生の時、教師への暴力事件などで児童自立支援施設に入所。そこでは小舎夫婦制の擬似家族生活で情緒的安定を得ることができ、短期で児童養護施設に戻った。高校進学への希望があったが、基礎学力不足であきらめ就職を選択。しかし、地元での中卒求人がなく困っていた。時刻表に詳しく、将来は鉄道関係に就職したいとの希望があった。家庭環境は不遇だが、

14 多問題家族・国籍・自己探求への支援課題に直面したワーカーの葛藤

唯一の身内である妹への思いは強い。また、在日外国籍であることに対するこだわりが次第に高まり、「外国人登録証」の所持義務や定期的にある「指紋押捺手続き」などへの反発・不満を訴えることがある（なお、指紋押捺手続きは国際人権規範や憲法14条［法の下の平等］、1990年指押印拒否事件などから2000年3月に廃止された）。

外国人登録証

4. プランニング（支援計画の作成）

スタッフ会議で支援方針を次のように検討し、個別自立支援計画を作成した。
劣悪で過酷な養育環境にありながら、基本的には前向きに生きようとする若者のエネルギーがあり、その方向性を健全化することを基本方針とする。その可能性を拓くためにも多少の問題行動が起こることを覚悟しながら、基本的には受容的養護的ケアが求められると判断した。本人の希望を尊重しながら就労支援をメインに18歳までをめどに貯金をし、自立生活を支援する方針とする。

5. インターベンション（支援の実施）

入所と就労支援（入所1カ月）

5月下旬に入所し、具体的な就労支援が始まった。自立援助ホームでは就労支援をするに当たって一定の「準備期間」を設定することがある。「面接」などの構造化された面接場面ではなく、所内清掃や簡易作業をスタッフと共にしながら生活場面の中で自然と本人の希望を聞き、適性を見極め、これまでの生活歴などを受容的共感的に受け止める期間としている。

まだ自分の生活歴の一部しか語らないが、時刻表に詳しく電車で旅することが好きで将来は「鉄道マン」になることが夢だという。なぜか「制服」に憧れる言動が気になった。しかし、鉄道マンになるには学歴の壁があり、中卒での求人はほとんどない。就労支援ではハローワークなどの公的機関では難しく、多くはこれまで自立援助ホームと関係性のあった就職先で好意的な職場をストックしておき、これを優先することになる。本人の場合もそうした職場の一つである運送会社で、運送助手の仕事に就くことになった。

構造化された面接と生活場面面接　受容と共感

ハローワーク

対人関係上のトラブル（入所2カ月）

児童自立支援施設での生活を体験しているため、基本的生活習慣は確立している。特に食後の歯磨きや手洗い、洗濯、掃除、身辺整理などは几帳面であった。ただ、時に不眠を訴え、起床が出勤時間ギリギリになることがあった。

それでも順調に生活を始めたが、1週間後「上司の仕事の教え方が悪い！」とケンカになってしまった。職場と連絡を取り事情を聴く。責任者の話では若い先輩が仕事の段取りを教えたが、本人は「命令された、馬鹿にされた」と短絡的な被害感情にとらわれてしまったようだ。「対人関係が難しい」と責任者も頭を抱えてしまった。当面は本人の担当者を変更して対応することになった。

ワーカーは本人の言い分を受け止めながらも「会社組織では先輩を立てること、新人の立場を心得ること、我慢もすること」などを説明して理解を求めた。しかし、興奮している時は何を言っても耳に入らない。しばらく冷静になるための時間と距離を保つ工夫を必要とした。その後も小さないざこざがありながらも、そ

子ども・家庭

173

のたびに会社の責任者と話し合った。

　指示的・命令的な言動は彼の被害感情を刺激し、結果として粗暴性を引き出してしまう一方、本人が納得できる内容であれば驚くほど素直に理解を示す。その意味で本人は、無意識のうちに筋道の通る手ごたえのある大人、信頼と尊敬のできる他者を強く求めていることがわかった。支援者が当事者から「信頼と尊敬」や「受容と共感」が得られるかが重要になる。

学歴コンプレックス（入所6カ月）
　会社生活もなんとか軌道に乗り貯金もたまり始めた頃、警察からの通報があった。公園内で高校生を恐喝しているところを通行人の通報により補導されたというのである。
　ワーカーは警察に出向き、本人の身柄を引き取った。幸い相手を言葉で脅しただけで、傷害事件にならずに済んだ。金銭を含めた窃盗品もなかった。本人の言い分は「仕事の休憩中、公園のベンチで疲れて休んでいたら制服を着た高校生たちがチャラチャラ楽しそうにしゃべっていた。自分と同じ年頃に見えた。自分は作業服で汗水流して働いているのに、あいつらは高校に行って楽しそうに遊んでいる。悔しくてつい我慢できず『チャラチャラしてんじゃねー！』と怒鳴ってしまった。短気なことをしたと後悔している」とのことだった。
　中卒の「学歴コンプレックス」の哀しみと怒りの感情を受け止めながらも、短気な言動を厳しく注意した。このことがきっかけで計画していたホームの自立支援プログラムとして「高校卒業資格」取得などを目的とした「勉強会」を始めた。1年半後の4月、職場の理解を求めながら定時制高校への入学を果たした。

高卒資格認定

定時制高校中退、シンナー吸引で中等少年院へ（入所2年）
　定時制高校への進学が実現したが、教師に対する暴言や反抗が激しく退学処分を受けた。ワーカーは学校との調整を何回もしたのだが、本人に反省の意思が見られないことから退学処分は免れなかった。
　この時の言い分は「教師だからといったって家に帰ればただの人だろう。何であんな偉そうにしているんだ。警察だって制服脱げばただの人だ。政治家だって会社の社長だって役人だって、みんな肩書きや制服やネクタイを取れば同じ人間じゃないか！」といった内容だった。彼のあまりに短絡的で身勝手な解釈には問題がある。しかしその裏に、激しい自己否定感・劣等感、大人や社会に対する根深い不信感が感じられた。また、社会からの承認欲求の強さなどが強烈に現れてもいた。ワーカーは本人の「制服」についてのこだわりの秘密を理解した。「権威」への反発、「制服」に象徴される「外見」や「肩書き」へ疑念、人間の「本質」や「真実」を希求する視点に共感できる面もあった。
　だが現実は、中卒という学歴ハンディ、暴力を振るった実父や「権威」への反発、次々と死んでいった実母や実父、兄への「喪失感」をベースにした哀しみの感情があふれていた。さらに国籍問題も抱え、理不尽な人生への「怒り」の感情を日常的に抑圧している生活があった。こうした「怒り」や「抑圧」の感情は何かの拍子に爆発するリスクを抱えていた。そのうち本人は、友人の手引きでシンナー吸引に手を出した。現行犯で補導され、少年鑑別所から家庭裁判所の少年審

少年審判

子ども・家庭

14 多問題家族・国籍・自己探求への支援課題に直面したワーカーの葛藤

【保護処分】 判を経て、17歳になっていたこともあり中等少年院への保護処分となった。

生い立ちの哀しみと怒りの叫び―共感と傾聴の対応

本人はさまざまな問題を引き起こし周りを巻き込んだが、ワーカーに対してはなぜか心を開いているようにみえた。ワーカーの宿直の日に限ってそばにまとわりついて話をしたがり、話に夢中になって夜を明かすこともあったが、休まずに出勤するという約束は固く守ってきた。

【ナラティブ・アプローチ】 本人の話は、自身の家族問題や国籍問題、自己のアイデンティティに関わる内容に集中していた。父の酒乱と暴力におびえた日々、障害のある母の突然の事故死、その後の父の病死や神経を病んだ兄の自殺の話……。また、国籍問題では、現に日本語を使い、日本で育ったのになぜ自分は日本人でないのか、なぜ名前が2つもあるのか、なぜ「外国人登録証」を持たなければいけないのか、国や社会は自分を人間として信用していないのではないかなどの訴えである。自己の存在証明の確認をめぐる根源的な苦悩や哀しみや、怒りと懐疑の想いが噴出した。

さらに、幼い頃に養子に出されたまま消息が分からない弟のことや、施設に残した妹のことも憂慮していた。両親や自殺した兄のことが頭に浮かび、眠れないこともあるという。そうした精神的葛藤の苦痛が、若白髪やアトピー性皮膚炎という身体症状に色濃く表れていた。

これらの課題に対しワーカーは一切の論評を控え、ひたすら傾聴と共感の姿勢で臨んだ。特に「家族問題」に関しては、消息不明の弟の問題や施設に在籍している妹の問題に限定し、関係機関との連絡調整を図り、改善する方針を説明した。ただし、本人の反社会的問題行動に対しては刑法などの「社会的制裁の仕組み」が厳然として存在することを伝え、行動を自制するよう注意した。しかしワーカー自身の課題として、家族問題への助言が適切であったかどうか強い葛藤が残った。【自己覚知】 それは対人援助におけるワーカー自身の自己覚知の課題でもあった。実は、ワーカー自身が施設生活経験者であり、実の親を知らずに育ったのである。

中等少年院退院後の生活（入所2年6カ月）

中等少年院での生活は模範生で全く問題がなかった。その結果、6カ月の短期処遇で仮退院となった。ただし家庭裁判所では、再度自立援助ホームでの保護と指導を前提に、保護司をつけて20歳までの保護観察処分となった。【保護司　保護観察制度】 本人は少年院生活を体験してかえって逞しく更生する意欲を見せた。

ある晩ワーカーに、中学時代の児童自立支援施設での生活を記録した日記を数冊見せてくれた。几帳面な文字で日々の反省や生活の様子がびっしり記録されていた。そしてワーカーに「自分が育った児童養護施設や児童自立支援施設を案内するからぜひとも一緒に来てほしい」と懇願した。これは後にワーカーの地方出張を機会に実現することができた。本人の懇切丁寧な施設案内で2つの施設を訪問した。さらに亡くなった両親と兄が納骨されているお寺にも参拝することができ大満足であった。本人は再び運送会社へ再就職し、順調に社会復帰への道を歩み始めた。

子ども・家庭

6. 終結とアフターケア

　その後、職場やホーム内で多少のいざこざは絶えなかったものの、比較的安定した生活が送れるようになり、目標のアパート生活に向かった。だがワーカーはその時点で人事異動があり職場を離れることになった。彼は非常に残念がり、「今度再会したら必ず一緒に飲もう！」と声をかけた。
　そして10年の歳月が流れた。ある日、職場の電話が鳴った。彼がアパートで自殺をしたとの知らせだった。まだ20代後半の若さだった。関係者の話では「うつ病」の疑いがあったとのこと。アパート自立後数年はがんばっていたようだが、あるとき突然「退職」し無職状態になった。生活保護を受けるまで追い詰められ、最後は社会的に孤立状態にあった。自殺の第一発見者はアパートを訪問した生活保護担当のワーカーだった。葬儀がしめやかに行われ、両親と兄が眠る寺に納骨されることになった。

▶ 主訴などに対する支援への評価

　本事例は当事者の「自殺」という悲劇的な終結となったが、以下のようなエバリュエーション（事後評価）をした。
①家族支援：入所依頼の主訴が本人の「就労支援」がメインだったにしても、幼い頃に養子に出された弟の所在は不詳のままであった。4歳下の妹との連絡調整は児童養護施設との連携が可能であった。しかし、ワーカー自身の家族支援に対する自己覚知は不十分であり、特に両親や兄の悲劇に関する「喪失体験」への支援の課題が残った。
②就労支援：「鉄道マン」への憧れがありながらも、学歴ハンディの壁を越えることはできなかった。就労支援にしても進学支援にしても本人の共通課題は「対人関係の持ち方」となることが明らかであった。
③進学支援：高校進学が叶わなかった青少年の「無念」は深い。中卒で働かねばならない立場と、家族支援の下で進学可能な高校生との格差が生み出した補導事件は何を訴えているか。また本人の教師や学校批判は性急で短絡的、自己中心的な未成熟性を示しているが、反面、一部の教師や学校教育界に抜きがたく存在している権威主義的形式的指導体質は、彼の本質的な問題提起にどう真摯に向き合うことができるのだろうか。
④国籍問題：本人が抱えた理不尽な課題の一つに国籍問題がある。援助過程では省いたが、当時ワーカーは本人の国籍問題解決のために法務省へ共に出かけ、日本国籍取得のために「帰化申請」の手続きを試みた。だが「申請受理」までに3カ月以上の待機期間があり、その後も複雑な手続きや書類準備が必要になり、相当な時間と手間がかかることが明らかになった。これは本人にとって、この国における自己の存在証明＝アイデンティティの問題でもあるといえる。
⑤少年司法：本人の場合は中等少年院入院が効果的だったようだが、少年院への保護処分が少年の更生に悪影響をもたらすケースもあり得るだろう。保護観察制度や保護司制度のあり方も検討課題である。また少年の社会更生に重要な役割を果たしている良質な補導委託施設（一部の自立援助ホームが家庭裁判所の認定を受けている）の数の少なさも課題である。
⑥援助の継続性：ワーカーは本人との比較的良好な関係性を構築しながらも、人事上の異動などにより援助の継続性を一方的に断つことになった。これは、人一倍繊細だった本人から見れば「見捨てられ感」を助長した可能性がある。援助の継続性の観点から、人事異動や退職などに伴う事

前の対策を検討し、継続的な支援ネットワーク作りへの配慮が必要だった。

▶ ソーシャルワーク実践を通して

①「自殺」という悲劇的終結を防止するために当事者の「居場所」作り、自立援助ホームへの入所者にも児童養護施設などと同様の退所後の「社会的孤立」支援対策のニーズがある。特に施設入所児童の4つのライフステージ（①施設入所前、②入所時、③施設生活、④施設退所前後）のそれぞれのステージ上の援助課題を見つめる眼が必要である。なかでも第4ステージである施設退所後の支援が最もニーズが高いにもかかわらず、「援助の谷間」におかれ放置されている。本事例のように気付いたときにはすでに手遅れであることもある。具体的には施設退所後、当事者がふらっと立ち寄れ、さまざまな相談支援が得られる居場所があれば当事者の社会的孤立防止に貢献する可能性がある。さらにそこにはかつての当事者やその仲間が常駐して運営されていれば当事者はより立ち寄りやすくなるはずである。

②学校教育現場と福祉現場との連携不足は重大である。人生の「ゼロスタート」あるいは本事例のような「マイナススタート」ともいえるような要保護児童・青少年の場合は、たとえば近年そのニーズが注目されているスクールソーシャルワーカー（SSW）の養成や配置が検討される必要があると感じた。

③若年者の就労支援の体制を見直す必要がある。かつての「職親制度」＝「保護受託者制度」の現代的復活を検討できないだろうか。具体的には自立援助ホームなどに就労支援で関わった企業や商店、飲食店などとの事業所同士の横の連携を組織化するネットワークの構築が必要と考える。

④本事例は本人の自殺という最悪の悲劇で終結した。要保護児童の思春期・青年期における自殺事例は表面化しにくい面がある。一方未遂事例は多発している（リストカットなど含む）というが、正確な統計数字は公表されていない。自殺または未遂の危機管理対策などをリスクマネジメントというが、具体的にどのような対策が有効か検討する必要があろう。

▶ 演習のポイント

1．児童福祉施設や里親制度などの対象児童は「要保護児童」と呼ばれているが、その施策（「社会的養護」）の現状と課題について調べてみよう。また、わが国と諸外国とを対比して日本の特徴を調べ、今後のあり方を考えてみよう。
2．児童虐待と少年非行とは関連が深いといわれるが、どのような関連があるか考えてみよう。
3．施設入所児童や里親委託児童には前述した4つのライフステージが存在する。各ステージにはどのような課題があり、どのような援助方法があるか、また、特性は何か考えてみよう。

子ども・家庭 15 養育や生活する力に課題のある若年母子世帯への施設支援

●ソーシャルワーカーの所属機関：母子生活支援施設

キーワード

若年母子世帯、エンパワメント、ストレングス、自立支援、母子関係調整、就労支援

▶ 事例の概要

夫と離婚し、住居や生活費に困り福祉事務所に相談。本人は21歳と若年であり、生活能力の未熟さや母子関係の不安が見られ、地域での自立した生活を目指して母子生活支援施設へ入所。施設で課題に取り組みながら生活環境を整え、地域でのアパート生活に落ち着いていった。

▶ 事例の経過

大切な用語

1. 入所に至る経過

夫からの言葉による精神的暴力や、渡される生活費が少ない等の経済的なトラブルもあり、半年前に離婚。離婚後も前夫としばらく同居していたが、前夫に交際相手ができ、早急に家を出て行くよう言われ、居住地の福祉事務所に相談した。

福祉事務所

母子生活支援施設

子ども家庭課のソーシャルワーカーは面接の結果、親子関係や本人の生活能力に不安な様子が見られ、母子での安定した生活を考えていくため、母子生活支援施設での生活を提案した。本人も了解し、施設見学と入所面接を経て、平成25年5月25日に母子生活支援施設へ入所となった。なお、本人の収入はなく、親族の援助も得られないため、生活保護課に生活保護の申請をし、施設入所と同時に保護開始となった。

生活保護

2. インテーク（初回面接）

母子支援員

入所日、母子支援員（以下、ワーカー）が本人（母親）と面接を行った。入所面接でも話をしたが、施設のルールや門限、行事参加等の施設生活への不安については「特にない」と返事をするが、聞き流している様子も見られたため詳しく聞くと「集団生活や決まりのある生活に抵抗がある」と話した。母子生活支援施設への入所は積極的に望んだことではなく、「施設での生活が不安で、干渉されることにも拒否感がある」とのことであった。そうした本人の不安を受容し、ワーカーからは「子どもと2人での生活の安定を目指すためには、たくさん乗り越える課題がありますが、できることから一緒に考えていきましょう」と伝えた。

受容

3. アセスメント（事前評価）

・世帯構成

岡田明日香さん（21歳）は他県にて出生。一人っ子であり、両親は小学校2年

生の時に離婚し、母子家庭で育った。高校2年生の時に2歳年上の男性との子どもを妊娠し、高校を中退して結婚、出産した。母の反対を押し切って結婚したこと、幼少期からの母の異性関係、母にふり回される生活であったこと等から、母との関係は希薄となり、現在では連絡もとっていない。出産後半年を過ぎた頃から夫の帰宅が遅くなり、言葉の暴力も増え、渡される生活費も極端に少なくなった。それでも我慢し3年間生活を共にするが、夫から別れ話を切り出されて離婚となった。高校中退のため就労経験はない。なお、長女は4歳で幼稚園に通った経験もないので、子ども同士の遊びや集団生活には慣れていない。

・前夫との関係
　離婚は届け出済み。養育費の取り決めはしていない。子どもへの面会希望もなく、家を出てからは連絡を取っていない。

・主訴
①仕事ができるようになりたい。
②子どもとの関係をよくしたい（言うことを聞いてほしい。いい子になってほしい）
③貯金がしたい。

・生活課題
①本人が若年であることや生活歴からも、子どもに適した生活に関しての知識がなく、現状の生活状況に問題を感じていない（生活リズム、食生活等）。
②計画的なお金の使い方ができないようである。
③自分中心の生活となっており、他者（社会性）に合わせることが難しい。
④子どもに「怒ることで言うことを聞かせる」との方法でしか関われておらず、知識や経験、意欲の不足から養育能力が低い。
⑤就労経験がなく、学歴からみても安定した就労へつながるかの不安がある。

4．プランニング（支援計画の作成）

①生活リズムや食生活について、母子での安定した生活に適した環境に近づけていく。
②親子関係を見守り、必要に応じてワーカーや他職種が介入して親子関係の安定を図る。
③計画的な生活費の使い方ができるように生活状況を把握し、定期的にふり返りをしながら、本人ができる方法を検討していく。
④安定した生活につなげるため、生活や親子関係が落ち着いたら就職を目指していく。

5．インターベンション（支援の実施）

子どもに適した生活時間が送れるようになる
平成25年6月30日　入所して1カ月経過したので面接
　施設での生活について把握するため本人と面接をする。ワーカーからは、起床時間が昼頃であること、帰宅時間が門限ギリギリであること、週末は外出が多く週明けに子どもが体調を崩しやすい様子が見られたことを伝える。子どもの生活に適した時間の過ごし方について説明し、「まずは1カ月間、意識して生活するように」と話した。

7月28日　職員が段階的に起床の声かけを行う

　この1カ月の様子を確認。本人は「目覚まし時計をかけているが止めてしまい、朝早く起きることができない」とのこと。ワーカーから「事務室から居室へのインターホンで、毎朝職員が起床の声かけをするから、自分で起きられた日は逆にインターホンで事務室に知らせて」と伝えた。

8月10日　職員からの呼びかけをなくし、母子での生活を見守る

　ほとんど自分で起きられるようになる。朝起きられることで日中の活動時間が増え、帰宅時間も早まった。生活リズムが整ってきたことで、週明けに子どもが体調を崩すことが減ってきたことについて、本人と一緒にふり返り頑張ったことを支持した。

親子関係が安定し、食生活の改善も見られるようになる

9月2日　長女を激しく叱責する声が居室より聞こえた

　居室前を通りかかったワーカーが、居室から長女に対して怒鳴り叱責する本人の声が聞こえたので、居室に入り制止する。本人を連れ出し興奮が冷めてから面接をした。ワーカーから「日頃から、自分の思う通りにできない長女に対して、強く荒い口調で注意する様子が見られていたので心配していた」「子どもとの関わりに難しさを感じていないか」と聞いた。本人から「自分の思い通りにならず言うことを聞かない娘に、日頃からいらだちを感じている。どうしたら言うことを聞くのか、いい子になるのかわからない」と話す。「一番いらだつのはどういう時なの」と聞くと、「食事の準備中に邪魔をされることや、遊んでしまって食事を食べないこと」と話した。

　ワーカーは本人に、定期的にワーカーや少年指導員、保育士が一緒に過ごし、子どもへの促し方等のフォローをしていくことと、夕食を職員が手伝いながら作り方を教えるので、食生活の改善も図ることを提案したところ、本人も了解した。

9月19日　職員の介入により、食事時の親子関係に落ち着いた様子が見られる

　職員が立会い、声かけの仕方を見せながら過ごしている間は、本人に落ち着いた様子が見られてきたため、介入の回数を減らしていくことにした。

9月23日　いらだつ回数が減り、親子関係が安定してきた

　ワーカーから本人に「娘さんと部屋で2人の時は、どんな様子なのか」を聞くと、「職員の娘への関わり方を参考にしながら、怒鳴るのではなく、娘がやりたいと思うような言葉をかけることを意識するようになり、少しずつ娘も行動してくれるようになった」「まだまだいらだつことも多いが、少しずつ関わり方がわかってきたようだ」と話す。また、「食事の作り方を身に付けられてきたことで、料理を作る楽しさを感じるようになってきた」とも話してくれた。

生活費を計画的に使うことができるようになる

9月30日　状況確認のため面接

　本人から「生活費のやりくりが難しく、計画的に使うことができない。生活保

護費を受け取ってから、わりと早い時期でお金が少なくなってしまい、保護費支給日前の5日間位は生活が苦しい」との話があったので、ワーカーと生活費の計画を立てることにした。

10月3日　生活費の計画を立てる
　1カ月にかかる必要な費用を上げ、残ったお金の使い方をワーカーと検討する。計画に沿って家計簿を付けながら生活費を使うことを約束してくれた。

11月28日　生活費の使い方を確認
　ワーカーは生活の様子をしばらく見守っていたが、外食や買い物が多い様子が見られていた。本人に声をかけ家計簿を確認すると、家計簿は付けられておらず、光熱水費等の公共料金の支払いも滞っていることがわかった。生活費が計画通りに使われていないことがわかり、1週間ごとに家計簿とレシートの確認を行い、さらに公共料金の支払い日には通帳の確認を行うことにした。

12月3日　生活費の確認のため面接
　公共料金の支払いが滞らずに行えるようになってきたことについて、本人の頑張りを評価する。一方で食費や雑費等が計画的に使えていないので、日割りで封筒に分け、使える分のお金をわかりやすく管理する方法を提案した。

仕事を始めることができた

職業訓練校

平成26年1月20日　職業訓練校への入学を検討
　生活面や親子関係が落ち着いてきたため、ワーカーから本人に「そろそろ仕事のことを考えましょう」と話し、本人も了解した。ワーカーは福祉事務所の生活保護担当ワーカーに連絡し就労支援を依頼した。生活保護担当ワーカーは福祉事務所に所属する就労支援員と来所し、本人に就労支援員を紹介した。

就労支援員

　翌週から数回、本人は福祉事務所に行き、就労支援員と面接をした。その結果、就労支援員より「長期の生活や就労の安定を考えると、職業訓練校での訓練が適切であろう」と提案された。本人も学歴や就労に対して不安に思っていたため入学を希望し、資料請求や入学手続きを進めることになった。

ハローワーク
技能習得手当

2月20日　ハローワークでの手続きに、就労支援員とワーカーが同行
　職業訓練校の入学申し込みを行うためハローワークに同行し、併せて技能習得手当の申請も行った。

4月6日　職業訓練校へ入学
　修了時にはパソコン関係の資格を取得できる、3カ月の短期コースに入学した。子どもの体調不良時は病後児保育を利用する等の調整をしながら3カ月間の通学を続け、資格も取得した。

病後児保育

7月15日　ハローワークへ同行
　ワーカーはハローワークへ同行し、求人情報の検索方法や窓口での相談方法、

| 傾聴 | 面接の約束方法等をアドバイスする。2回目以降は本人のみでハローワークへ行き、面接の約束を取り付けることができた。面接前には服装や受け答えの仕方について、就労支援員とワーカーより助言を行った。

8月1日　事務職での就職が決定
　初めての就労のため、不安も緊張も大きい様子が見られた。施設職員皆で声をかけ、職場での不安や困っていることを聞き気持ちを受けとめた。当初は職場での不満、人間関係の難しさ等の訴えが多く見られたため、十分に傾聴して一つひとつ対処方法をアドバイスした。

アパートでの生活に向けて
11月15日　アパートでの生活を希望
　順調に就労が続いたこともあり、本人から「そろそろアパートでの生活を考えたい」との相談があり、ワーカーも了解した。

12月10日　退所に向けての支援会議
　生活保護担当ワーカーも同席した施設の支援会議で、「退所してアパート生活への移行を検討する」との方針に決まった。ワーカー（母子支援員）が賃貸情報を提供して、不動産屋へ同行する等の支援をしながら退所の準備を進めた。また、退所後の地域生活を見守ってもらうため、一緒に民生・児童委員へ挨拶に行った。

平成27年3月15日　母子生活支援施設を退所

6. 終結とアフターケア

　新たに居住するアパートは施設の近くであり、退所後しばらくは、本人の仕事が終わると親子で施設に寄り、職員と雑談をしてから帰宅することも多かったが、段々と回数も減り、自分たちだけでの生活に落ち着いた様子が見られた。施設行事の時には母子で顔を出しており、順調に地域での生活ができている様子が見られている。現在のところパートでの採用なので、就労収入が少ないため生活保護受給が継続しているが、常勤への採用変えもある会社なので、将来的には経済的自立も考えられる。

▶ 主訴などに対する支援への評価

①仕事ができるようになりたい
　職業訓練校について情報提供を行い、資格を取得し技術を身に付けたことで就職につながった。
②子どもとの関係をよくしたい
　本人は、子どもに適した生活状況や環境についての知識と経験、意欲が不足していたが、ワーカーが本人の話を聞きながら説明を繰り返していくことで、知識が身に付き環境も整えることができた。また、親子関係にワーカーが介入し、子どもへの関わり方について学んだことにより、本人の負担も軽減することができ親子関係が安定した。
③貯金がしたい

家計を一緒に考え、支払い状況や出費の管理を細かく行うことで、計画的なお金の使い方を身に付けることができた。

▶ ソーシャルワーク実践を通して

①課題の共有（本人・施設・関係機関）

施設退所後の自立した母子での生活に向けて支援するには、母親本人、施設職員、関係機関の担当者等が、現時点で課題となっていることを共有する必要がある。施設職員や関係機関の担当者が気づいた生活課題を本人に伝え、本人自身が受けとめて前に進みながら課題を解決していかなければならない。その際に、ワーカーや職員からの一方的な押し付けではなく、本人の抵抗感や困難さを抱える気持ちを受容し、根気強く話し合いを重ねながら、できる方法を一緒に考えて取り組んでいくことが重要であった。

②日々の関わり、一緒に行うことの大切さ

本人が一人でできないことも、職員が日々声をかけながら一緒に行うことで段々と身に付けられるようになる。生活課題を解決するための目標や計画は「立てて終わり」ではない。日々関わりながら、共にふり返り、時には評価し、時には方法を再検討しながら、言葉だけでなく共に取り組んでいくことで、本人が課題を解決する力を付けられるようになる。

③退所後の地域での生活を視野に入れた支援

退所後は母子のみの生活となるため初めはワーカーが介入するが、段階的に母子だけの生活を見守り、母子だけでできる方法を試していくことも重要である。また、退所して地域に転居した際に、困ったことがあれば関係機関等に相談できるよう、入所中から目的に応じた、施設以外の相談を促す等、関係機関や他者とつながれるよう意識した関わりが必要である。

▶ 演習のポイント

1．母子生活支援施設では、保育士や臨床心理士など、他職種と連携しながら支援を行っている。本事例において、どのような支援の時に他職種との連携が必要かを考えてみよう。
2．退所後、新たな親子関係における問題が生じた場合に相談できる所や、親族等にサポートを頼めない時に利用できる子育て支援のサービス等、地域で活用できる社会資源にはどのようなものがあるかを調べてみよう。
3．今回のような若年母子の場合やひとり親世帯が抱える生活課題等、最近のひとり親世帯の傾向について調べ、今後のあり方について考えてみよう。

16 児童虐待への市町村による支援

子ども・家庭

●ソーシャルワーカーの所属機関：福祉事務所（市児童福祉課）

キーワード

児童の権利擁護、児童虐待、要保護児童対策地域協議会、ネットワーク構築

▶ 事例の概要

境界性パーソナリティ障害の疑いがある母親による虐待の事例。子どもたちの通う保育所からの通告で、長男へ身体的虐待をしていることが判明した。そこで、保育所、市福祉事務所（児童福祉課）、児童相談所などでチームを作り支援を展開した。

▶ 事例の経過

1. 相談に至る経過

大切な用語

境界性パーソナリティ障害

世帯状況
実父：長谷川大輔（27歳）トラック運転手。健康状態は良好。家事・育児に協力的ではあるが、仕事柄早朝から出勤し、帰宅も遅いことが多い。
実母：千夏（25歳）スーパーマーケットでパート就労。境界性パーソナリティ障害の疑いがある。
長男（5歳）、長女（3歳）、二女（0歳）：3人とも市内の保育所に入所。

保育所

12月5日　長男にあざがあることを発見
　保育所の担任保育士が、長男の頬に2センチほどの小さなあざがあるのを発見。長男にさりげなく聞くと、「悪いことをしたので母にたたかれた」と語る。保育士はこの事実を園長に報告。保育所で所内会議を開催し、長女と二女の担任を含めて状況を確認したところ、妹たちにはあざなど不審な点は見当たらなかった。会議の結果、保育所より福祉事務所へ相談することとした。

通告
福祉事務所

12月5日　保育所からの通告
　保育所から、福祉事務所（児童福祉課）のソーシャルワーカー（以下、ワーカー）へ連絡が入った。ワーカーからは、迎えに来た保護者を決してとがめず、「あざを発見したこと」「心配していること」を伝えるよう、また、無理のない範囲であざの写真を撮るように依頼。あわせて、3人の子どもたちと保護者の状況を注意深く観察するよう依頼した。ワーカーは身体的虐待を疑い、上司に緊急受理会議の開催を相談した。

身体的虐待

緊急受理会議

　緊急受理会議を開催する理由としては、次のようなことが挙げられる。
①児童虐待なのかどうかの判断は、組織的に行う必要があること。

16 児童虐待への市町村による支援

児童相談所	②児童虐待の程度を判断し、必要に応じて児童相談所へ送致する必要があること。 ③虐待対応に関する方針の検討を速やかに行う必要があること。

2. 危機対応とアセスメント（事前評価）

12月7日　緊急受理会議の開催〔児童福祉課、市民健康課〕

乳幼児健診 保健師	児童福祉課で緊急受理会議開催。本世帯には乳幼児もおり、過去の乳幼児健診等の記録もあるため、同会議には母子保健の主管課である市民健康課の保健師の同席も求めた。

緊急受理会議の結果、次の結論に至った。
①本件は身体的虐待と認め、本児ら3人を要保護児童と認定する。

主任児童委員	②虐待の程度と頻度を確認のため、保育所および主任児童委員へ調査依頼する。 ③市民健康課で本児らの妊娠経過および乳幼児健診の受診状況を確認する。 ④保育所で日頃の両親の状況を確認し、本世帯の全体像を把握する。 ⑤調査期間は1週間とし、調査結果などを踏まえ、支援方針会議にて検討する。

子どもの生活状況の把握
12月14日　支援方針会議の開催〔児童福祉課〕

支援方針会議 （カンファレンス）	児童福祉課で支援方針会議を開催。収集した情報をもとに検討を行った。 ①主任児童委員からは、近隣で実母が長男を激しく叱る声が時々聞こえること、その一方、家族で連れ立って仲良さそうに外出していることも見られるとの報告があった。 ②保育所からは、その後はあざは見られず3人とも元気に通所しており、実母からは「転んでできたあざ」との説明があったこと、第3子の出産後実母が不安定になっていること、以前に他の保護者から子どものことで注意を受けた実母が、その保護者に対して激しく攻撃的になったことがあると報告があった。 ③市民健康課からは、長男の3歳児健診の際に実母より「長男を好きになれない」との訴えがあったこと、および来月第2子の3歳児健診の予定であることが報告された。

それらの報告を受け、次の事項を決定した。

ネットワーク	①年末年始で保育所が長期の休みに入るので、早急にネットワーク会議を開催し、支援を検討する必要がある。 ②ネットワーク会議の出席者は、児童相談所、保育所、市民健康課、主任児童委員、児童福祉課とする。 ③保育所には継続的に状況の把握を依頼する。

関係機関による現状の把握と分析、支援方針の検討と役割分担

要保護児童対策 地域協議会	12月21日　ネットワーク会議の開催〔児童福祉課、市民健康課、主任児童委員、保育所、児童相談所〕 　ネットワーク会議の目的は、情報共有、ケースの見立て、支援方針の検討、役割分担の決定とした。 〈ケースの情報の共有〉 　保育所より次の報告があった。

	①その後は本児らにあざは見られず、情緒的にも安定している様子。 ②実父が週１回程度子どもの迎えに来ることがある。実父は仕事の時間が不規則で、帰りが遅いこともあるが子ども達への愛着があり子ども達を心配している。 ③実母はパート勤務であり、毎週平日に勤務しない曜日がある。 〈ケースの見立て〉
社会診断	①就労しながら３人の子どもの養育を行う負担に加え、実母が長男を精神的に受け入れられていないことが身体的虐待につながっている可能性が高い。 ②児童相談所の嘱託医によると、保育所でのトラブルの状況から実母は他者への攻撃性が高く、「境界性パーソナリティ障害」の疑いがあるため、同障害であることを前提とした援助を行う必要がある。
キーパーソン	③本ケースのキーパーソンは実父であり、実父の認識の確認や実父と関係機関の信頼関係の構築が鍵となる。 〈ネットワーク会議後の支援方針と各機関の役割分担について〉 ①現状では軽〜中程度の虐待と考えられるが、注意深く観察を続ける。 ②保育所は本児らを注意深く観察し、実母に対して決して批判的にならず心配感を伝える。また、実父がキーパーソンとなるので、迎えの際に心配していることを伝えて信頼関係を醸成する。 ③市民健康課は来月の第２子の健診の際、実母に対してさりげなく声かけを行い、状況の把握および実母との関係性の構築を行う。 ④次回あざがあった場合は、再度ネットワーク会議を開催して介入の手法を検討する。 ⑤情報の集約・管理は児童福祉課が行う。

虐待の再発―事態悪化回避へ父親に対して積極的接触
１月12日　保育所より児童福祉課へ再度通告
　保育所より、長男の頬にあざを発見したとの再度の通告。保育所が保護者に心配している旨を重ねて伝え、あざの原因を確認するよう依頼する。

１月17日　第２回ネットワーク会議開催
　前回のネットワーク会議で再度あざが発見された場合は、ネットワーク会議を開催する旨を確認していたため、前回と同じ児童相談所、保育所、市民健康課、主任児童委員、児童福祉課出席のもと、ネットワーク会議を開催。
　会議開催の目的は、現状に関する共通認識を持つ、支援方針の検討・確認、介入の是非・手法についてとした。
〈情報共有〉
　保育所より次の報告があった。
①あざは直径２センチ程の小さなもの。実母からは前回と同様、遊んでいてぶつけたとの説明を受けている。長男は情緒的には安定しており、保育所では友人との関係も取れている。
②前回のネットワーク会議以降、実父の迎えが４回あり、その都度担任が実父に声をかけて心配感を伝えている。一定の関係性が構築できたと判断し、一歩踏み込んで家庭での実母の様子を聞くと、「妻なりに一生懸命家事と育児に取り

組んでいるが、自分の思ったようにならないと怒鳴ったり、手を上げることも見られる」とのこと。
③実父と共に実母のフォローをしたい旨を実父に提起したところ、実父から「よろしく願いたい」との意思表示あり。今後は、実母に知られないよう細心の注意を払いつつ、実父の迎えの際に家庭状況などを聴取する。
　主任児童委員より次の報告があった。
④実母が大声で本児らを叱る声が時々聞かれる状態が続いている。

〈重症度の判定など〉
①身体的虐待が見られ、また、実母は長男を精神的に受け入れない拒否感が根底にあるものの、愛着が全くないわけでもない。
②あざの発生頻度や程度とも、生命に関わるような状況にはない。
③長男自身保育所では、友人関係も取れ情緒的にも安定している。
④結論として、軽度〜中度の虐待と認定する。

3．プランニング（支援計画の作成）

〈支援方針と役割分担〉
①当面の目標として「虐待行為を軽減し本児らの生活を守る」「実母との関係性を構築する」の２点を確認する。
②虐待の程度が軽度〜中度のケースであり、主担当は児童福祉課が行う。
③身体的虐待が継続しており、この機に介入する必要がある。
④虐待であると告げると対立関係に陥り状態が悪化することが懸念されるため、虐待対応であることを知られないよう細心の注意を払う必要がある。
⑤実母との関係性を構築し、負担感や困り感を引き出しつつ支援し、身体的虐待に当たることを提示することが望ましい。
⑥本世帯に寄り添う役割は、主に保育所が担う。今回の介入は、訪問した際にあざを問題とすると保育所から情報を得たことが判明してしまうので、大声で叱っていることを理由に児童福祉課が介入することにする。

１月18日　課内で介入手法の検討
　児童福祉課内で具体的な介入手法について検討を行う。本ケースは、①実母は長男に対する拒否感が根底にある中で、身体的虐待が発生しており早急に軽減を図る必要がある、②境界性パーソナリティ障害の疑いがあるため、ワーカーが対応できることとできないことを明確に示して対応する、③実母へとても心配している旨のメッセージを送る、④虐待の事実を提示すると対立関係に陥る可能性が高いため伏せるの４点を確認した。また、境界性パーソナリティ障害については、一貫性のある対応、対応できる限度の明確化を行い、実母の要求に応える場合は慎重に行うことが必要である旨を併せて確認した。

4．インターベンション（支援の実施）

１月19日　児童福祉課の家庭訪問＝母親に対する介入
　家の中の状況を把握し実母の様子を確認するためにも、アポイントを取らずに訪問する。この日は実母の仕事が入っていない曜日であることを保育所で確認済

第Ⅲ部　展開事例

みであった。

呼び鈴に応じて実母が現れ、「子どもらを大声で叱っている声が外で聞こえたので心配をして訪問した」旨を説明する。実母は不審感を示しながらも、児童福祉課が心配していることに対して感謝を述べる。

ワーカーが大声で叱っている事実の確認およびその理由を聞くと、実母はその事実を認め、子どもが3人となり育児の負担が増し、つい大声で怒鳴ってしまうと答える。実父の家事・育児への参加状況は、「自分が大変なのに全然理解も協力もしてくれない」と答える。ワーカーが実母の負担を軽減するためじっくり話を聞きたいと申し出ると、忙しいことを理由に遠慮するとのこと。ワーカーは、時々立ち寄らせてほしい旨を話し訪問を終了した。

ラポール
傾聴
受容

その後、月に2回程度の訪問を続け、状況の把握と実母との信頼関係を構築するために実母の話を傾聴し、実母を受容するよう努めた結果、信頼関係が構築され実母より困り感や負担感が語られるようになった。

2月25日　家庭訪問

実母と面接。実母より、夫が自分の大変さを理解してくれないとの強い訴え。ワーカーがさりげなく、以前長男の頬にあざがあったような気がしたと問うと、第3子が生まれ家事・育児が忙しくなり、長男に下の子の世話をするように言っても言うことを聞かず、いらいらが募ったときについ手が出てしまうと語る。ワーカーは、実母の苦しみを受容し共感した。

共感

その上で、手を出してしまった後の気持ちを問うと、実母はとても苦しく罪悪感を感じると語る。手を出すことが悪いことであることを共有した。

その後も、月1回から2回の家庭訪問を継続し、状況の把握および実母の精神的安定を図った結果、実母は「手を上げることはほぼ無くなった」と語るようになった。児童福祉課からの一方的な訪問であったものが、実母が市役所へ来庁するとワーカーを訪ねるようになり、実母との信頼関係も増している。

5. 終結とアフターケア

4月10日　ネットワーク会議

長男が小学校に入学したため、小学校の担任を加えてネットワーク会議を開催。現在までの状況を説明し、共通認識を作り支援方針の確認を行った。

また、本児らの様子に不審な点が見られたら児童福祉課へ連絡すること、およびそのような場合はネットワーク会議を行うことを確認して終了した。

なお、児童福祉課の訪問は、頻度を下げながら継続することを確認した。

▶ 主訴などに対する支援への評価

①虐待の予防・軽減と関係機関の連携

虐待の発見時の保育所内での組織的対応、その後、関係機関による組織的連携を図り、共通認識のもとで対応し、軽減および悪化予防ができた。

②介入の時期と手法

介入時期と手法を精査して介入した結果、児童福祉課と実母の間に信頼関係が構築でき、支援の

枠組みで展開できた。
③危機管理
　虐待の背景と状況を客観的に把握してリスクを評価した。また、ネットワークを構築し、虐待の悪化予防および危機管理体制の構築ができた。

▶ソーシャルワーク実践を通して

①児童虐待への初期対応の重要性
　虐待は家庭という閉鎖された空間で起こり、その実態を明らかにすることは困難を極める。一方、経過観察に時間をかけると虐待が深刻化し、児童の心の傷が広がり深まってしまう。初期の段階で見立てを行うと共に、手法を検討し組織的な支援を実践するには、関係機関の密な連携とお互いが役割分担を明確に理解し、情報を知らないこととしてクライエントに対応できる高度な専門性が前提要件となる。クライエントは、保護者ではなく児童であることを確認し、児童虐待への対応は、要保護児童対策地域協議会で、各関係機関が密接かつその時々の状況に応じて連携し、組織的に虐待の社会診断を行い、共通の支援方針のもとで支援を展開する。

②児童相談所と市町村の役割の違い
　児童福祉の専門機関である児童相談所と住民に身近な市町村は、その専門性の違いに加え、市町村が虐待であることを告げたり強制力を伴う介入を行うと、住民は不信感を覚え地域で生活しづらくなるという立場性の違いがある。よって市町村は、極力保護者を支援し寄り添うことがポイントである。

▶演習のポイント

1．通告と相談の違いを整理し、どのような状況であったら児童虐待（要保護児童）として認定するべきか考えてみよう。
2．クライエントは誰か、誰が何に困っているのか、何が問題なのかを考え、各関係機関の社会的役割と本事例における役割を整理してみよう。また、その他の関係機関にどのようなものがあり、どのような社会的役割を担っているかまとめてみよう。（例：幼稚園、子育て支援センター、児童館、小学校、教育委員会の教育相談）
3．実母に対して児童虐待であることを告げることの是非、児童虐待と告げる場合の手法（どのような状況となったら誰がどのように告げるのか）を考えてみよう。

子ども・家庭 17 母子分離した家族への支援とアフターケア

●ソーシャルワーカーの所属機関：婦人保護施設

キーワード
DV、関係機関との連携、支援ネットワークの形成、ソーシャルアクション、母子統合

▶ 事例の概要

夫のドメスティック・バイオレンス（DV）により子どもと家を出たが、精神状態が不安定となり養育ができなくなった。児童相談所の判断で母子分離となり、子どもは児童養護施設、母親は婦人保護施設へ。母親の病状安定のみに留めず、母子の希望である母子統合（同居）に向けて支援し、その後も支援ネットワークを活用しながら、地域生活において継続的な支援を展開中である。

▶ 事例の経過

大切な用語

福祉事務所

児童相談所
一時保護
婦人相談所
婦人保護施設
措置制度

婦人相談員
共感

1．措置入所に至る経過

夫から妻（本人）や子どもへの暴力が始まったことから、福祉事務所に相談して保護を求めた。本人の子どもへの思いは強く母子関係も良好だったが、精神状態がかなり不安定で養育も困難のため、児童相談所の判断で長女は児童相談所にて一時保護、本人は婦人相談所での一時保護となった。婦人相談所で心理判定や精神科診断を受け、病状の安定をはかるとともに、生活の基盤をつくる必要性があるとの判断から婦人保護施設への措置入所となる。

2．インテーク（初回面接）

入所面接には施設長と婦人相談員（以下、ワーカー）が同席し、子どもと会えない辛さからさらに不安定となり、入所には積極的でなかった本人に共感しながら話を聞いた。

入所して3日目にして、すでに他の利用者と数回トラブルを起こした。本人は興奮して「今すぐここを出て行きたい」と訴えるが、子どもの話になると涙ぐみ、「早く病気を治して一緒に暮らしたい」と入所理由を思い出して徐々に落ち着く。本人からすると自分の意思ではなく、関係者の勝手な判断で別れさせられたという思いがあるようだ。何よりも大切な子どもと一緒にいることができない「母親の苦悩」を受け止め、子どもと一緒に暮らせるようになるにはどうしたらいいかを一緒に考えていくことを伝えた。

また、人の行動が気になったり、小さなことで興奮してしまい他者とトラブルを起こしてしまうのは、精神状態が不安定であるからと伝え、精神科の受診を勧めた。本人は「実は眠れない」と泣きながら訴えたため、すぐに受診の予約を入れた。子どもにとっても母親が心身ともに健康でいることが何よりであることを

本人は理解している。さらに、夫と正式に離婚をして生活を立て直したいと繰り返し話しており、婦人相談所や福祉事務所などの関係機関と協議しながら離婚の手続きを進めていくことを確認した。

精神科を含め本人には様々な関係者が関わっており、全員が情報の共有をしながら協力することを約束した。

3. アセスメント（事前評価）

・家族の状況

本人：清水裕子（42歳）　地元の小中学校を卒業後、工場で働き始めるが長くは続かず、職を転々とする。25歳の時知り合った男性と同棲し結婚。翌年長女を出産。同時に夫の両親と同居したが折り合いが悪く、両親や夫から本人への暴力があり子どもを連れて家を出る。その後母子生活支援施設に入所したが集団生活に馴染めず、住み込みの就労先を見つけて働き始める。前夫とは離婚。

その頃に現在の夫と出会い結婚したが、夫は働かず日中から酒を飲み暴力をふるわれた。また、売春を強要し金を稼いでくるよう声を荒げることもたびたびあった。この頃から本人はバランスを崩し始め、奇声をあげながら興奮して歩き回ったりという状況があり、精神科を受診し入院を勧められるも夫が拒否した。その後も夫の飲酒と暴力はおさまらず、暴力が子どもにも向けられたので家を出る。その後、福祉事務所に相談し一時保護となる。

長女：清水美羽（14歳）　虚弱で知的障害あり。現在は児童養護施設に入所。

夫：清水淳（44歳）　隣県に在住

・心身の状態：婦人相談所の心理判定・精神科診断から、知的には境界線程度。しかし、発達段階での学習が上手く取り込まれてなく、漢字や計算はかなり弱い。短い面接の間に怒ったり、笑ったり泣いたりと、気分の移り変わりが激しい。

・精神科診断：躁うつ病（この時点では躁状態）

・経済状況：所持金3,000円のみ。入所後は生活保護の医療扶助を単給。

主訴

①子どもと一緒に暮らしたい。

②夫と離婚したい。

③仕事ができるようになりたい。

生活課題

①本人の躁状態が続いており、他者への不適切な言動によりトラブルが絶えない。本人は病気についての自覚もなく、受診の必要性も感じていない。

②長女との関係は良好で、「早く一緒に暮らしたい」と長女も考えており、長女も母親との面会を強く希望している。

③実家との関係はあまりよくなく、本人を近くで支えるのは難しそうだが、完全な拒否という状況ではない。

④金銭管理については問題なく、状況を見ながら使うことができる。

⑤本人の過干渉により、他者と良好な関係が結びにくい。

⑥これまで自分の体を優先してこなかったため、内科や歯科など、精神科以外の健康状態が不明。

4. プランニング（支援計画の作成）

①本人が安定した生活を始めるために、心身の状況把握を第一優先とする。軽い躁状態が続いていることから早急に精神科を、その状況を見ながら続いて内科、歯科、眼科などを受診する。
②これまで仕事の経験もあったことから、生活に慣れたら就労支援も検討する。
③子どもとの面会は本人のみならず、子も楽しみにしており、良好な母子関係の継続のために面会は不可欠である。しかし、面会のための交通費は本人が捻出しなければならないため、施設内作業に参加し少しずつ貯金をしていく。
④母子統合のために生活場面を通して本人の課題を整理しアプローチしていく。

5. インターベンション（支援の実施）

施設入所後から利用者とのトラブルが多発した

入所 6 日目　施設内での作業中に他の利用者を怒鳴りつける
「他の利用者の掃除を手伝ったのに、感謝の言葉もない！」と泣きながら利用者を怒鳴る。ワーカーが介入するも興奮がおさまらない。本人の気持ちを否定せず傾聴しながらも、「作業場以外の話を持ち込むのはやめましょう」「相手から頼まれていないことはやらないようにしましょう」とフレームを決めて対応する。

入所 8 日目　精神科を受診
これまでも数回の精神科受診歴があったこともあり、それほど抵抗なく受診することができた。これまでのことを涙をながらに医師に訴えるが、医師も受容的な態度で傾聴し、丁寧に「今、躁状態であること、服薬が必要であること」を説明され本人も納得する。その後、内科と歯科も受診して通院が決まる。

入所 10 日目　施設内での作業中に利用者とトラブル
作業の仕方が気になり声を上げてしまったとのこと。怒鳴る前に「伝える」方法もあることを話し、本人が落ち着いてから面接室にて社会生活技能訓練（SST）を使い「伝え方」の練習を行う。その 3 日後、状態が悪くなり入院。

入所 20 日目（入院 7 日目）　子どもの通信簿が届き面会時に見せる
ワーカーが病院を訪問し、本人に通信簿を見せる。「子どもにかわいそうな思いをさせて」と涙を流し、早く病気を治し元気になって仕事を始めたいと話す。子どものことは安心して、治療に専念するよう伝える。2 週間後に退院。

定期的なカンファレンスでクライエントを支えていく

入所 6 カ月目　カンファレンスを開催
不安定さは変わらず、利用者とのトラブルも絶えない。カンファレンスにおいてワーカーは「子どもに会えないこと、常に生活が同じ顔ぶれであることが、本人のストレスとなり不安定となっている」と報告した。子どもに会えない理由は交通費がないことであり、施設作業の工賃では足りないことから、就労支援の施設利用について意見が出された。本人も了解し、市役所の保健師に相談したところ精神障害者の方が多く通所している就労継続支援 B 型事業所を紹介され見学。翌月より利用開始となる。子どもとは週に 1 度必ず電話で話をすることを約束。

入所 9 カ月目　離婚について福祉事務所に相談

17 母子分離した家族への支援とアフターケア

　生活保護担当ワーカーが夫に連絡し、本人（裕子さん）には離婚の意志があることを伝えてもらうことにした。

カンファレンス

入所1年目　カンファレンスを開催
　本人の暴言や感情の起伏の激しさへの対応に職員が苦慮しているので、カンファレンスを開催。主治医から本人の病状についての説明のほか、なぜこのような行動を起こすのかについて話がある。話し合いを踏まえて、さらに包括的な支援ができるように危機介入の方法や早期警告サインの把握について、また問題解決のためのワークシートを使ったり、コーピングについても学ぶ機会を持った。今後は、様々な手法をもって支援にあたることとする。

危機介入
コーピング

　また、夫と交渉していた離婚が成立し、本人の感情面が落ちつくきっかけになるかもしれないことも話された。

長女との面会を境にクライエントの意欲が高まった
入所2年目　長女との面会
　児童養護施設の児童指導員が長女を連れて来所し、別室で共に1泊する。本人は長女が来る数日前から緊張し前日は寝ていないが、2人で外食や入浴して布団を並べて眠ることができた。本人はかなり疲れた様子であった。

入所2年3カ月目　長女の施設へ訪問
　少しずつ事業所での工賃が貯まり、面会に行ける額になった。ワーカーと電車のルートや料金、時間を確認して表を作成。本人の精神的な負担を減らすために、今回はワーカーが同行することにした。とてもよい形で面会が終わる。

入所2年6カ月目　福祉施設での清掃の仕事が決まる
　事業所では仕事に集中できるようになり、就労に挑戦することになった。新聞のチラシに出ていた福祉施設の清掃の仕事が決まる。主治医から勤務は週3日から始めて様子を見ながら増やすように指示された。
　勤務して1週間後、職場の上司より本人について問い合わせがあった。本人に注意をすると興奮してしまい仕事が継続しないとのこと。まずはその事実を受け止め、改めて連絡する旨を伝える。本人にこの件を伝え対処について一緒に考える。本人としては自分のことをうまく伝えられないため、職場と自分の間に職員が入って対処してほしいと話す。職場にどこまで情報を伝えるかについて、本人は全部話してほしいと言うが、主治医とも相談して決めることを伝える。
　後日、本人と主治医の許可を得て、ワーカーより本人の病気や現況を職場に伝える。職場の上司は病気について理解してくれ、今後は互いに連携をとって本人の就労を支えていくことを確認する。

入所2年9カ月目　アパートで暮らしたいとの要望がある
　仕事が継続し、母子面会も定期的に行えるようになったことから、本人は「しばらくしたらアパートで生活がしたい」と言う。子どもも同時に引き取りたいとのこと。本人の気持ちを受け止め、主治医や福祉事務所と相談する旨を伝える。

入所2年10カ月目　退所に向けてのカンファレンス
　参加者：本人、主治医、福祉事務所、婦人相談所、児童相談所、児童養護施設、婦人保護施設の各ワーカー
　現況としては、精神的に安定し服薬や金銭の管理も問題ないこと、就労の継

続ができていること、母子の面会もとてもよい形で進んでいることなどを確認し、退所の方向で一致する。ただし、まずは一人の生活を送り、その様子と継続性を見て統合（同居）の判断をしていくことにした。また、施設が行っているアフターケアを中心に、関係機関でフォローし様子を見ていくことを確認した。

その後、ワーカーは本人とアパート探しや必要な生活用品を購入した。親戚も本人の努力を評価し、アパートの保証人になってくれた。準備ができたところで本人と話し合い「アフターケアの実施計画書」を作成した。

入所3年目　退所

施設の利用者や職員一人ひとりからメッセージをもらい退所する。その後、自分で病院や保健所、施設のボランティアなどに挨拶へ行く。

6．終結とアフターケア

クライエントへの支援は施設退所後も続いていく

退所2カ月後　ワーカーがアパートに訪問

最初の3カ月は訪問を月に2回、その後は月に1回とし、今回は2回目の訪問。久しぶりの料理が楽しいとの報告あり。仕事も休まず、ゆっくりやっているとのこと。表情もよく経過は良好のようで、服薬も問題なし。

退所6カ月後　ワーカーがアパートに訪問

一人暮らしは順調であることを、退所後に関わっている保健師、訪問看護師、主治医、ワーカーで確認した。保健師や訪問看護師へは退所前に、本人の了解のもと、情報や支援目標を伝えた。しかし、婦人保護施設についての理解がなかったため、施設そしてその利用者についての理解を深めるところからスタートし、時間をかけてチームをつくっていった。

退所10カ月後　母子統合（長女との同居）に向けてのカンファレンス

関係機関がすべて集まり、母子統合に向けてのカンファレンスを行う。10カ月間の単身生活は順調で、様々な課題もクリアできたことを確認する。全機関が統合（同居）に了解し、施設のアフターケアを中心に連絡を取り合いながら支援することを確認。入居する前に長女の宿泊を数回行い、その後アパートへの引っ越しを行うことにした。

退所1年後　母子統合後の訪問

母子とも充実した生活の様子。「お母さんの料理はおいしい」と長女は嬉しそうに話す。長女にも就労の希望が出始め、福祉事務所のワーカーがハローワークに同行し、障害者雇用枠で仕事が内定した。

退所2年後（統合後1年）　ワーカーがアパートに訪問

本人は福祉施設での仕事を継続。長女も障害者雇用枠での就労が半年続いている。長女は児童養護施設の職員と旅行にも行き、母との生活の楽しさや仕事についての話をしたとのこと。本人は思春期の娘の悩みはあるが充実している様子。

▶ 主訴などに対する支援への評価

①子どもと一緒に暮らしたい

本人の継続的な思いと努力で、数年かかったが統合することができた。その後も関係機関がサ

ポートを行いながら母子の生活を見守り続けている。
②夫と離婚したい
　本人の重荷となっていたことだったが、離婚ができたことで気持ちが楽になり、前向きに「生きる」ことをとらえられるようになっていった。
③仕事ができるようになりたい
　施設内の作業、就労支援施設、就労とステップを踏みながら、できること、働くことのできる時間などを自分で測定しつつチャレンジすることができた。就労の継続が本人にとっての自信につながった。就労は経済的な利益のみならず、友人と呼べる人との出会いや同僚らとのつながりもでき、インフォーマルな付き合いにより生活の充実度が増している。

▶ ソーシャルワーク実践を通して

①傾聴することの大切さ
　暴力と隣り合わせにいた恐怖感や言葉になりにくい本人の感情、そして子どもへの強い思いにゆっくりと耳を傾け、本人を「知る」ことによって支援者側が立ち止まり、「自分はどうすればいいか」ということにじっくりと取り組むことができたことを実感した。
②病気・障害について理解を深める
　時間はかなり要したが、今回母子統合ができたのは、本人の躁うつ病についての治療がきちんとなされたということが大きい。主治医と連携を取りながら、病気についての理解を深め、医学モデルの時期、移行期、そして生活モデルの時期を使い分けることで、支援の枠組みが明確になり支援者側も動きやすくなった。
③支援ネットワークの構築
　最も本人を知っている施設だからこそ、本人に必要なネットワークの選出ができるはずである。しかし、婦人保護施設自体知られていない施設であり、実際にネットワークを作り上げるには時間を要する。そのために通常から地域を中心として啓発活動を行い「知ってもらう」、そして資源を活用するために地域を「知る」という２つの努力を行う必要性がある。

▶ 演習のポイント

１．母子分離をせずに母子を支援する方法はなかったのかを考えてみよう。
２．ネットワークを作り上げるためには、どのような方法があるのかを考えてみよう。
３．もし母子統合に反対の意見があった場合、どうしたらいいのかを考えてみよう。

事例 18 不登校と子どもの家庭内暴力が伴う母子家庭への介入

●ソーシャルワーカーの所属機関：都道府県教育委員会

キーワード

スクールソーシャルワーク、不登校、家庭内暴力、社会資源との連携

▶ 事例の概要

子どもの生育歴が影響を及ぼしている養育環境のなかで、子どもたちの正常な発達を目指す母親と学校との葛藤と努力。思うようにならない生活及び教育環境に苛立ち、養母への暴力と不登校を伴う非行行為に走る長男、それに加え障がいを持っている可能性が高い長女への支援のありかたなど、その狭間で苦悩する母子家庭と学校へのスクールソーシャルワーカーの介入。

▶ 事例の経過

大切な用語

DV・家庭内暴力

スクールソーシャルワーカー（SSW）

ソーシャルワークの価値と倫理

1. 相談に至る経過

地域の公立中学校より教育委員会に対して、現在中3であるが不登校の状態が続いており、学校としては取組んできたのだが母親との関係も教育に関する意見の違いにより十分に構築できていない、このまま卒業してしまう可能性が高い子どもがいる。それに加え、過日母親より学校に対して、「自分に対する家庭内暴力が日ごとに顕著になり身の危険を感じているので、どうすればよいか相談に乗って欲しい」との訴えがあり、生活環境の調整を主務とするスクールソーシャルワーカー（以下、SSW）に対する派遣依頼が提出された。

家庭内暴力があるため緊急と考え、依頼があった3日後に家庭訪問を行い、その後学校に出向き学校内の状況等を確認した。

2. インテーク（初回面接）

6月中旬 SSWが家庭訪問

本人及び妹は不在であり、母親（養母・智子）は学校から「SSWが訪問に来るので相談をしてみてはどうか」との提案があったため在宅していた。まず母親との信頼関係の構築を成すべく、主に母親の主訴の理解に時間を費やした。母親は学校との関係を拒絶気味であるとのことであるため、SSWとして、母親の子どもたちへの気配りと心労について傾聴と共感につとめ、子どもが不登校なのは親の放任や教育力の弱さなどの責任ではなく、視野を広め過去ではなく未来をどう構築するかが大切であり、具体的には学校、子ども、家庭及び関係機関を有機的にリンクさせていくことが解決につながることが多いと説明した。それとともに国家資格である社会福祉士は「信用失墜行為の禁止」や「守秘義務」を課せられており相談援助の専門職である旨伝え、過去の出来事や辛かった思いを包み隠さ

ず話して欲しいと伝え、承諾を得ることが出来た。

3. アセスメント（事前評価）

(1) 世帯状況
・世帯構成
　森 智子（養母・実祖母）60歳、大輝（中3）15歳、萌（小6）12歳
・子どもたちの生活歴

他県で生活していたが、大輝が4歳の時に父親が突然失踪。その後母親（実母）はひとり親家庭の形で飲食店などに勤め生活をしていたが、帰宅が徐々に遅くなるなど生活が乱れ始め、子どもの養育を顧みることが少なくなり、子ども達に対してネグレクトや身体的な虐待が次第に顕著となった。

要保護児童対策

大輝が5歳の時（小学校入学前）、近所からの通報により児童相談所が介入し、実母は養育困難と判断され、隣市の児童養護施設に兄妹とも入所となり、そこから大輝は小学校に通わざるを得なかった。

その後、実母は東京に働きに行き、以前と同様に飲食店にて稼働を始め、新たな家庭を作りながら生計を立てていたようであるが、暫くして連絡も途絶え居住地も不明となる。両親不在となり唯一の親族であり母方の祖母である智子が、大輝と萌を児童養護施設から引き取り、2人とも養子として入籍し現在に至る。

・養母（智子）の主訴

養育している智子（戸籍上の母。以下、智子または母）に対して、大輝が言葉や身体的な暴力を日常的に行い、以前近所の人からの通告により警察の介入があった。警察の説諭により身体的な暴力がやや減じたが、興奮してくると所謂「寸止め」で脅してくる。智子も60歳という年齢的なこともあり、心身共に十分な対応が出来ないため身の危険を感じている現状がある。

妹の萌は小学校6年生であるが、学校の授業についていけないようで不登校であるとのこと、智子なりに非常に悩み疲労困憊な様子がうかがわれた。

(2) 中学の教頭、担任、養護教諭と面談

午後からは中学校に出向き状況について聴取した。大輝は、小学校時代は施設から通学していたが、あまり人となじまず暴発しやすくクラスメイトや教員に暴力を振るうなど、粗暴な行為が目に付き何度か施設の担当者と協議をしていたとの小学校からの申し送りがあった。

発達障害

しかし、入学時の担任の熱意もあり受け入れた状況がある。中学初めの頃は運動サークルに所属し友人もいたが、友人同士の金銭的なトラブルや大輝が規則を守らないなどの行動が重なり、もともと殆どいなかったクラスの友人やクラブの仲間も離れて行き、担任や養護教諭の努力にもかかわらず授業に殆ど出席せず学力もついていない。クラブは不定期ではあるがなんとか続いていたが、中2の時にとうとう退部してしまった経過があり、担任の話では衝動的な言動が多く行動が落ち着かず、集中力が無いなどADHDの疑いがあるのではないかとのこと。

学校に行かなくなった理由として、智子は「中学校のクラブのなかでいじめがあり、大輝は孤立していた状況にもかかわらず学校は何の対策もせずに、本人の訴えも聞こうとしなかった」と学校側を非難し、最近まで学校との関係を拒絶して本人の不登校を是認していた状況がある。しかし、大輝から智子に対する暴力

が激しくなり、対応する手段も無いため学校にSOSを出したようであるとの推察である。

(3) 生活課題
①生活環境
　土地は所有地であり、家屋は築30年ほどである。街からバスで15分の閑静な住宅地であり、子どもたちはそれぞれ自室を与えられている。
②生活状況
　大輝：昼間は家に仲間を呼びゲームなどをしており、学校生活には興味を示さない。夜になると近隣の公園やコンビニなどで時間を過ごしているところを見られ、地域からは不審者扱いされている。智子に対して事ある毎に「そんなだらしない母親を産んだおまえが悪い」「施設で自分がいじめに遭っていたのに助けに来なかった」となじり、暴力的な行為が日常的である。しかし、過去に警察が介入したこともあり、その後は言葉にてさいなむことが多くなっている。智子は抵抗はするが基本的に状況を受け入れており、強く出ることが出来ず、子ども（孫）たちへの罪悪感に打ちひしがれ、現状を是認している姿が痛々しい。日常的に大輝と生活することを考えると、身の置き所が無くなると苦しそうであった。

　萌：おとなしい子であるが、5年生前半バスケット部に入部したがクラブやクラスで教員から叱咤され、またコミュニケーションが拙く仲間から無視されることが顕著になった。また、クラス内でも他の児童が虐めに遭っている状況を身近に感じ、勉強について行けなくなったことも重なり、現在は不登校である。小学校の担任は心配し定期的に訪問しているが、なかなか本人に会うことが出来ない。智子によるとリストカットの傷跡もあり、LINEなどのSNSを通してできた友人としか心を開かないようであるとのこと。担任の話によると、少し知的な障害があるようであり、智子に発達検査を勧めるも萌は躊躇しているとのこと。

4. プランニング（支援計画の作成）とインターベンション（支援の実施）

(1) 最優先課題である母（智子）への暴力行為への対応
　学校からの相談は、大輝の暴力から母を守るためにどのような方法があるかということであった。SSWが母に聞くと、「今すぐと言うことではないが、相談できる場所やいざという時に避難できる所を知っておきたい」ということであったので、相談機関としては精神保健福祉センター・福祉事務所・警察の少年サポートセンター・児童相談所・法務局の人権擁護相談システム、身近なところでは地域の民生児童委員、人権擁護委員などが存在しており、避難場所としては婦人保護施設・母子生活支援施設・シェルター等の連絡先や所在地が入ったリストを渡し、それぞれの役割について説明を行った。

(2) 大輝の生活環境への介入について
　第2の目標として、大輝が信頼し落ち着くことができる友人や相談者のネットワーク作りが課題である。
　SSWとして、ストレングス視点をベースとして傾聴・共感的な態度で接することは言うまでもないが、まず対象者の生活課題や困り感をどう表現して貰うか等の意思疎通の接点を作り、信頼関係を構築することが大切であると考えた。

そこで母の休日に自宅へ伺い、何とか大輝に会うことが出来た。近くの公園に誘い、将来の目標や現状認識、学校への率直な思い、生活上や対人関係の悩み、過去の辛かった思い出、楽しかったことなど、主に感情面を中心に丁寧に手当をすることを心掛けた。

子どもの健全育成事業

不登校への対応については、学習面やソーシャルスキルが十分に育っていないことが原因と考えられ、それにより友人関係でのつまずきにより自己肯定感の減少が見込まれるため、本人が高校への進学を希望していることをとっかかりにして、ボランティア学生やNPOなどで行われている所謂「しゃべり場」や、子どもの健全育成事業の一環として効果を上げている「寄り添い型学習等支援」事業への参加を勧め、社会参加を目標に徐々につなげていきたい。

(3) 萌の不登校の解消と適切な発達支援環境について

学習支援相談員

現在は不登校気味であり登校しても保健室登校であるが、熱心な担任の誘いや友人による自発的なノートテイクにより、登校してきた場合はその学校に配置されている支援員へつなぐことができるし、学校生活が困難な場合は、児童個々人に適した教育が可能な特別支援学級も考えられるとことを母に伝え、これ以上不登校が継続せず徐々に登校できるよう一緒に考えていきたいと伝えた。

そのためにも早急に専門医への相談と児童相談所にて障がいに関する手帳の判定を受けた方が様々な社会制度を利用出来るようになり、障害程度によっては特別児童扶養手当などの受給対象となり経済的な支援にもなることを伝え、母に福祉制度について説明を行った。

社会手当

(4) 学校に対して

大輝については残り短い期間ではあるが、その受け入れ体制と将来を見据えた今後の支援体制の具体的な検討を求めた。担任や養護教諭などの直接生徒と接している教員との綿密な協議が今後も前提になること。幼少期での施設での集団生活など、家庭での濃厚な子育てが十分に機能しなかったことなどが大きなファクターとなっており、自己の肯定的立脚点を確保できず、自分が取り残されているという感覚が特に大輝の反発につながっているのではないかと仮説を立て、大輝の主観的な不安感に目を向けた関わりが必要となるし、長期的な視点が求められ「関わり合い」「寄り添う視点」の継続が必要であると話し合った。特に本人は高校進学を希望しており、それに向けた全学的な支援が信頼関係の回復に有効ではないかと提案を行った。

要保護児童対策地域協議会

子どもたちに対しては、親や学校が全責任を負うというのではなく「要保護児童対策地域協議会」（子どもを守る地域ネットワーク）の活用などにより、多角的な地域社会の見守りや社会資源の活用を検討すべきではないかと提案をした。

▶ 主訴などに対する支援の評価

数回の短期的な介入であったが、家庭環境は落ち着きの兆しが現れている。しかし母・智子の萌に対する発達に関する検査の導入の躊躇があり、残念ながら未検査の状態のまま不登校が続いている。今後も継続した助言が必要である。しかし、大輝に対しては中学校の進学指導の継続及び

NPO の校外学習支援が効果をもたらし、母に対する暴力的行為は著しく軽減された。母親からは身体的な危険は今のところ無くなったので、現状を維持していきたいとのこと。

多様な関係機関の連携のもと、大輝は無事中学校を卒業し、定時制高校に入学するとともに、昼間はコンビニでアルバイトを行い、接客を通して良好な対人関係の構築にも役に立っているとの報告がある。大輝の高校卒業後の生活まで見通した支援と、萌に対する具体的な支援を早期に開始することが今後の課題である。

▶ ソーシャルワーク実践を通して

母親（養母）に対する暴力への危機介入及び子どもたちの不登校に対する対応が派遣の直接的な理由であった。しかし、その根底には子どもの自らの育ちから来ると思われる人間不信や否定的感情をどう手当てすればよいのか非常に重い課題が横たわっている。また、学校が俗にいう他機関の介入を望まないという「学校風土」と、同じように「プライバシー」への介入を望まない家庭、その狭間にいる子どもとの信頼関係をどう構築するか等々、「クライエントの最大利益の追求」を常に念頭に置き、関係者間のネットワークを構築することが出来るのが SSW の醍醐味である。

この仕事に携わって身をもって感じるのは、確実にウェルビーイングすなわち「守秘義務の堅持」「人権の尊重」「自己実現の追求」を目指す相談援助専門職であるソーシャルワーカーのニーズが増えてきている。それと同時に隣接領域であるスクール・カウンセラーとの協働場面が模索されてきている。信頼関係を得るための提案には「具体性」が必要であると考えている。例えば、その提案をすることによってその家族や本人、関係機関にどのようなメリットがあるのかを提示することなどである。

最後に、貧困の世代間連鎖を防ぐべく「子どもの貧困対策」が国の喫緊な役割として提案されて久しいが、一翼を担うべく福祉専門職への社会的期待は増すばかりである。学生の皆さんには、関係知識と援助技術を積極的に学び、一日でも早く実践の場に出て欲しい。特に市民社会においてその土台を作ることが、現在の実践者である我々 SW の大切な役割である。

▶ 演習のポイント

1. 大輝からの暴力に対する母親の避難場所として有効な社会資源と、そこにつなげる手順を考えてみよう。それは、日を増す毎に懸案事項になっている DV に対する対応につながるはずである。
2. 大輝及び萌の学力不足、他者不信からの回復、自己肯定感の醸成、エンパワメントの方法など、学校・家庭との協力体制はどう形成すべきか考えてみよう。
3. 大輝は一応希望通り高校に入学したが、入学後も学校生活について行けない可能性があり、不登校から退学になる可能性もある。それを未然に防止するシステムをどう構築すればよいか考えてみよう。

| 子ども・家庭 19 | 教育分野でのソーシャルワーカーの介入 |

●ソーシャルワーカーの所属機関：市町村教育委員会

キーワード

スクールソーシャルワーク、子どもの最善の利益、チームアプローチ、介入

▶ 事例の概要

　学校で暴力行為を働いている本児に対して、学校と協働して取り組んだ事例である。本児だけではなく母親にも支援を行うことで生活が安定し学校生活も安定した。

▶ 事例の経過

大切な用語

スクールソーシャルワーカー(SSW)

1．相談に至る経過

　市立中学校の生徒指導担当教諭から教育委員会所属のスクールソーシャルワーカー（以下、SSW）に電話があった。「うちの中学校で指導に困っている生徒がいる。ぜひSSWの協力をお願いしたい」と依頼を受けた。

　SSWは「生徒の学校での様子、家庭の状況などを聞きたいので、予め担任の先生と要点を整理しておいてください」と答え、教育委員会あてに「ソーシャルワーカーの派遣申請書類」の提出を求めた。書類には、①生徒の状況：生徒の様子、家庭の様子、学校での様子とこれまでの指導の経過、現在問題となっていること、②期待する成果：学校が考える生徒の期待像について記載する欄がある。

2．インテーク

　翌日、教育委員会へ書類が送られてきた。所属部署内で検討し、SSWが中学校を訪問することが決まった。SSWは援助するにあたって必要な情報は何かを考えながら、受理した書類をじっくりと読み進めた。

3．アセスメント（事前評価）

学校でのケース検討会議（第1回）
出席者：教頭、生徒指導担当教諭、担任、SSW

カンファレンス

　校長室に通され、教頭、生徒指導担当教諭、担任と本児について検討した。教頭は教諭歴30年のベテランで、生徒指導担当教諭は数々の学校で生徒指導を歴任していた。担任は教諭になって4年目であった。まずこの検討会議ではSSWが情報を収集するため、派遣申請書類に基づいて会議が行われた。

・生徒の様子

　担任からの報告。対象の生徒は近藤 匠（13歳）で1年生男子。中学校でいくつか問題行動を起こしており、身なりは脱色した頭髪とピアス、ズボンは腰のあ

たりまで下げている服装。授業中には授業の進行を妨げようと教室内を歩き回ったり、隣の席の生徒にちょっかいを出したりしている。また、担任をにらみつけたり、反抗的な態度で威嚇をしたり、まったく言うことを聞かない様子。

ほぼ毎日遅刻をしているが、必ず4時間目までには学校に来る。悪びれた様子もなく授業の途中でも教室に入ってくるが、注意をされると、にらんだり無視して席で寝入ったりすることが多い。時折、指導に反応し机を蹴るなどの粗暴行為もある。また最近では「自分は価値のない人間だ」「自殺してやる」などと言いながら暴れることが多く、教諭が2、3人がかりで抑えつけなければならないこともある。

友人関係は、そのような行動が目立つため、クラスメイトの中からは浮いている存在であり、本児を怖がっているクラスメイトもいる。

報告をしている担任は時折声を震わせながら、やりきれなさそうな表情だったため、SSWは今までの苦労をねぎらいながら、生徒の報告を続けてもらった。小学校の時の様子については、中学校では把握していなかった。

・家族構成：
　母・近藤香織（39歳）、兄・蓮（15歳）中3、本児・匠（13歳）中1
　引き続き担任からの報告。家族関係は、本児が小学校4年生の時に両親が離婚し、現在はひとり親家庭となっている。離婚の原因については、はっきりしていない。同じ中学校の3年生に兄がいる。母の仕事は運送会社の事務職員。ほぼ毎日朝から夜遅くまで働いている。**生活保護**や**就学援助**は受けていない。

親戚関係では、隣の町に母の親（本児の祖母）がいるようである。母親との関係は薄いが、子どもたちとの関係はよいようで時折遊びに行くとのこと。

・指導の経過
　生徒指導担当教諭が説明。学校は本児の置かれている状況は理解でき、かわいそうだと思うし、受け止めたいとも思っている。しかしながら、他の生徒への影響を考えると、学校で問題行動を起こすことは決して許されないというやりきれない感情を抱きながら、教育的指導として一貫した対応を行っている。

・学校が期待する成果
　教頭が報告。本児が他の生徒と同じように過ごすようになることが学校としての希望で、本児やクラスメイトが落ち着いて勉強に励めるように環境を整えることが学校の責務である。また、母親がもう少し子どもにかかわるとよいのだが、現実的には厳しいかもしれないとも付け加えていた。

今は非行とも言えるような身なりや言動であるため、それを教育的指導で更生させていきたいのだが、なかなか功を奏しないので、スクールソーシャルワークという視点で対応してほしいとのこと。

SSWは学校でのケース検討会議の内容からアセスメントをし、ケースを分析した結果を教育委員会に書面で報告した。

①本児は遅刻をするが、遅くても給食の時間までには登校している。学校を居場所としている可能性が高い。
②「自分は価値のない人間だ」のような自分を非難する言葉、担任に対しての威嚇やにらみつけなどについて、内側と外側に向けての攻撃性が見える。
③母親は仕事が忙しいようで、子どもとのコミュニケーションが少ない。母と祖

母との関係がよくないらしい。
④本児とかかわる同年代の友人などはいないようである。
⑤教諭の本児に対する指導については、本児の事情は理解できるものの、他のクラスメイトのことを配慮した対応である。

4. プランニング（支援計画の策定）

SSW は支援計画を立てた。これらはまず学校と SSW が、チームとなって本児および家庭への支援をするにあたっての計画である。

①給食の時間までに学校に来るというのは、食事が目的の可能性も考えられる。また、被虐待児によく見受けられる自己評価の低さや対人関係の不調で暴力行為などが見られているため、虐待の可能性についての判断を行う。そのためには、本児、母親、兄、地域住民などの関係者からの情報収集が必要である。

傾聴

②本児が学校生活に何を望んでいるのかなどについて傾聴を心がけ、本児の思っていることを詳しく聞く必要がある。誰がその役割を担うのかを早急に検討しなくてはならないが、できれば関係のある担任に行ってもらいたい。

③家庭内で虐待が行われている可能性があるため、母親とコンタクトを取る必要がある。仕事が忙しい母親との連絡方法を検討する必要がある。

児童相談所
連携

④もし虐待が起こっていた場合には、児童相談所などの機関とのネットワーク構築を図りながら対応していくことが必要なため、今後得られた情報によっては協力機関としてかかわってもらうように考えておく。

5. インターベンション（支援実施）

学校での暴力行為がエスカレートし警察が介入

本児が 11 時過ぎに教室に入ってきた。担任が声をかけると机を蹴り飛ばし、担任をにらみつけた。蹴り飛ばした机がクラスメイトにあたり、担任が指導を強く行うと本児が飛びかかってきた。突き飛ばして馬乗りになり、胸倉をつかみ「いちいちうるせーんだよ！」と語気を強めた。担任はなんとか本児を振り払ったが、すごい形相で追いかけてきたため、クラスメイトも逃げ回り混乱を生んだ。

しばらくして他の教諭たちも集まり、本児を抑えつけようとしたがなかなか抑えられずに、本児も必死になってもがいている。その時、教諭の一人がガラスに頭を打ちつけけがを負った。ガラスが割れたことで冷静さを取り戻した本児だが、学校の外へ逃げ出してしまい担任が探したが見つからなかった。

校内暴力であるため、学校長の判断で警察を呼ぶことになった。生活安全課の警官が 2 名来校した。連絡を受けた SSW も駆け付けた。

今回のことは故意でやったことではないが、教諭にけがを負わせてしまったのは事実だし、これまでの学校で起きている粗暴な行為もあって、できれば補導をお願いしたいという学校長の意見に対し、警察はとにかく本児を捜すことが先決であるとし関係各署に連絡を行った。SSW は「まず本児を探してから考えましょう」と校長に提案した。

学校での孤立感と自己の感情のコントロールの難しさ

夕方になって、本児が家に戻っていると兄から学校に連絡があり、家庭訪問を

行った。教頭と担任、生徒指導担当教諭が訪問しようとしたが、SSW は「一度に大人が大勢押しかけては本児と話をするのにも威圧的になってしまう恐れがあるため、ここは担任と私だけで家庭訪問に行かせてもらいたい」と校長に申し出た。はじめ校長は難色を示したが、生徒指導担当教諭の後押しもあって、担任とSSW が家庭訪問を行うことになった。

家は学校から少し離れたところにあるアパートだった。周囲は戸建ての家が多い。家庭訪問でインターホンに出てきたのは兄で、本児は部屋から出てこないとのこと。兄の呼びかけには「放っておいてくれ」と言っている。担任とSSW は本児に会って話がしたい、決して怒りに来たわけでないと伝えてほしいと兄に頼んだ。しばらく待ったが本児からの反応がないため、しばらく近くの公園で待っていると伝えて家を後にした。公園でSSW は担任に「今回の出来事をきっかけに本児を理解するため、決して本人を責めないでください」と伝え、とにかく本児の話を聞くことが必要であると伝えた。

あたりが暗くなってきたころ、本児が兄に連れられて公園へやってきた。兄は本児が話をしたいそうだと言い帰っていった。3人でベンチに腰掛けた。

SSW は本児と初めて会うため、まず自己紹介をし「責めに来たわけでも、怒りに来たわけでもなく話をしたかった」と本児に伝えた。本児はうつむいたまま返事もしなかった。続けて、けがをしていないか本児に尋ねた。首を横に振り「けがをさせるつもりなんてなかったんだよ」と声を震わせて言った。担任がけがをした先生の容体を伝え心配する必要はないと言うと、本児は泣き崩れてしまった。泣きながら「どうしていいかわからなかったんだよ。学校に行ってもみんな俺のことなんて関係ないような目で見るし、いつも、いつも……」とこれまでのつらい思いを吐き出した。

担任はSSW からの助言の通りに、本児の気持ちに寄り添いながら言葉を受容していた。そこでSSW が「これから君が、どうやって学校や家でよりよく過ごしていくか一緒に考えながら、そのお手伝いをしたいんだ。いいかな？」と問うと本児はうなずいた。

母親へのアプローチの困難さ

今回の出来事を受けて、母親と担任、SSW とで話し合いを持つことが決まった。母親の仕事の状況を考えて、話し合う時間は夜9時から、場所は母親の意向を尊重し学校で行うことになった。まず担任から今回の出来事の報告を行い、これまで担任として本児とかかわってきた経緯についても報告をした。母からは家庭の様子を聞くはずであったが、なかなか話そうとしないため、担任がSSW を紹介し、これからは何か悩みごとがあれば担任またはSSW に相談できると伝え、話し合いは終わった。

数日後、SSW から母親へ、「匠君がけがをした教諭の見舞いに行きたいと言っているので、一緒に来てもらうことは可能か」と問い合わせたところ、仕事が忙しくて行けないとのことであった。その後もしばらく母親と連絡を取り続けたが、まだ具体的に母親からの反応は見られなかった。

19 教育分野でのソーシャルワーカーの介入

学校でのケース検討会議（第2回目）
出席者：校長、生徒指導担当教諭、担任、SSW

　状況が変わったため、すぐに会議が設定された。これまでの情報の確認と共通理解を行ったのち、一度立てた支援計画を再度新しい情報からアセスメントし、再プランニングを行った。以下のとおりである。
①母親との連絡をとることができた。SSWが連絡担当になっているので、引き続き関係性の構築に努めたい。
②本児の学校での生活、主にクラスメイトとの関係性について、担任を中心に学校全体で本児を支援していくこと。そのためにチーム体制を強化すること。
③母親の状況を知った上で判断をすることではあるが、重篤な虐待状況であった場合には児童相談所との連携を行うことは変わらない。

見えてきた虐待の背景

エンパワメント　　連絡を取り続けているうちに母親と関係性ができ、母親が希望したためSSWが家庭訪問を行った。自宅内の様子はきれいとまではいかないが、生活するには事足りる程度のものであった。仕事の様子から始まり、子どもたちへの思い、離婚した原因など話ができるようになった。仕事が忙しいため子どもたちに何もできないし、食事もコンビニなどのものが多くなってしまう。離婚したことは子どもたちにとって申し訳なかったが、仕方なかったと悔しい感情をあらわにした。離婚直後は酒を飲み、子どもたちに暴力をふるうことも何度かあったと、自分を冷静に見ることができるように気持ちが変化してきた。
　SSWは母親の気持ちをしっかりと受け止め、これまでの苦労をねぎらって、これから一緒によりよい生活を考えていくことを確認した。

学校での本児の様子（モニタリング）

ストレングス視点　　1カ月も過ぎると、乱れた身なりを整え、自分からクラスに溶け込んでいこうという気持ちがクラスメイトにも少しずつ伝わるようになった。本来持っていた明るさを前に出し、担任もそのよいところを引き出すように、クラスメイトとの関係を取り持つ努力を行った。結果、その後にあった体育祭をきっかけにクラスに溶け込めてきた。今ではクラスメイトと学校外でも遊ぶようになった。

6. 終結とアフタケア

　母親の仕事は相変わらず忙しく、子どもたちとかかわる時間が増えてはいないが、気持ちの上ではいくらかすっきりした様子。早く帰れた時には一緒に料理を作ったり休日には出掛けるなど、コミュニケーションをとろうと努力している。子どもたちも母親とのかかわりを希望していたため、お互いがよい効果を生んでいる。また、祖母との関係も以前よりは円滑になってきた。
　母親からは、SSWに引き続き家庭訪問をしてもらって、生活や仕事関係の悩みなどを打ち明けたいとの希望があった。しかし、今回の場合、学校からSSW派遣依頼が出ているために母親単独での活用はできない。そこでSSWは母親が

居場所づくり　　気軽に相談できるような居場所づくりの必要性があると判断し、地域にそのような場所がないか探している最中である。

▶ 主訴に対する支援の評価など

　SSW の派遣から学校と連携して本児と向きあっていく中で、派遣申請書類にあるような課題もなくなり、SSW の派遣を中止することにした。ただし、SSW はその後も本児や他の生徒とコンタクトを取り続けている。

▶ ソーシャルワーク実践を通して

①子どもの最善の利益の追求
　本児が暴れる理由について、あらゆる状況、要因を探ることで、母親とのコミュニケーション不足が判明した。子どもにとって何が一番重要かを考えることで、本児の本心に近づくことができた。
②エコロジカル・ソーシャルワーク
　ソーシャルワーカーにとってアセスメント（情報収集）は重要である。今回は本児と母への介入がメインだったが、場合によっては別の切り口から介入を行わなければならない。そのためには、どこにそのポイントがあるかを判断するために、影響を与えている（与えあっている）関係性に着目する必要があり、関係性によってはネットワークを構築して支援を行う場合もある。
③教育分野でのソーシャルワーク
　今回は学校側からの派遣依頼があったため SSW が取り組んだが、教育分野のソーシャルワークはまだ根付いているものではない（2008 年度より新たに「スクールソーシャルワーク活用事業」が開始）。いかに教育分野にソーシャルワークを根付かせ、専門家としての位置づけを確立するかが今後の課題となる。

▶ 演習のポイント

1．もし SSW が教育委員会ではなく学校内に配置されていて、学内の出来事にすぐに対応できるとしたら、どのような支援ができただろうか考えてみよう。
2．もし担任が、本児に対し理解ある態度をとらなかった場合、SSW はどのように本児に働きかけるべきか考えてみよう。
3．母親がアルコールに依存した生活を引き続き送った場合、どのような支援が考えられるだろうか考えてみよう。

20 路上生活から脱出し就労支援により自立した保護受給者

●ソーシャルワーカーの所属機関：福祉事務所

キーワード

ホームレス（路上生活者）、無料低額宿泊施設、生活保護、就労支援プログラム

▶ 事例の概要

　飲酒やギャンブルによる借金が原因で離婚し、仕事も飲酒により解雇されて路上生活となる。無料低額宿泊施設を利用しながら生活保護を受給し、就労支援プログラムの活用により正規雇用として就職。その後、アパート生活に移行して就労自立した。

▶ 事例の経過

大切な用語

1. 相談に至る経過

　池田さんは現在43歳。飲酒やギャンブルで借金がかさみ離婚し、子どもは妻が引きとる。友人を頼って上京、運送会社の寮に入りドライバーとして就労するも、飲酒が理由で解雇となり退寮。X市内の駅前や公園での路上生活となる。

路上生活

　5月20日、路上生活を始めて約1年が経過した。その夜もダンボールハウスで休んでいると、ホームレス支援をしているNPO法人の巡回相談員に声をかけられた。これまでの生活について話したところ、「私たち法人が運営する無料低額宿泊施設があるので、生活の再建を一緒に考えましょう」と言ってくれた。

NPO法人

無料低額宿泊施設

　無料低額宿泊施設（以下、施設）に到着すると、相談員から施設の目的やルール等の説明を受け入所に同意した。手持金から10日分の宿泊費と食費を支払い0円となったが、食事も3食とれ、布団に寝られることを池田さんは喜んだ。

ハローワーク

　入所翌日の21日から10日間、相談員と毎日ハローワークに行き、ドライバーの職種で求人を探したが、現在の住民登録地が、居住実態のない前職の運送会社の寮のため、43歳と若いにもかかわらず仕事が見つからなかった。

生活保護

　5月30日、相談員から「手持金もないので生活保護を申請して、当面は施設を生活拠点として求職活動したらどうですか。住民登録は明日にでも施設の住所地に異動手続きしましょう」とアドバイスを受け、本人も了解した。

面接担当員

　6月1日、X市福祉事務所の生活保護課に相談員と行った。面接担当のワーカーに解雇・退寮により仕事と住居を同時に失ったこと、路上生活を1年してから現在の施設で世話になっていること等を話した。

　面接担当ワーカーは生活状況や近況などを確認したところ、生活保護の要件にあてはまり、本人からも生活保護の申請意思が見られたため、同日、申請書に記入をしてもらい申請受理した。その後、施設の住所地の生活保護を担当しているソーシャルワーカー（現業員：以下、ワーカー）を紹介した。

申請受理

現業員

2. インテーク（初回面接）

6月3日　施設に居住確認と新規調査のため訪問

　施設の応接室で池田さん本人（世帯主：以下、主）と面接。主の話に傾聴しながら生活歴等を聴取し、生活保護制度の権利や義務、ワーカーの守秘義務の遵守などについて説明を行った。ワーカーは面接後、施設長と相談員に今後の協力を依頼した。

3. アセスメント（事前評価）

生活実態の把握と要否判定
・居住地：関東Y県
・世帯構成：世帯主　池田 誠さん（43歳）単身世帯
・生活歴

　2人兄妹の長男としてY県にて出生。地元の県立高等学校を卒業後、地元のスーパーに就職。そこでアルバイトをしていた女性と交際し23歳時に結婚。その後、1男1女をもうけた。妻は結婚と同時に仕事を辞めたが、その後、別のパートの仕事を開始。出産により専業主婦となる。

　主は元々パチンコ好きであり、休日や早番の時にはパチンコをすることが多かった。また、飲酒も好きで飲み歩くことにより、消費者金融に借金するようになった。当初は妻がパートに出るなどして借金を返済していたものの、繰り返すようになり37歳時に離婚。子どもは妻が引き取った。

　その後、40歳時に高等学校時代の友人を頼ってX市に転入。運送会社にドライバーとして就職、寮にて生活をするものの、激務に耐えられず毎晩飲酒をするようになり、酒が残った状態で出勤したことから42歳時に解雇、退寮となる。

・資産や預金の状況：活用できる資産はなく、預金・現金ともない。
・扶養義務者の状況

　父親は既に他界、母親は県外で妹世帯と同居している。母は病弱であり要介護状態。以前は母との交流はあったものの、現在は母、妹とも会っていない。なお、前妻や子どもの居住地や連絡先も不明である。

・医療関係：現在、治療が必要な疾病はない。
・他法関係：国民健康保険は未加入、国民年金は保険料滞納。
・今後の生活設計（主の主訴）

①もう路上生活はしたくない。しばらくは無料低額宿泊施設でいい。
②早く仕事を見つけて、アパート生活をしたい。

・要否判定と保護費支給額

　生活保護受給の可否について生活状況調査や資力調査等をしたところ、最低生活費が収入認定額を上回ったので、6月5日に生活保護を開始する決定をした。

保護開始日：6月1日　　X市の級地区分：1級地の1
〈最低生活費認定額〉　　125,160円
生活扶助 80,160円＋住宅扶助（家賃実額）45,000円
〈収入認定額〉　　0円
〈開始時保護費支給額〉　　125,160円

・生活課題
①ギャンブルとアルコールが原因で仕事や家族を失っており、自暴自棄な面もみられる。
②路上生活が1年間あり、生活能力の確認が必要である。
③親族との交流はなく、援助は得られない状況である。

4．プランニング（支援計画の作成）

査察指導員

アセスメントを踏まえて、ワーカーは次のようにプランニングをし、査察指導員（スーパーバイザー）の決裁を受けた。

就労支援プログラム

①ハローワーク、就労支援プログラムなどの活用を図りながら求職活動を行う。

依存症の回復プログラム

②ギャンブルとアルコールが原因で、居所の喪失、失業、家族との別離となっているので、必要に応じて依存症の回復プログラム（アディクション・プログラム）を検討する。
③無料低額宿泊施設は不安定な居所であるため、生活状況を確認しながらアパートへの移行を検討する。

5．インターベンション（支援の実施）

短期目標と長期目標の確認
6月20日　施設を訪問し、主と面接

生活保護が決定したこと、近日中に保護費が支給されることを伝えた。主との更なる信頼関係を築きあげるため、指導的な観点には立たず、助言的に話しをするように心掛けた。また、ハローワークに行き求職活動する際に要する交通費については、生活扶助の移送費として認定できることを伝え、必要に応じてワーカーも同行することを伝えた。

生活扶助の移送費

カンファレンス

6月26日　施設で関係者会議を開催　出席者：主、施設長、相談員、ワーカー

入所して1カ月が経過することから、この間の振り返りとともに、今後の短期目標と長期目標について確認しあった。主の生活もだいぶ落ち着いてきており慣れてきた様子。過去の酒やギャンブルなどを反省しており、飲まない生活をしていきたいと話している。

短期目標は、①生活保護受給者への就労支援プログラムを活用して就職をめざす、②単身生活に向けた生活訓練を施設内で実施していく。

長期目標は、①安定した生活が送れるように、就労を継続して自立を目指す。②無料低額宿泊施設から退所してアパート生活へと移行する。

求職活動と就労支援プログラムの導入
7月4日　主が来所、所内面接

求職活動について確認を行う。6月26日の関係者会議以降、施設の相談員と一度ハローワークへ行った。ハローワークの担当者と面接し、就労したい職種などについて話し合った。主としては、今までドライバーの仕事をしてきたため、同じような職種で求職を行いたいと思っている。

7月6日　ハローワークの担当者へ電話
　4日の面接状況について問い合わせた。担当者からは「就労意欲はありそうだが社会性が弱い。今後は面接の練習などを行った方がよい」と。

7月8日　ケース検討会議（ワーカー、査察指導員、就労支援員）
　ハローワークの面接内容を踏まえて、主の就労支援について検討する。主は就労意欲があるので、福祉事務所が実施している「就労支援プログラム」に取り組むことを提案することにした。

7月10日　施設を訪問し主と面接。施設長と相談員同席
　ワーカーより、福祉事務所で行っている就労支援プログラムについて説明し、これに参加するように提案した。主は当初難色も示したが、プログラムの趣旨を丁寧に説明したところ参加に同意した。また主より「今後の居所としてアパートへの転居を認めてほしい」と希望したので、ワーカーから「就労支援プログラムの参加とともに、転居先についても探していくよう」に話をする。

7月14日　ケース検討会議（ワーカー、査察指導員、就労支援員）
　就労支援員が、履歴書の書き方、面接の練習、ハローワークの同行訪問などを柱とした就労支援プログラムの原案をもとに意見交換し、プログラムを修正した。

7月17日　主が来所、就労支援員による指導
　就労支援員から就労支援プログラムを提示する。その後、主が書いた履歴書をもとに就労支援員が助言。履歴書は乱雑さが見られたため、書き方について指導。主に「次回までに書いてくるよう」に話をする。

7月20日　主が来所、就労支援員による指導
　前回の指導をもとに本人が書いた履歴書を持参する。また、採用面接のロールプレイを行う。

就職活動とアパートへの転居に向けて
7月30日　主が来所、所内面接
　主より、アパート探しをするため不動産屋を回ったところ、住宅扶助基準額内の家賃の物件を見つけたとのことで敷金などの申請がされた。主は「自立するために転居を認めてほしい。保証人は妹が了解してくれた」と。また、求職活動について聞くと「運送会社の面接に明日行く」と話してくれた。
　ワーカーから「転居については認める方向で検討する」「明日の面接を頑張るよう」に伝えた。

8月1日　ケース検討会議（所長、査察指導員、ワーカー、就労支援員）
　アパートへの転居費用について検討する。現在の居所が無料低額宿泊施設と不安定なものとなっており、就労開始が近いことを考慮すると、アパートといった定まった居所での生活が自立へとつながることから認定することにした。

8月3日　主から電話
　先日、面接に行ったが不採用であった。うまく面接ができなかったとのこと。

8月10日　主が来所、就労支援員による指導
　就労支援員と前回の面接の反省点を確認した。主は「最初でもあり緊張して上手く伝えられなかった」と話す。再度、想定される質問などを確認しながら、面接のロールプレイを行った。なお、8月15日に他の運送会社へ面接に行くとのこと。

8月17日　主から電話
　先ほど運送会社から採用の電話が入った。9月1日より採用になる予定。このように早く就職先が決定したことが嬉しい。また、就労支援プログラムでの履歴書の書き方、面接の受け方などが参考になったと話してくれた。

8月30日　主から電話
　本日、転居を済ませた。明日から新しい職場に出勤する。最初の3カ月間は見習いであり、日給8,000円、その後は10,000円に上がる予定。

アパートへの転居
9月8日　転居したアパートへ訪問し、主と面接
　転居先を確認。生活も落ち着いた様子である。主から「ドライバーである仕事柄、人間関係はあまり煩わしくなく、仕事にも少しずつ慣れてきた」とのこと。
　最初の給料日は来月下旬であるが、今月は祝日もあり給与が最低生活費を上回らないことを気にしていたため、ワーカーより「まだ廃止にはならない」ことを説明したところ、主も安心した。

10月5日　居宅訪問し、主と面接
　仕事は休むことも無く大分慣れてきた。主としても早く自立がしたいとのこと。アルコールの空き缶があったので聞いてみると、「晩酌で1缶飲んでしまう。しかし仕事の性質柄、気をつけている」とのこと。ワーカーから「体調に留意しながら頑張って行くように」「飲酒は適量にしておくように」と話をする。

10月25日　主が来所、所内面接
　本日、給料が支給されたので、収入申告書の提出をしてもらった。

6. 終結とアフターケア

　主の生活も軌道に乗り、仕事も休むことなく安定している。2回目の給料が最低生活費を上回る額であったので、生活保護は廃止となった。12月下旬、同じアパートに他の保護世帯が居住していることから、訪問の際に立ち寄ると、ワーカーの訪問を喜んでくれ近況を話してくれた。

▶ 主訴に対しての支援への評価

①経済的困難に対して
　生活保護の申請日より保護を開始して経済的な生活保障を行った。
②生活環境の改善及び就労支援について
　約1年間の路上生活の後、一旦は無料低額宿泊施設に入所した。その後、主、ワーカー、施設の相談員等とのカンファレンスにより目標設定を行い、チームとして自立に向けて取り組んできた。自立意欲も芽生え、就労支援プログラムへの参加などを経て就労に至り、また、新たな居住先も確保できて転居した。

▶ ソーシャルワーク実践を通して

①カンファレンス（関係者会議・ケース検討会議）の重要性
　本事例ではカンファレンスを行うことにより、情報の共有や支援方法の統一を図ることができた。
②就労支援プログラムへの参加
　福祉事務所が実施している就労支援プログラムに参加した。主は就労経験はあったものの、再度、履歴書の書き方など基本的な項目を就労支援員と確認した。また、面接のロールプレイを行うことにより自信へと繋がり、実際の採用面接において効果が発揮されたといえる。
③生活環境の改善
　無料低額宿泊施設という不安定な住居での生活を送っていたことから、早く安定した生活が送れるように敷金の認定を行い自立への促進を行った。

▶ 演習のポイント

1. 住居を失っている路上生活者に対しての居住支援として、無料低額宿泊施設以外にどのような方法があるか考えてみよう。
2. 就労意欲の無い人への就労促進について、どのような方法で取り組むか考えてみよう。
3. カンファレンスを開催する意義について考えてみよう。

保護施設から単身アパート生活への地域移行支援

●ソーシャルワーカーの所属機関：救護施設

キーワード

保護施設、救護施設、アルコール依存症、措置施設

▶ 事例の概要

救護施設に入所しているアルコール依存症の女性が、単身生活の希望をもち、それを実現していくまでの支援である。単身生活に向けて、アルコール依存症の理解、薬の自己管理、自己通院、単身生活の訓練を行っていき、単身生活後もアフターケアしていく救護施設による支援。

▶ 事例の経過

大切な用語

医療保護入院

救護施設

措置制度

1. 施設入所に至る経過

坂本洋子さんは22歳頃から飲酒の習慣が始まり、40歳の頃からアルコール性疾患が現れだす。病状悪化により働けなくなり、生活費の捻出ができないため福祉事務所に相談して生活保護が開始となった。その後、病状が不安定になり精神科病院に入院となる。

入院して4年、病状も安定し主治医より「アパート生活よりは援助のある場所が望ましい」とのことで、生活保護担当のソーシャルワーカー（以下、生活保護ワーカー）は救護施設の入所を検討し、本人と施設見学を実施した。

2. インテーク（初回面接）

平成25年8月1日、救護施設の入所面接が行われる。参加者は坂本さんと生活保護ワーカー、施設側は施設長・主任看護師・主任介護員・主任生活指導員、そして担当の生活指導員（以下、ワーカー）。

生活保護ワーカーから「入院中の生活では特に問題となる行動はなく、他の入院患者とのトラブルもなかった」ことが説明される。ワーカーからは本人の生活歴を含めた生活状況を聴取し、施設での生活やルールの説明を行う。面接時は緊張している様子はあるも、自分の意見をはっきり言うことができ、「将来は一人暮らしがしたい」との希望が述べられた。

施設長から「施設で飲酒した際は退所もあります」との話があった。本人は飲酒しないと誓い、入所を希望したので施設入所の措置が決定された。

3. アセスメント（事前評価）

・世帯主：坂本洋子さん（58歳）

地元の中学校を卒業後は飲食店にて働く。20歳の時に結婚するも性格があわ

ず離婚。36歳の時に再婚したが3年で離婚し、40歳の頃から友人宅で生活するようになる。スナックやパチンコ屋の清掃の仕事をしながら生活をするも、アルコール性疾患の状態悪化にて生活費が払えなくなり、友人に退去を求められる。行くあてもなく、実弟と相談して生活保護の申請に至った。

・友人（女性）との関係

友人に退去を求められた後も、友人宅を訪れてしまうことがみられたが、友人からは「飲酒をしている人とは関わりをもたない」と強く言われる。実弟と友人に交流があったことにより本人の生活保護申請に至った経緯があり、友人は本人に退去を求めたが、お互いに大切な友人であると思っているようだ。

・主訴

①アルコール依存症の病識をもち断酒したい
②施設で安定した生活を送りたい
③将来はひとり暮らしがしたい

・生活課題

①アルコール依存症への病識があるように思えるが再飲酒の恐れがある
②施設でのルールを理解する
③薬の自己管理
④友人との関係の把握
⑤今後の生活場所についての希望

4．プランニング（支援計画の作成）

①アルコール依存症の病識があるように思えるが、病院という飲まない環境にいるから保たれていたと考え、主治医と相談をしながらアルコール依存症の病識を深めていく。
②施設のルールを理解し集団生活に慣れ、友人と関わりをもちながら、施設での安定した生活を送れるようにしていく。
③現在のところ友人との関係は問題ないが、友人から衣類や菓子等の差し入れといったサポートがないと施設生活することができず、本人が友人に頼りすぎる面がみられるため、過度の関わりにならないように見守る。
④ひとり暮らしをしたいと希望があるため、施設生活に慣れ病識等に問題がないと判断した時には、次の支援方針として施設内にある社会復帰訓練室を利用して、ひとり暮らしに向けての生活訓練（疑似体験）を行っていく。

5．インターベンション（支援の実施）

施設生活に慣れてきたが、同室者とのトラブルも出た

平成25年9月1日　救護施設へ入所

生活保護ワーカーが同行しての入所となる。ワーカーより再度施設のルールについての説明を行い、本人の部屋へ行く。2人部屋で生活をしていくことになり、同室者への自己紹介を行い、荷物整理を担当の介護員と行う。

9月14日　病院の外来受診に同行

退院後初めての受診なのでワーカーも同行する。主治医より「月に1回の通院時に病状の把握とデイケアへの参加を行い、アルコール依存症の当事者達との関

わりを持ち、日中活動を充実させるように」と指示があった。ワーカーは帰所後、「施設での日常活動の充実」に関して主任介護員、担当の介護員と相談し、本人に食後の食堂当番と、週に1回喫煙室の掃除をしてもらうことにした。

10月1日　友人が面会

とても嬉しそうに友人と話をしており、菓子と煙草の差し入れがあった。「1カ月の日用品費7,000円では足りない」と話していたため「助かった」と。

日用品費

10月10日　本人と面接（担当介護員・ワーカー）

入所して1カ月が経過したため、施設生活を把握するために面接を行った。希望としては、「ひとり暮らしがしたい」「友人宅への外泊がしたい」「同室者の人と合わないので部屋を替えてほしい」と。

12月14日　病院の受診に同行

本人は主治医に「年末年始の期間、友人宅に外泊したい」と話したところ、抗酒剤を飲むことを条件に友人宅への外泊が許可された。

平成26年1月4日　年末年始の期間、友人宅に外泊

外泊から帰所した本人は飲酒した様子もなく、ワーカーに友人宅での出来事を話してくれた。

2月5日　同室者と口論

同室者は居室の掃除をしてくれず、本人が毎日掃除をしていたようで、「たまにはしてほしい」と話をすると口論になったとのこと。介護員が仲裁に入り口論はおさまった。その後、話を聞くと「まだイライラする。施設での生活がうまくいかない。友人宅へ行きたい」と話す。

2月13日　外出時に飲酒の疑惑

私用を理由に外出したが、施設帰所時に顔がいつもより赤く、多弁な様子で喫煙している姿を見つけた。ワーカーが声かけするも、「なにも飲んでない。大丈夫」とのこと。最近イライラしている様子もあり、飲酒したかは不明だが、病院へ受診することにした。

2月14日　病院の受診に同行

主治医にイライラを訴えると安定剤の増量を提案され、本人も納得し、翌日から増量での服用となる。飲酒の疑惑に関しては、主治医の前でも「飲酒していない」と話すため、今回は様子を見守ることにした。主治医から「現在は抗酒剤も服用しているため、飲酒はいけない」と説明され、「わかった」と話す。

2月15日　薬増量となる

看護師より、朝と眠前の2回のみであった薬が、朝、昼、夕、眠前の4回服用することになったと説明を受ける。

2月20日　薬増量の影響

朝、「歩けない。眠たい」と介護員への訴えがある。看護師に相談し、ワーカーより病院へ電話連絡して、増量した薬を中止することにした。

2月25日　面接

体調も回復したのでワーカーは面接の機会をつくった。「同室者が掃除しない。友人宅への外泊をもっとしたい。ひとり暮らしがしたい」と訴えがある。そこでワーカーは次のような対応を行った。

① 掃除についての不満：同室者に対してのイライラが多いため、介護主任と相

談し、生活レベルが同じ利用者と同室になれるように居室移動を行い、新しい同室者とは1日おきに掃除をする約束を交わした。
②友人宅への外泊：友人の気持ちも配慮する必要があるため、定期的に面会にくる際にワーカーより友人へ話を聞いた。友人からは外泊受入れの了解があり、アルコールを飲んでいた時の本人を知っているので、「外泊時にアルコールを飲まないよう、見守りをして頂きたい」と依頼した。
③ひとり暮らしがしたい：次回の受診時に主治医へ相談するように話し、生活保護ワーカーへ施設訪問を依頼した。また、ワーカーは本人に定期的な面接の時間をつくることを約束し、何か不満があったら話をしてほしいと伝えた。

友人宅への外泊が、施設生活の安定につながった

3月14日　病院の受診に同行
　主治医に「友人宅への外泊を月に1回したい」と話したところ、「友人宅への定期的な外泊は許可するが、飲酒は絶対にしてはいけない」と言われた。

3月20日　生活保護ワーカー来所。ワーカー同席
　生活保護ワーカーより「ひとり暮らしについては、あと半年間飲酒をせず、施設でのルール違反をしないで生活ができたら考えていきましょう」と話があり、本人も了解した。

4月〜8月
　施設生活は順調で、飲酒もなく安定しており、施設のルールも守り入所者とのトラブルもない。友人宅への外泊は月に3日程度行ったが、飲酒はない様子。

9月10日　生活保護ワーカー来所。ワーカー同席
　生活保護ワーカーは、半年前の気持ちに変化等はないかどうか確認を行う。本人は「ひとり暮らしがしたいという気持ちに変わりはない」と話し、生活保護ワーカーも了承する。次回の病院受診時に主治医へ確認することにした。

10月14日　病院へ受診。生活保護ワーカーとワーカーが同行
　主治医より「日中にやることがないと、一人になった時に飲酒する危険性があるため、日中行えることを検討すること。ひとり暮らしに向けての体験を施設で行うこと」が条件として提示された。

ひとり暮らしの実現に向けて

11月1日　面接
　ワーカーより、日中活動のメニューは生活保護ワーカーが探すこと、施設内でひとり暮らしの練習を行うことを伝える。施設内にある社会復帰訓練室で、まずは1泊2日から体験をしていくことにした。なお、薬の自己管理が必要なので看護主任に相談し、日中に薬を間違えなく自己管理ができた時に、社会復帰訓練室を利用することにした。

12月1日　薬の自己管理ができる
　看護師より「日中の自己管理は問題ないので、眠前薬も大丈夫でしょう」と許可があり、眠前薬の自己管理も開始となる。

平成27年2月1日　社会復帰訓練室の利用開始
　薬の自己管理ができたため、社会復帰訓練室の利用開始となる。本人は、「昔

もひとり暮らしをしていたことがあるから大丈夫だよ」と話している。

3月14日　病院の受診に同行
　主治医に社会復帰訓練室での生活状況を報告する。1泊2日は特に問題なく過ごすこともでき、「いつものように寝ることができ、静かでよかった。またやりたい」と主治医に話した。

3月20日〜23日　社会復帰訓練室の利用2回目（3泊4日）
　訓練後に振り返りを行うと、「やることがなくて暇だった。話をする人もいなくてさみしかった」と話した。単身生活をしていくうえで「さみしい」という気持ちがあると飲酒につながる可能性があると考え、生活保護ワーカーと相談し、退所後も施設職員が訪問や電話連絡をしていくことにした。

3月30日〜4月5日　社会復帰訓練室の利用3回目（6泊7日）
　今回の訓練では、IHクッキングヒーターと炊飯器を利用することにした。管理栄養士、ワーカーと一緒に、近隣のスーパーで買い物訓練を行った。管理栄養士より、栄養バランスの取れた食事についての説明を受けながら、晩御飯のメニューを考えた。本人は帰所後、管理栄養士と一緒に野菜炒めを作った。「いつも、友達の家で作っているから料理は大丈夫なの」と得意そうな様子。職員と関わりをもったことが良かったのか、今回の訓練後には「さみしい、暇だった」ということはなく、「ひとり暮らしを早くしたい」と話してくれた。

4月2日　日中活動の場として清掃ボランティア
　生活保護ワーカーより「近くにあるデイケアセンターで清掃ボランティアを募集している」と連絡があり、生活保護ワーカーとワーカーが同行し見学に行った。本人より「掃除だったら今までやってきた。友人宅に泊まっている時もやっている」と話し、清掃ボランティアに行くことにした。

4月20日　アパートを契約
　退所に向けて近くのアパート物件をワーカーと見に行き、「ここだったら施設も友人宅も近いから大丈夫、やっていけそう」と話したのでアパートを契約。保証人は実弟に依頼した。

カンファレンス

5月4日　退所に向けてのカンファレンス実施
　参加者：福祉事務所の生活保護担当ワーカー・障害福祉担当ワーカー、施設側は施設長・主任看護師・主任介護員・主任生活指導員・ワーカー
　今後の施設の役割としては、月に2回施設へ来所してもらい体調面等の相談にのる。また、定期的な電話連絡とアパート訪問も行っていくことにした。

6月2日　救護施設を退所
　本人が「お世話になりました。また会いにすぐきます」と笑顔でワーカーに話す。ワーカーも「元気で、すぐに電話しますね」と伝え、生活保護ワーカーとともにアパートへ向かい退所となる。

6. 終結とアフターケア

　退所後は2週間に1回施設に来所してもらいワーカーが面接。生活で困っていることはないか、体調面等に問題ないかの把握を行っている。また、1カ月に1回、アパートへ訪問して生活状況の把握を行い、薬の飲み忘れはないか、病院には通院できているか、アルコールを飲用した様子はないかを把握している。

　本人は「アパートでの生活では自炊が少なく、お弁当を買って生活をしていることが多い」と話したので、少しでも栄養のバランスをとれた食事がとれるように、管理栄養士が作った食事のバランス表を渡した。友人との関係は良好であり、自分の部屋にある洗濯機は小さくて使いにくいので、洗濯機を借りるついでに、2日に1回は会っていると。ひとり暮らしの生活はできているようで、寂しさ等もない様子。

▶ 主訴などに対する支援への評価

①病識への理解
　途中、飲酒の疑惑はあったが、「アルコールを飲んでしまうと友達がいなくなるので、絶対に飲まないと決めている」と話しており、アルコールを飲まない生活ができるようになった。
②施設生活での生活の安定
　施設内での生活リズムも安定し、そのリズムは社会復帰訓練室でもできており、規則正しい生活が送れるようになった。
③ひとり暮らしに向けて
　ひとり暮らしが実現できるように、ワーカーと頻繁に面接を行うことによって準備を行うことができ、それがひとり暮らしへとつながった。

▶ ソーシャルワーク実践を通して

　アルコール依存症の坂本さんとの関わりを通して、単身生活をしていた方が施設生活になった時の不安や、単身生活に戻りたいという気持ちに対して、どのような支援が必要なのか考えることができた。坂本さんにとって友人は一番の理解者、そして大切な存在であり、そのことにより「アルコールはもう絶対に飲まない」との強い意思が持てたようだ。
　坂本さんと友人の関係性を大切にし、坂本さんにとって必要なものは何かを考えながら支援したことが、単身生活の実現につながったと思う。今後も、アルコール依存症という疾病を理解しながら、飲酒せずに単身生活を送れるように見守っていきたい。

▶ 演習のポイント

1．生活保護受給者がひとり暮らしを始めるとき、関係機関とどのような連携が必要になるかを考えてみよう
2．アルコール依存症の方に飲酒した疑惑が出た時、施設ではどのように対応したらよいかを考えてみよう
3．アルコール依存症の方の自宅に訪問した際に、アルコールの空ビンを見つけてしまった時の対応について考えてみよう。

保健医療 22 脳血管疾患を発症した中途障害者の社会復帰への支援

●ソーシャルワーカーの所属機関：一般病院

キーワード

外国人妻、多問題家族、チーム医療、リハビリテーション、ストレングス視点

▶ 事例の概要

突然の発病で入院となり、今までの生活が大きく変わる危機に遭遇した家族。エンパワメントやストレングス視点を大切にしながら経済面の安定を図り、社会復帰に取り組む家族への支援。夫に頼りきりだったフィリピン人の妻と疎遠だった娘が反発しながらも、協力して夫（父）を支えようと家族関係の再構築を図り、在宅生活（退院）されるまでの関わり。

▶ 事例の経過

大切な用語
医療ソーシャルワーカー（MSW）
生活保護
ラポール

1．相談に至る経過

病棟の看護師から、救急入院となった患者の青木浩さんが「お金がないと言っている」と医療ソーシャルワーカー（MSW：以下、ワーカー）に連絡が入る。妻がフィリピン人で日本語がよくわからない様子。病棟ベッドサイドに訪問し、今後の関わりにおいて信頼してもらえるように自己紹介後、経済面をはじめ療養や生活に必要なことについて一緒に考えることができることを伝え、まずは治療を優先し妻から事情をうかがう了解を得る。

青木さん本人より「自分が働けないと収入がなく、妻は難しいことは話せないので、詳しいことは隣の市に住む娘に聞いてほしい」とのことであった。

生活保護の申請意思が確認できたため、ワーカーが代わりに福祉事務所へ連絡する同意を得る。

2．インテーク（初期面接）

1月28日、相談室にて妻に「この病気は時間をかけてのリハビリが必要で、すぐには働けないこと、落ち着いて療養するために環境整備が必要なこと」をなるべくわかりやすい言葉で説明し、ワーカーがお手伝いすることを確認した。妻は片言の日本語とローマ字が書ける様子。夫の前妻との間の子どもの連絡先のメモを渡される。不安や心配事について傾聴しようと試みたが、今は混乱して語れる状態にないと思われたため、娘（長女）に連絡するところから支援していくとの同意を得る。

1月29日、長女が来院し、1時間程度の面接をする。ラポールを結び今後のよい援助関係の第一歩となるよう、相手を尊重した言葉を選びながら状況を説明した。「両親は4年前に離婚。父の事業がうまくいかなくなり中堅会社社員であっ

受容 エンパワメント	た母（元妻）が長い間家計を支えてきたのに、パブで働いていた今の妻と結婚するのでと離婚した父を許せない。娘として父を思う気持ちはあるが、母の気持ちを考えると協力できない、あの女がいる間は関わりたくない」と激しく語る。苦しく複雑な思いを受容し、辛い時期の母を支え頑張ってきた娘の話を傾聴し、エンパワメントしつつ今後の新しい関係の再構築の可能性を模索した。

3．アセスメント（事前評価）

・居住地：関西A県B市
・世帯構成
世帯主：青木 浩（52歳） 高校卒業後、22年間中堅企業で働いていたが、40歳で独立して配送会社を立ち上げた。はじめの2〜3年はよかった経営がうまくいかなくなり、元妻の給料やボーナスから穴埋めしてもどうにもならなくなり、8年で廃業する。その後は、知人からの下請け仕事をしていた。同じ時期に頻繁に通うようになったフィリピンパブの女性と親しくなり、結婚するために離婚した。

滞在外国人

妻：青木マリア（30歳） 在日4年6カ月、フィリピン人。来日し働き始めてすぐ青木氏と知り合い、結婚し主婦となる。アルバイトをしたいと思っているが言葉がわからないので外出できず、一日中家にいて夫の帰りを待つ生活をしていた。現在も一人ではあまり出歩かない。

・別世帯
長女：福岡 舞（28歳） 会社員で既婚、2児の母。
長男：青木浩介（25歳） アルバイト。実母と2人暮らし。
・経済状況：仕事があればまじめに働いてきたが、貯えはなく妻の携帯電話や生活費のために借金がある。妻は、やりくりできないのでそのつど手渡しし、足りないとサラ金から借り入れていた。

サラ金・クレジット問題

・住居：賃貸マンション3階（エレベーターなし）、月額120,000円（滞納あり）。
・生活：妻が洗濯や掃除はする。料理はフィリピン料理しか作れないので、コンビニで買うことが多く、本人は自分でご飯を炊いて佃煮などを食べることが多かった。仕事のない日は、2人で買い物や散歩に出かける。
・子どもたちとの関係：日常の付き合いはない。本人は娘に年に1〜2回電話をかけ孫の様子などを聞く。
・その他の人間関係：近所付き合いはほとんどない。妻は以前の仕事関係の友人と電話やメールをする。会うことはあまりない。
・インテーク時の状況：長女に義母との面会を提案したが「会いたくない」とのことで、ワーカーと面接後に父と10分ほど面会して帰る。この個人情報は今後

アカウンタビリティ
守秘義務
信用失墜行為の禁止

の社会復帰に使用するので、本人（父）にも確認すると説明し同意を得た。
本人とのベッドサイドでの面接は4人室のため本来好ましくないが、発病直後で移動困難なため、本人の同意を得てカーテンを引くなどプライバシーに配慮して行った。この時点では、生活保護の申請をしながらしばらく病気の進行と障害の状態の様子をみて、今後の計画を立てようというに留まった。
・主訴
①自分が元気で働けないと生活できないし、医療費も支払えない。
②早くリハビリをして元通りになって在宅生活に戻りたい。

保健医療

・生活課題
①収入も蓄えもないので、妻の生活費と医療費に困っている。
②さらに借金の問題も抱えている。
③妻は日本語がよくわからず、必要な手続きが一人でできない。長女も妻の協力者にはなりたくないと言っている。
④妻がすぐに頼れるのは夫だけである。
⑤妻は金銭管理を今までしたことがない。
⑥脳出血による左上下肢に麻痺があり、障害が残る可能性が高い。歩行障害が残った場合、今のマンションでの生活は困難かもしれない。

4.プランニング（支援計画の作成）

長期計画：2人が在宅で安定した療養や生活ができるように支援する。
短期計画
①2人がともに安心して治療や生活ができるように、経済的な安定を図るための支援をする（生活保護の申請・自己破産手続きなど）。
②「今まで私を頼って生活してきた妻が、入院中も困らずに生活できること」が本人の一番の気がかりであり、安心して療養するための大切な条件であるので、2人への精神的支援を心がけながら妻への具体的な日常生活の上での協力者を探す。また、2人を支える人的資源の再構築を図る。
③なるべく早い時期から社会復帰に向けて準備できるように、関係者と情報を共有して支援体制を作るようカンファレンスを開く。地域で支援を受けながらも、2人が主体的に自信を持って安定した生活ができるように、妻には時間をかけて丁寧に介護指導のプログラムを組む（栄養士や作業療法士と相談し妻への栄養指導なども検討していく）。
④住宅問題は早い段階からリハビリチームに検討を依頼し、必要に応じて安全に生活できる環境作りを支援する（公営住宅への転居など）。

5.インターベンション（支援の実施）

2月5日　福祉事務所のワーカー来院、生活保護申請のための面接実施
　病院のワーカーが同席することで、自分の気持ちを語る力が落ちている夫婦の「思い」が正しく福祉事務所のワーカーに伝わるようにエンパワメントし、今後の信頼関係を築く。本人は妻が心配なのですぐにでも退院したいと話すが、妻は黙っているだけであった。妻自身が取り組めそうなことがあるかと問いかけると「在日フィリピン人の友だちに連絡して協力してもらえないか聞いてみる」と話されたので、自ら動き出そうとしている気持ちを支持し評価する。ワーカーから入院生活に必要な細々した諸手続きについては妻をサポートしていくので、困ったことがあったら一人で抱え込まないようにと伝えた。

2月20日　急性期の治療が終わり回復期リハビリ病棟に
　妻の来院時に必ず声かけをしてラポールを築いていった。その中で、妻の実家は10人兄弟で大変貧しく「日本で一人働けばフィリピンでは5人生活ができる」ため来日したが、結婚したので親不孝をしたこと、夫はたいへんいい人だが生活

習慣の違いがあり、今後の生活に対する心配も感じていることがわかった。一方で「離婚をすると強制送還になる。離婚絶対だめ。日本にいたい」という言葉には違和感を覚えたが、今の生活を壊したくないという気持ちを事実としてそのまま受け止めるようにした。

2月27日　リハビリテーション開始、チームワーク作り

| カンファレンス
理学療法士
作業療法士
言語聴覚士 |

チームワークの構築を目指して、初期スタッフカンファレンスを開催（医師、看護師、理学療法士、作業療法士、言語聴覚士、ワーカー参加）。

各担当者に青木さんの置かれている社会的背景について説明し、家族的・経済的問題について情報を共有できるように報告する。

3月15日　カンファレンス開催

出席者：夫、妻、担当医師、看護師、理学療法士、作業療法士、言語聴覚士、ワーカー

現在の病状やリハビリの経過、今後の目標などが報告される。本人は車いすにて参加したが、体が左に傾き座っているのもつらそうな状態にもかかわらず、早く退院して仕事をしたいと言う。失行・失認など高次脳機能障害がある。糖尿病や高血圧も指摘されたが、看護師から妻の差し入れにアンパンと佃煮を本人の希望で持ち込んでいたことがわかり、食事療法の説明をされると「病院の食事は味が薄くてまずい。言うことを聞いてくれないなら退院する」と発言し、医師から「今しっかり治療しないと再発もありうる」と厳しい口調で注意される。

温かい雰囲気作りに配慮し、ワーカーは「元気になって一日も早く妻の待つ家に帰るためにがんばってみませんか？」と声をかけるとうつむいて涙ぐむ。スタッフには入院生活はストレスが大きく混乱もあると代弁し、このやりとりが妻にも伝わるよう隣に座り、ローマ字でメモを取りながら文字通りの通訳機能の役割も果たした。「妻の関わり方が本人の回復のカギとなるので、一緒に勉強しましょう」と説明すると、「お願いします」と頭を下げた。

3月22日　自己破産の手続きとコミュニケーション

本人より督促状（携帯電話代・ローン返済・家賃・サラ金）が入った郵便物を見せられる。入院日から生活保護受給が決定しているが、最低限必要な生活費のみで返済に充てるお金はない。月にどのくらい支給されるのか教えてほしいと言うので生活保護基準について説明し、合わせて自己破産の手続きを紹介する。

後日、法テラス（日本司法支援センター）に連絡を取り、弁護士が来院することになる。今までのような生活はできないことを妻にも理解してほしいと思っているが、妻にどのくらい日本語が通じているのか本人にもわからないとのこと。「難しいことは話したことがない」と言うので「これから2人で力を合わせて生活すると決心されたのであれば、妻にもわかるように丁寧に時間をかけて話し合っていくことも大切。考えてみてはどうですか」と提案する。

4月20日　介護保険の申請代行

ワーカーは介護保険に準ずる「みなし2号」の認定手続きを代行し、介護認定

サイドバー用語：
- カンファレンス
- 理学療法士
- 作業療法士
- 言語聴覚士
- 失行・失認
- 高次脳機能障害
- アドボカシー
- 生活保護基準
- 自己破産
- 法テラス（日本司法支援センター）
- 介護保険（みなし2号）
- 介護認定調査

分野： 保健医療

調査に立ち会う。

4月24日　無断で息子（長男）が家に押し入り、荷物を持ち出す
　前妻との間の息子（青木浩介）が突然自宅に押し入り、ステレオとアルバムを持っていく。元々住んでいたマンションなので合鍵があり、妻はいきなり男が入ってきたので大変驚いたが、写真で知っていたので息子だとわかったとのこと。怖くて帰れないので、しばらく友だちの所に泊めてもらうことになる。

4月25日　長女の父親に対する複雑な思いを傾聴する
　長女が「父から電話があり弟のことを聞いた」と来室。突然行ったのは悪かったが、弟の気持ちもわかると話す。母は仕事をしながら父の仕事も手伝って家族を守ってきたのに、若い女性と結婚するから離婚してくれとは、父はなんて身勝手なことか。黙ってさっさと別れた母にも納得がいかない。子どもとしての残念な思いをどこにぶつけたらいいのか弟はわからずにいると話しながら涙を流す。
　「娘さんも同じ気持ちなのですね」と言うと、自分は小さい頃からお父さん子で、今では父がいなくなったような寂しさだと泣きながら語る。「最低限度のはげまし」を入れながら傾聴していくと、父にも母にも釈然としない苦しい思いと、言葉の通じない若い義母を受け入れられない気持ちがありながらも、本当は病気になった父が心配で、何とかしたいと思っていることがわかった。ワーカーとしてはこの思いを、実際の支援につなげられないかと感じたが具体案も浮かばず、また声を掛けさせてほしいと話すに留まる。

5月25日　カンファレンス開催
　出席者：夫、妻、長女、医師、看護師、理学療法士、作業療法士、言語聴覚士、ワーカー。本人と妻の同意を得て長女に連絡したところ参加することになった。以下が各スタッフからの報告である。
　医師から、病院食で高血圧も糖尿病のコントロールも良好なので、退院後も食事に気をつけるように。看護師から、トイレ動作は車いすなら自立しているが夜間は不安定になるので軽介助、薬の自己管理は心配。理学療法士から、屋内はT杖歩行で外出は車いすの見込み。階段は4～5段介助で可だが非実用的。作業療法士から、左手は補助手レベルでお茶碗を押さえることはできるが、右側の洗身は困難で入浴は介助を要する。言語聴覚士から、ラ行サ行は不明瞭ながら日常会話は可能。ワーカーからは、要介護2（みなし2号）の通知があり、身体障害者手帳の申請予定と報告。本人は「歩けないと困る」と強い口調で言うが、長女から「すぐは駄目でも少しずつがんばろうよ」と言われると「そうだね」と笑う。
　ワーカーは、事前に本人・妻と面接時エコマップを作りながら、介護サービスを利用し生活する退院後のイメージ作りをし、2人を支える社会資源の確認やストレングス視点にたった夫婦の持つ力について評価し、自信を持って再スタートできるよう支援した。今後1階アパートへの引っ越しと妻への介護指導などを実施し、受け入れ準備が整ったら退院という予定となる。

身体障害者手帳
エコマップ

ストレングス視点

	6月19日　新しい生活への船出 　妻より、引っ越し先が決まったと報告が入る。長女が不動産屋を回り、保証人になってくれたのですぐ決まったとのこと。長女によると、長男も自分の荷物は今回を機に全部運び出し、もう迷惑はかけないと言っているとのことだった。「やっぱりいざとなれば親子だもんね」と本人は嬉しそうな様子であった。6月末には、妻の友だちの協力もあり引っ越しも終わった。
ケアプランの作成 デイケアセンター 訪問リハビリ ケアマネジャー	**7月5日　退院後のケアプラン作成のための家庭訪問** 　家屋評価を兼ねて外出に同行し、自宅で打ち合わせをする。参加者は、本人、妻、理学療法士、作業療法士、ワーカー、生活保護担当ワーカー、ケアマネジャー。 　家の出入りやトイレは何とか杖の利用で行えたが、風呂場については、またぐ動作が難しく妻の介助で試したがお互いに怖いとのこと。しばらくは、リハビリも兼ねて週2回デイケアセンターでの入浴を利用することにする。介護用ベッドと車いすはレンタルする。すぐ近くに公園があり、車いすがあれば妻と散歩に行けると理学療法士から言われると「歩いて行きたい」とのことなので、しばらく週2回の訪問リハビリも入れることになる。後日、ケアマネジャーとデイケアセンターに見学に行く予定。

6. 終結とアフターケア

　7月31日、2回の外出訓練を経て通所先のデイケアセンターも決まり退院した。訪問リハビリのスタッフからは、杖歩行が安定してきて妻も食事作りをがんばっているとの報告があった。外来時に来室した時も元気そうで「時々娘も寄ってくれる」とのことであった。

　入院中に自己破産の手続きは完了していたが、「保護費が足りなくなることが多く、やりくりができないで友人からお金を借りているようだ」と生活保護のワーカーから連絡があった。身体障害者手帳2級が決定。退院をもって援助関係は終結したが、今後も月1回の外来受診時に「心配なことがあれば、ぜひ声をかけてほしい」と伝えた。困った時には思い出してもらえる存在でありたいと考えている。

▶ 主訴などに対する支援への評価

①経済的困窮に対して

　生活保護の申請により、入院時からの医療費と生活費については保障された。

②患者の社会復帰と妻の生活サポートに対して

　今まで本人のみに頼ってきた生活から、最低限ではあるが娘とのつながりができた。ケアマネジャーが日常生活の細々とした心配事について協力することにより、本人は在宅リハビリの継続、妻は引き続き介護指導と支援を受けられるようになった。また、金銭管理については、生活保護担当ワーカーのサポートを受けて安心して生活できるようになった。

▶ ソーシャルワーク実践を通して

①危機介入とエンパワメント

　医療現場では関わりに緊急性を要することも多く、生活保護の開始が申請日からとなるため本人との面接が十分に行えないまま、MSWが福祉事務所に事前相談をすることがある。それでも、可能な限りクライエントが主体者であることが自覚できるように心掛け、自ら問題解決できる力を引き出すようにしたい。

②ストレングス視点と社会資源探しのためのアセスメント

　困難に直面すると誰でも混乱し自分を無力に感じる。マイナス面ばかりが注目されがちだが、その人のストレングス（豊かさ、強さ、たくましさ、社会資源など）に焦点を当てた視野の広いアセスメントができると、クライエントから「自信と自律」を引き出す援助につながる。妻を思う優しさや妻の芯の強さ、娘の父への愛情などを言語化して評価した時、前向きな発言と行動力が引き出せると感じた。

③チームワーク作り

　孤立しているように見えたこの夫婦にも家族や友人、地域や社会サービスなどのシステムが取り巻いていることがわかる。入院中は複数の担当スタッフもシステムを作って患者を支援した。院内外も含め、クライエントの同意を得て情報を共有し、協働することで効果的に援助することができた。ソーシャルワーカーも周りのスタッフや社会資源に支えられていることをあらためて認識した。

④一人ひとりの思いを尊重する（自己覚知・他者理解）

　途中、本人は前妻や家族をどう考えているのか、現妻はこの結婚をどう捉えているのかとソーシャルワーカー個人の価値観とぶつかるところがあり、詰まることがあった。しかし、その人なりに築いてきた歴史の重みは他人が推し量れるものではない。簡単にわかる必要もないし「わかるはずもない」ことを自覚しつつ、その人にとっての価値観を尊重し、思いを「理解しようとする姿勢を持つ」ことが援助関係の第一歩である。

⑤MSWとしての存在と活動

　この事例は一般病院にてソーシャルワーク実践を行っているMSWの、ある記録を通したものである。社会福祉士及び介護福祉士法ができたときのCSW（サーティファイド・ソーシャルワーカー：社会福祉士）のイメージやその定義などはMSWの理念や実践が基盤となっている。MSWの実践活動は社会福祉士の母体ともいえるし、卒業後MSWとして就職を希望する学生もたくさん出ている。医師や看護師を中心としたコメディカル・スタッフの「チームとして活動」するプロ集団といえるので、ぜひ他の多くの事例を通してMSW活動の意義を学んでほしい。

▶ 演習のポイント

1．価値観の違いを超えて支援する時に注意すべきことは何かを考えてみよう。
2．今後、この夫婦に起こりうる問題にはどのようなことがあるかを考えてみよう。
3．この夫妻が、よりよい生活を維持するにはどのような援助が必要かを考えてみよう。

第Ⅲ部　展開事例

保健医療
23

DVの夫からの緊急避難を含めた療養援助と家族への援助

●ソーシャルワーカーの所属機関：一般病院

キーワード

DV、ネットワークの構築、カンファレンス、介護保険

▶ 事例の概要

病院へ緊急搬送された高齢者に対して、ソーシャルワーカーが中心になり入院継続のため夫と調整したが、病院への不満を理由に無理やり在宅へと戻した。以前より地域のサポートもなく、疎外感や介護疲れ、今後の生活への不安などからネグレクトなどのDV行動に走った夫。カンファレンスで在宅生活は困難と判断し、夫の了解を得ながら老人ホームへの措置入所となった。

▶ 事例の経過

大切な用語

1．相談までの経過

3月19日　夜間発熱のため緊急入院

都内A区在住で夫と2人暮らしの三浦節子さん（74歳）が、夜間発熱のため当病院へ救急搬送される。尿路感染と脱水が原因であった。

翌20日、診察した主治医より地域医療連携室へ次のような依頼がある。

認知症
高齢者虐待

症状は数日で落ち着くので退院許可は出せるが、栄養状態も悪いし認知症もある。また、体に気になる傷も数カ所あり、このまま自宅へ帰してもよいか不安がある。家族から今までの状況を聞いてもらえないかとのことであった。

医療ソーシャルワーカー（MSW）

自宅の夫へ電話し、医療ソーシャルワーカー（MSW：以下、ワーカー）であることを話し、療養について相談したいと伝えたところ、午後来院した。

2．インテーク（初回面接）

3月20日

夫の三浦 進（78歳）さんが来院。子どもは男女一人ずついるが疎遠であると。地域医療連携室とMSWの役割を説明し「療養生活等で困ったら一緒に考えます」と伝える。これまでの在宅での様子を尋ねると、節子さんは要介護3で、サービスとしてはベッドの利用とまれにショートステイの利用のみである。食事はここ数年は夫が作り、排泄はポータブルトイレとオムツの併用。独歩は無理で支えが無いと厳しく、室内は這って移動。入浴は浴室でシャワー程度。認知症もあり、このサービスで今後も大丈夫か尋ねると「費用面で大変だから、当分このままでやる」と。ケアマネジャーより情報を提供してもらうことの許可を得た。

要介護認定
ショートステイ

ケアマネジャー

主治医に上記内容を伝え、情報収集後にカンファレンスを開き、今後の方針を立てることとなる。

保健医療

3. アセスメント（事前評価）とプランニング（支援計画の作成）

3月24日　夫婦の社会的孤立と、たび重なる妻への虐待

ケアマネジャーよりこれまでの介護サービスの利用状況を確認する。ショートステイを時々利用されるのみで、他のサービスについては夫が拒否気味である。時々失禁等もあり、室内の清掃やヘルパーの利用を勧めても「結構です」の一点張りであったとのこと。

ショートステイの利用は、夫の暴力があり、雨や雪の中で裸足のまま外に出されたり、食事をさせてもらえなかったりがたびたびあり、一時保護のための利用であったことも判明する。近隣の方も、最初は節子さんを自宅で保護したり食事を出したりしていた。しかし、夫がお世話した家に「余計なことをするな」と怒鳴り込んでから誰も関われなくなり、A区福祉事務所の介入となった。今回の入院まで、緊急保護のためのショートステイの利用も数回あった。今後、在宅生活の継続は厳しいとの評価であった。

> 福祉事務所
> 危機介入

3月24日　A区福祉事務所の高齢者福祉担当ワーカーが来院

節子さんの自宅を訪問し、当院へ入院されたと聞いたので区のワーカーが来院された。夫の虐待、放置などで近隣住民からの通報により保護に至った旨や緊急保護の経過などの説明がある。最近認知症も進み介護量も増え、その結果、夫が暴力をふるうに至ったのではないかと情報を交換し、「今後については特別養護老人ホームへの入所を考えている」と、区のワーカーは話した。

> 特別養護老人ホーム

3月25日　カンファレンス

> カンファレンス

参加者：主治医、看護部長、看護師長、地域医療連携室長、ワーカー

主治医から病状はほぼ改善しているので、いつでも退院は可能であるとの説明があった。ワーカーより生活状況や家族背景を話し、このまま即自宅へ戻すのはリスクが高いので、できれば療養病棟で少し入院期間を延ばせないか提案をする。主治医は在院日数の関係もあり厳しいが、看護部の協力があれば数カ月は何とかなるかもしれないと好意的であった。

看護部でも緊急ケースとして協力することになる。ただし、A区の高齢者担当ワーカーへ特別養護老人ホーム入所を積極的に働きかけることが条件とのことであり、区ワーカーとケアマネジャーに報告をした。

4. インターベンション（支援の実施）

3月28日

夫と今後について相談する（事前に夫は主治医より病状説明を受けており、今後についてMSWと相談するようにと言われていた）。夫は「そろそろ退院してもよいといわれたが、妻の介護で疲れたので、もう少し入院させてほしい」と希望した。療養病棟なら少し入院期間を延ばせると話すと了承した。

4月7日

療養病棟へ転病棟。夫も付き添い世話をしていた。

5月20日　病院に対する夫の不信感と一方的な引き取り

　この間特に問題なく、夫はほぼ毎日のように面会に来ていたが、午後ワーカーに話があると突然来室。「入院費が高い。またオムツがリースで大変なので、持ち込みをしたい」と話す。「管理上無理です」と答えるが、なかなか了解してくれない。入院費の減額も説明するが、これは夫婦の年金額がそれなりにあるため、非該当であることが判明し、最後はがっかりして帰宅した。

5月26日

　病棟で夫がかんしゃくを起こしているとの連絡がある。夫から話を聞くと、介護のスタッフが節子さんの食事を、他の患者より遅く配食したことが原因であると判明した。節子さんは自力摂食できるので、介助の患者より数分遅れるとの説明が病棟よりあったが、夫は「食べられないのに介護しないのは怠慢」と怒り、落ち着くよう話すが、そのまま外に出てしまう。

　後日、区ワーカーより報告があり判明するが、実はこの後、夫は区役所へ入院費と介護についてのクレームを言いに行っていた。区役所としても受け付けたが、双方で話し合うよう話したとのことであった。

6月12日

　夫は相変わらずケアスタッフに対し不満を表明するが、スタッフもその感情を受け止め大きなトラブルにはならなかった。

　しかし夕方突然、夫が来院する。「介護タクシーを予約したので、明日退院します」と病棟師長に話す。主治医と夫が面接し、主治医より退院許可が出ないと退院の手続きができないことを説明。ワーカーも立ち会う。

　夫の退院理由は、介護に対する不信感と入院の費用の高さであった。急性期の状態ではないため退院許可は出すことは可能。ワーカーは「介護のサービスの再調整とベッドのレンタルもあるので数日延期しては」と話すが、頑として拒否した。ワーカーは区ワーカーとケアマネジャーに報告したところ、両者とも退院後、自宅を訪問するとのこと。

6月13日

　区ワーカーとケアマネジャーが自宅を訪問。節子さんは布団で臥床していたとのことである。入院によりADLも低下したので、介護サービスの再調整を提案するが、夫はこのままでも大丈夫とのことであり、話すことも拒否気味であるため、何か困ったら相談するよう伝えたとのこと。ただし、ケアマネジャーの定時訪問は了承してもらった。

6月16日

　ケアマネジャーが訪問。節子さんの枕元に水とパンが置いてある。特に変わりはない様子。

6月21日　ネグレクトの継続と病状の悪化—緊急再入院へ

　ケアマネジャーが訪問。夫は飲酒してうとうとしている。節子さんはぐったり

しており、枕元のパンと水は5日前の訪問時のまま。熱も高く脈も微弱で意識ももうろうとしている。夫は話しかけても現状を理解しない。ケアマネジャーは病院へ救急での受け入れを依頼し搬送される。極度の脱水と腎機能低下、るい痩との診断。

酔いの醒めた夫が病室に現れ、ワーカーも同席して主治医から病状の説明を受ける。短期間でこれほどの病状になるのでは、今後自宅での介護は生命の危険に関わると説明されたが、夫は無言であった。

6月23日

午前、自宅の隣人が来院。この方はもともとワーカーと面識はあったが、隣人とは知らなかった。開口一番に「退院させてはダメ。殺されてしまうから。だんなはたいへんな酒乱だから、食事もろくにさせないので気の毒に思って差し入れしたら、余計なことするなと放り投げられた」と話す。今後は区ワーカーと相談するので心配なくと伝えた。

午後、夫が来室。夫に退院後どうであったか聞くと「ずっとこのまま介護するかと思うとうんざりしてしまい飲酒していた。水や食べ物は枕元に置いたが、食べられなくて死んでよいと思った」とのことであった。ワーカーが「自分もつらくて悲しかったったんですね」と共感し、話しかけると号泣する。これからのことは、いろいろな人と相談してよい方法を考えようと話して面接を終了する。

6月23日　カンファレンス

参加者：主治医、看護部長、病棟師長、地域医療連携室長、ワーカー、区ワーカー、ケアマネジャー。

主治医より退院後はほとんど放置されていたのではとの説明がある。栄養状態もかなり悪く褥瘡（じょくそう）もできていた。尿路感染を悪化させ腎機能も悪い。再度自宅に帰すことは生命の危険もありうるとも話す。

ケアマネジャーから早急に特別養護老人ホーム（以下、特養ホーム）へ入所できないかとの意見が出て、話し合った結果、参加者全員同意見であることを確認、主治医の意見書を提出して区の判断に委ねることになる。ワーカーは別室の夫にカンファレンスの内容を話す。夫は「皆さんにお任せします。お願いします」と言った。

6月28日

特養ホーム入所に向け調整するが保証人の問題が出る。夫も高齢のため、長男か長女どちらかの連帯保証が必要とのこと。子ども達には区ワーカーが連絡をいれて、保証人を依頼することになる。

7月1日

区ワーカーから緊急保護の扱いで、以前ショートステイを利用していた特養ホームへ近々入所になるとの連絡がある。

——特別養護老人ホーム——

7月24日
節子さんが特養ホームに入所のため退院となる。

5. 終結とアフターケア

節子さんが退院して数週間後に夫が来院。穏やかな顔で「いろいろご迷惑をおかけしましたが、今はとても安心して生活できている」と挨拶された。子どもや近隣からの疎外感で、妻に八つ当たりしていたとも話す。ワーカーからは、また何か困ったらいつでも来院されるよう話し、今後の相談相手として頼りにしてほしいと伝えた。

▶ 主訴などに対する支援の評価

DVの夫から節子さんを早急に保護することを主訴として支援したが、妻のみに目が行き、夫へのアプローチがなおざりになった感はある。

▶ ソーシャルワークの実践を通して

もともとフォーマルな支援体制はできていたので、連携そのものは比較的スムーズにできた。地域性もあるとは思うが、この区では地域包括支援センターと民生委員の連携はよく、そこにA区福祉事務所のワーカーが入り対応することが多い。この地域ネットワークをもう少し早く活用すれば、ぎりぎりまでこの夫婦を追い込まなくて済んだかもしれない。この点が今後の大きな反省材料となった。

▶ 演習のポイント

1. 家族へのアプローチをMSWも行う必要があったのではないだろうか。この場合、MSWとしてどのようなアプローチがあったか考えてみよう。
2. 入院後に何度かカンファレンスを行っているが、その開催時期とメンバーとして他に有効な職種は何かを考えてみよう。
3. 夫の焦燥感や疲労感、そして社会的な孤立感を支えるために、どのようなネットワーク（特にインフォーマルな）があるのか考えてみよう。

保健医療 24	# ストレングス視点に基づく 長期入院精神障害者への退院支援

●ソーシャルワーカーの所属機関：精神科病院

キーワード

ストレングス、退院支援、地域移行支援、自己覚知

▶ 事例の概要

クライエントの問題点に焦点をあてた欠陥モデルに基づく退院支援をしていたソーシャルワーカーが、クライエントから支援計画案を拒否される経験を通して自己覚知を行い、クライエントの意向を中心に据えた退院支援へと移行した。

▶ 事例の経過

大切な用語

統合失調症

精神科医療ソーシャルワーカー（PSW）

精神科地域移行実施加算

妄想

1．相談に至る経過

松本 豊さん（55歳、男性）は、統合失調症によりX市にある精神科病院に約10年間入院している。7月の終わり頃、松本さんの担当である精神科医療ソーシャルワーカー（PSW：以下、ワーカー）は病棟で松本さんに呼び止められ、「退院させてくれ」と突然言われた。先日面会に来た弟が「実家は空き家だから住んでもいい」と言ってくれたので、そこに帰りたいと言う。ワーカーは本人の気持ちを受け止めつつも、退院するには準備が必要なことを伝え、まずは主治医や看護師に松本さんの気持ちを伝えてもいいかとの確認をして了解をとった。本人には、後日改めて話し合いの時間を持つことを約束した。

この精神科病院では精神科地域移行実施加算をとっているため、入院期間5年を超える入院患者のうち、1年間で5%以上減員させなければならない。そのため退院の可能性がある入院患者の検討を行っていた。そうした状況もあり、ワーカーから退院希望を聞いた主治医は、「妄想は残っているが、入院治療を行ってもこれ以上の改善は見込まれず、弟のサポートがあれば地域生活も可能ではないか」と判断し、担当看護師も退院の方向で進めていくことに同意した。退院に向けて具体的に支援を開始することになり、まずはワーカーが松本さんと面接することとなった。

2．インテーク（初期面接）

8月6日、相談室に入ってきた本人は、表情がかたく少し緊張した様子であったが、イスに座るなり一気に話し出した。

実家には両親が住んでいたが、既に両親とも他界し、現在は空き家となっている。弟が時々実家に帰り掃除や換気等はしているが、弟はY市内に家を構えているため実家に戻る予定はない。誰にも迷惑はかからないので実家に帰りたい。

ワーカーは、現在実家を管理している弟の意向も確認したいことを伝え、弟に連絡することの了解をとった。

3. アセスメント（事前評価）

8月7日

ワーカーが弟に連絡を取ったところ、「兄の世話はできないが、時々様子を見に行くことくらいならできる。家は住める状態になっている。一生病院生活もかわいそうなので退院させてあげてください」との返答であった。

8月8日

本人、主治医、担当看護師に弟との電話のやり取りについての報告を行った。弟も退院に協力的であるため、本人の希望する実家への退院をすすめたいとワーカーから説明を行い、主治医や看護師からも退院を応援するとの発言があった。本人は非常に喜び、退院に向けて具体的に支援をすすめていくことになった。

8月10日

弟からワーカーに電話があり、「ちょうどお盆休みで実家に帰るので、その間に兄を外泊させてはどうか」との提案がある。本人の意向を確認したところ希望したので、8月13日から2泊3日で実家へ帰ることになった。

8月15日

帰省から帰ってきた本人は「楽しかったよ」と言いながらも、少し疲れた様子をみせていた。行きは弟が迎えに来てくれたのでよかったが、帰りは一人で病院まで戻ってきたが、3時間くらいかかったと疲れた表情で話していた。

8月17日　ケア会議

カンファレンス

本人、主治医、担当看護師、ワーカーでケア会議を行った。

本人は外泊自体は楽しかったと話すも「病院まで遠い…」とこぼした。実家は病院から約30km離れている山間部にある。車を使えば30分程の距離ではあるが、公共交通機関で病院に来るにはバスと電車を乗り継ぎ約2時間半かかる。バスは1日4本のみである。

ケア会議後に支援者だけのミーティングとなった場面で、主治医から2時間半の通院は大変であること、また今回の入院も医療中断が原因であるため、X市内の施設への入所が適当ではないかとの提案があった。担当看護師もワーカーも主治医の意見に同意した。ケア会議では主治医から本人に施設の件を提案して、ワーカーがグループホームについて説明することになった。

グループホーム

8月22日　ケア会議

本人、主治医、担当看護師、ワーカーでケア会議を行った。

本人は、実家で家庭菜園でもやりながら、ゆっくり過ごしたいと語る。通院に関しては、1カ月に1回程度であれば頑張って通院すると話す。

主治医は「退院後しばらくは1週間に1度は通院が必要なため、実家よりもX

市内のグループホームに入居した方が、松本さんにとっても負担が少ない。また、デイケアにも毎日通うことができる」と提案した。そしてワーカーからはグループホームについての説明を行った。

しかし、本人は「グループホームは他の入居者にも気を遣うからストレスになる。デイケアなんか来てたら入院してるのと一緒じゃねぇか。週1回の通院が必要なら、実家から来てもいい」と言い、実家への退院を強く希望した。

本人との話し合いが平行線となったため、担当看護師が説得しようとすると「退院させる気はねぇのか」と怒り出した。ワーカーは本人の実家に帰りたい気持ちが強いことが分かり、グループホームへの入居をすすめるべきか悩み始めた。そしてワーカーは「主治医も退院を応援したいと思っており、松本さんの負担がかからないように思うあまりグループホームに入居をすすめた」と正直に気持ちを伝えた。ワーカーは「後日改めて松本さんの希望を実現するための会議を開きましょう」と提案した。

ワーカーはケア会議でのやりとりを通して、自分が松本さんを問題点に焦点をあてた欠陥モデルで捉え、本人の生きる力を信用できていなかったことを自己覚知することができた。

8月23日

ケア会議に向けてワーカーは、本人に退院へ向けて一緒にアセスメントをすることを提案した。ワーカーは本人と共にストレングスを挙げていった。「自分の考えを言える」「一度言ったことは頑固にやり通す」「一人暮らしの経験がある」「トマトを作りたい」「実家に帰りたい」「病院の畑でトマトを作った」「住める家がある」「トマトを作れる畑がある」「隣の家が遠くて静か」「弟が時々見に来てくれる」「障害厚生年金があるので生活費は何とかなる」「テレビを見るのが好き」「幼なじみが地区に3人住んでいる」「自転車に乗れる」「2km行けばコンビニがある」「バスに乗れる」など、多くのストレングスを有していることが明らかになった。

4. プランニング（支援計画の作成）

8月24日

ケア会議に向けて本人と目標の確認を行う。「実家に帰ること」を長期目標において、それに向かい短期目標について検討を行う。本人が「先生（主治医）がウンと言わなきゃ難しいだろ」と言うので、それをくつがえすためには、通院や服薬に対する主治医らの不安を解消する必要があるという話になり、服薬の自己管理をケア会議で提案することとなった。

また、退院後について、訪問介護を行うことが可能であることを伝えると、「お前が家に来てくれればいいじゃねぇか？」と言われた。ワーカーは本人との間で、ラポールが形成されつつあると感じることができた。

9月6日　ケア会議

本人、弟、主治医、担当看護師、ワーカーでケア会議を開催。

本人から「実家に帰るために、服薬の自己管理もしていく」との決意表明があ

る。服薬の自己管理トレーニングは、早速担当看護師と共に来週より行うことにした。

主治医からは退院後についての話があり、服薬など一定の見守りが必要であることが伝えられた。退院後しばらくは週1回の受診が必要。なお月1回程度であるなら病院からワーカー等が訪問看護で行うことは可能であるが、継続的に行うには距離が遠すぎるので、他の方法を考えて欲しいと。

本人自身も外泊してみて、一人で実家にいると「少しさびしいねぇ」と話す。弟は月1回程度であれば、実家に様子に見に行ってくれると約束してくれた。しかし「たまには外にも行きてぇなあ」との話もあり、一緒に外出してくれる人を探すことになった。そのため次回のケア会議に、Y市の地域移行支援事業担当のソーシャルワーカーにも参加してもらえるようにワーカーが調整することにした。最後に参加者全員で支援計画の内容について確認を行った。

5. インターベンション

地域の関係者を巻き込む
9月10日
　ワーカーはY市で地域移行支援事業を担っている相談支援事業所のソーシャルワーカー（以下、事業所ワーカー）に連絡し、本人が地域移行支援の利用を希望していることと、次回のケア会議に参加して欲しいと依頼し了解を得た。

地域移行支援事業の利用
9月20日　ケア会議
　本人、弟、主治医、担当看護師、ワーカー、事業所ワーカーでケア会議を開催。

前回のケア会議で作成した支援計画を確認しながら、短期目標についての報告を行った。まずワーカーより事業所ワーカーを紹介し、本人の退院支援に関わってくれると説明した。次に本人から服薬自己管理を1週間続け、現在のところうまくいっているとの報告がある。事業所ワーカーより、地域移行支援事業の概要と利用手続きの説明がされた。

9月27日
　ワーカーは本人に同行して、Y市福祉事務所の障害福祉課に行き地域移行支援事業の利用申請を行った。その後、一般相談支援事業所の事業所ワーカーを訪ねて利用申請が済んだことを報告した。

10〜12月
　その後、本人は服薬の自己管理を1カ月延ばし、実家への外泊も3回実施した。外泊後は事業所ワーカーが中心となってケア会議を開催し、支援計画のモニタリングを行った。

12月29日〜1月3日
　実家へ最後の外泊を行い、弟家族と正月を過ごした。また、新年のあいさつ

インフォーマルなサポート

も兼ね、近隣に住む幼なじみの家に行き、20数年ぶりの再会を果たした。年月の経過を感じさせないほど昔話を懐しんだとのこと。幼なじみからも「何か自分にできることがあれば協力するし、また昔のように時々会おう」と言われ、退院への思いを一層強くした。

社会資源の活用
1月10日　ケア会議
　本人、弟、主治医、担当看護師、訪問看護部署の看護師、事業所ワーカー、ワーカーで最後のケア会議を実施する。
　退院に向けた買い物などは、本人と事業所ワーカーが行い、病棟での引越しの荷造りは看護師が手伝うことになった。退院後は、2週間に1回の外来受診（当面は事業所ワーカーが同行）、2週間に1回の病院からの訪問看護（月1回はワーカーも同行）、週1回の事業所ワーカーの訪問と共に、弟が月数回は顔を見せに行くこと、実家の近隣に住む幼なじみが農業の手伝いに来てくれることになった。また、カラオケが趣味のため、退院したら事業所ワーカーと共にY市のカラオケサークルを見学に行くことになった。

1月30日　退院
　本人は約10年の入院生活を終え、実家での生活をスタートさせた。

6. 終結とアフターケア

　本人は近所で農家をしている幼なじみに教えてもらいながら、日々キュウリやトマトなどの栽培を楽しんでいる。今後の目標としては、畑の規模を大きくして、家の前でトマトの路地販売をしたいと話している。また、見学に行ったカラオケサークルには参加しなかったが、Y市のカラオケ大会に参加した時に知り合った「師匠」に弟子入りし、月2回程度カラオケの指導を受けている。心配していた服薬中断はなく、定期的に外来受診も行っている。
　本人の楽しそうに話す姿を目にして、ワーカーは本人の思いや強さを大切にし、本人のもつ力を信じて支援してきたことをふり返った。改めて自己覚知する中で、この仕事のやりがいを感じていた。

▶ 主訴などに対する支援の評価

　支援開始時にはワーカーの不安に基づく、本人にとっては窮屈な支援計画を提案して拒否された。しかし、それ以降は「実家に帰りたい」という強い思いを中心に据えた支援を展開した。その結果、フォーマル、インフォーマルな社会資源をうまく活用して、楽しみながら自分の望む生活を送っている。

▶ ソーシャルワーク実践を通して

①自己覚知の必要性
　支援者側の不安から生みだされるフォーマルな資源で固めた支援計画は、クライエントからすれ

ば窮屈な「障害者包囲網」となってしまう。ワーカーは自己覚知を行い、まずは自らの不安に向き合うことが必要である。

②クライエントを信用する

クライエントの意向を中心に据えた支援を行うためには、ワーカーがクライエントを信用する必要がある。ワーカーがクライエントを信用することで、クライエントもまたワーカーを信用するようになり、目標達成に向けた協働作業が可能になる。

③自らの限界を知り、同じ思いの人とつながる

ワーカーひとりができる支援は限られている。ひとりの支援者やひとつの機関で抱え込むのではなく、地域の関係者（一般相談支援事業所や近所の幼なじみ）を巻き込むことで、柔軟で多様な支援計画を作成することができるようになった。

④多様なストレングスを発見する

ワーカーは本人との協働作業を通して、多様なストレングスを発見することができた。その後も、松本さんは、「家庭菜園」「近所の幼なじみ」「カラオケの大会」「カラオケの師匠」「路地販売」といったインフォーマルな社会資源をうまく活用しながら、自身の望む生活の実現に向けて邁進している。ワーカーは地域を「社会資源のオアシス」と捉え、まずは誰もが使う一般的な社会資源を優先して活用する。それで足りない場合にフォーマルな資源を活用するように発想を転換させることも大切だと感じた。

▶ 演習のポイント

1．松本さんとの関わりの中で、ワーカーが大切にしていた、具体的な視点について考えてみよう。
2．ストレングスモデルを用いて松本さんのケアプランを作成してみよう。
3．長期入院精神障害者の退院支援における、精神科病院のソーシャルワーカーと地域移行支援事業所のソーシャルワーカーの役割の差異について考えてみよう。

編 集 後 記―編者よりみなさんへ

　編者らの勤務している養成校の入試には面接試験がありますが、高校生の受験者は「将来は社会福祉士になりたいと思っています」と力強く語ってくれます。「社会福祉士の資格を取得して、どのような仕事をしてみたいと思っていますか」と質問すると、高校生の多くが「社会福祉士の仕事です」と答えてくれます。「そうですか。では社会福祉士の仕事って、どんな内容か調べましたか」と尋ねると「はい、相談援助です」と。

　そこで、ちょっと意地悪かもしれませんが「重度の知的障害をもつ方に、食事介助や排泄介助をしながらコミュニケーションをとって、その方の施設での生活プランを考えるというのは社会福祉士の仕事ですか」と尋ねると、「それは社会福祉士の仕事ではありません。介護福祉士の仕事です」と答える受験生が多いのです。編者らは「実は社会福祉士というのは資格名であって、仕事の名称ではないのですよ。また、仕事の内容は、あなたの想像していることより広いのですよ。入学してから一緒に勉強しましょう」と話しています。

　社会福祉士をめざしているみなさんも、高校生の頃、そして大学や短期大学、専門学校で勉強を始めたころは、社会福祉士の仕事をこのように思っていませんでしたか。そのようなみなさんが、本書に掲載されているソーシャルワーカーの実践を読んで、どのように感じられましたでしょうか。

　社会福祉士の資格ができた頃は「社会福祉士の仕事が何なのか、非常にわかりにくい」と言われましたが、本書をみていくと社会福祉士の仕事が、ただ単に「利用者と面接室という空間で相談にのること」ではないことがわかります。どの実践も福祉サービス提供者や福祉サービス関係者、保健医療関係者との連携により利用者へ支援しています。決して社会福祉士ひとりの力では利用者のもつ生活課題を解決できないのです。本書を読んで、みなさんがこのように感じてくれれば編者としてうれしいです。

　本書では社会福祉の様々な分野の実践活動を紹介することができました。編者らも自身がソーシャルワーカーとして従事していた時の実践活動を紹介しましたが、少々反省しています。

　実は最初の編集会議で「この事例集を読んで社会福祉士をめざしている学生が、『社会福祉の仕事っていいなぁ』『将来は社会福祉の仕事に就くぞ』と思ってもらえるような実践活動を執筆者に依頼しよう」と話し合いました。しかし、私達を含め執筆者が紹介した実践例の多くが、「本当に大変な実践だったなぁ」「実践をふり返ると、あの時にこうしたらよかったなぁ」というものになってしまいました。執筆者にとっては、想い出深い実践であったからでしょう。

　みなさんが「こんな大変な仕事、私にはできないよ」「私はこんな思いはしたくないな」と感じられてしまうことが心配です。執筆者の「社会福祉の仕事って大変だけど、こんなに素敵な仕事なんだよと伝えたい」という気持を察していただけると幸いです。本書で学んだみなさんが、ソーシャルワーカーとして社会福祉の現場に飛び込んでくれることを執筆者全員が願っています。

2016年2月

編者　渋谷　哲
　　　山下　浩紀

執筆者一覧

青柳　麻子（千葉県）	近藤　久美子（東京都）	花嶋　文雄（千葉県）
池田　恭子（東京都）	佐藤　博彦（宮城県）	濵本　典子（千葉県）
市川　太郎（東京都）	澤　伊三男（北海道）	深澤　茂俊（兵庫県）
尾形　永造（北海道）	渋谷　哲（千葉県）	深澤　信枝（神奈川県）
鎌田　友梨恵（神奈川県）	杉山　正彦（神奈川県）	星野　裕子（東京都）
川松　亮（東京都）	髙島　理成（茨城県）	丸山　広子（埼玉県）
國重　智宏（埼玉県）	高梨　美代子（千葉県）	柳澤　広司（千葉県）
栗原　拓也（静岡県）	土橋　俊彦（神奈川県）	山岸　仁（新潟県）
古関　俊幸（北海道）	冨永　健太郎（神奈川県）	山下　浩紀（北海道）
小山　晴義（東京都）	芳賀　恭司（宮城県）	米田　卓未（埼玉県）

【編者紹介】

渋谷　哲　しぶや　さとし
淑徳大学総合福祉学部社会福祉学科 教授

神奈川県生まれ、千葉県君津市在住。淑徳大学社会福祉学部卒業後、横浜市職員（社会福祉職）を経て横浜国際福祉専門学校専任教員、福島学院大学専任講師。2004年4月より現職。大正大学大学院文学研究科社会福祉学専攻修士課程修了（文学修士）、淑徳大学大学院社会学研究科社会福祉学専攻博士後期課程単位取得退学。社会福祉士。日本ソーシャルワーク教育学校連盟常務理事。

【主な著書】

『福祉事務所における相談援助実習の理解と演習』（みらい、2013年、単著）、『ソーシャルワーク実践実例集』（明石書店、2009年、編著）、『低所得者への支援と生活保護制度』（みらい、2009年、編著）、『対人援助職をめざす人のケアマネジメント』（みらい、2007年、分担執筆）、『ソーシャルワーク記録──理論と技法』（誠信書房、2006年、分担執筆）、『社会福祉援助技術演習ワークブック』（相川書房、2003年、分担執筆）などがある。

山下　浩紀　やました　こうき
学校法人日本医療大学 生涯学習センター 通信教育事業課課長

北海道生まれ、北海道苫小牧市在住。東洋大学社会学部卒業後、15年間の障害施設生活支援員を経て、2004年4月より現職。東洋大学大学院福祉社会デザイン研究科社会福祉学専攻博士前期課程修了（ソーシャルワーク修士）。社会福祉士、精神保健福祉士、介護福祉士、介護支援専門員。日本ソーシャルワーク教育学校連盟理事。

【主な著書】

『ソーシャルワーク実践事例集』（明石書店、2009年、編著）。

新版 ソーシャルワーク実践事例集
社会福祉士をめざす人・相談援助に携わる人のために

2016年2月25日　初版第1刷発行
2018年2月15日　初版第2刷発行

編　者	渋　谷　　　哲
	山　下　浩　紀
発行者	大　江　道　雅
発行所	株式会社 明石書店

〒101-0021 東京都千代田区外神田6-9-5
電　話　03 (5818) 1171
ＦＡＸ　03 (5818) 1174
振　替　00100-7-24505
http://www.akashi.co.jp

装幀　　　明石書店デザイン室
編集・組版　有限会社閏月社
印刷・製本　モリモト印刷株式会社

（定価はカバーに表示してあります）　　　ISBN978-4-7503-4312-9

JCOPY 〈(社)出版者著作権管理機構 委託出版物〉
本書の無断複写は著作権法上での例外を除き禁じられています。複写される場合は、そのつど事前に、(社)出版者著作権管理機構（電話 03-3513-6969、FAX 03-3513-6979、e-mail info@jcopy.or.jp）の許諾を得てください。

ソーシャルワーク 人々をエンパワメントする専門職
ブレンダ・デュボワ、カーラ・K・マイリー著
北島英治監訳 上田洋介訳
●20000円

在宅高齢者へのソーシャルワーク実践
混合研究法による地域包括支援センターの実践の分析
高瀬幸子
●4600円

聴覚障害者へのソーシャルワーク 専門性の構築をめざして
原順子
●2800円

コミュニティカフェと地域社会 支え合う関係を構築する ソーシャルワーク実践
倉持香苗
●4000円

多文化ソーシャルワークの理論と実践 外国人支援者に求められるスキルと役割
石河久美子
●2600円

外国人の子ども白書 権利・貧困・教育・文化・国籍と共生の視点から
荒牧重人、榎井縁、江原裕美、小島祥美、志水宏吉、南野奈津子、宮島喬、山野良一編
●2500円

シングル女性の貧困 非正規職女性の仕事・暮らしと社会的支援
小杉礼子、鈴木晶子、野依智子、横浜市男女共同参画推進協会編著
●2500円

子どもの貧困対策と教育支援 より良い政策・連携・協働のために
末冨芳編著
●2600円

―――

医療・保健・福祉・心理専門職のためのアセスメント技術を高めるハンドブック【第2版】
ケースレポートの方法からケース検討会議の技術まで
近藤直司
●2000円

子ども・家族支援に役立つアセスメントの技とコツ よりよい臨床のための4つの視点、8つの流儀
川畑隆編 大島剛、菅野道英、笹川宏樹、宮井研治、梁川惠、伏見真里子、衣斐哲臣著
●2200円

子ども・家族支援に役立つ面接の技とコツ 〈仕掛ける・さぐる・引き出す・支える・紡ぐ児童福祉臨床
宮井研治編
●2200円

子どもの虐待防止・法的実務マニュアル【第6版】
日本弁護士連合会子どもの権利委員会編
●3000円

新版 学校現場で役立つ子ども虐待対応の手引き 子どもと親への対応から専門機関との連携まで
玉井邦夫
●2400円

学校現場で役立つ「問題解決型ケース会議」活用ハンドブック チームで子どもの問題に取り組むために
馬場幸子編著
●2200円

エビデンスに基づく効果的なスクールソーシャルワーク 現場で使える教育行政との協働プログラム
山野則子編著
●2600円

ダイレクト・ソーシャルワーク ハンドブック 対人支援の理論と技術
ディーン・H・ヘプワース、ロナルド・H・ルーニーほか著
武田信子監修 北島英治、澁谷昌史、平野直己、藤林慶子、山野則子監訳
●25000円

〈価格は本体価格です〉